Vorsicht beim Einkaufe von **Zacherlin**
(dieses staunenswerth wirkenden Mittels gegen jederlei Insecten).

Kunde: „.... Warum reichen Sie mir denn *offenes Insectenpulver??* ...... Ich habe doch „Zacherlin" verlangt und solches existirt bekanntlich *nur* in Flaschen! — *Offenes* Pulver nehme ich nicht an ...., denn ich weiß gar gut, daß es blos ein arger Mißbrauch des mit Recht gerühmten Namens „Zacherlin" ist, wenn gewöhnliches Insectenpulver in Briefen, Düten oder Schachteln für „Zacherlin" ausgegeben wird.

Entweder geben Sie mir eine *versiegelte Flasche* mit dem Namen „*Zacherl*" — — oder mein Geld retour.

Irre führen lasse ich mich nicht!!"

Die Flaschen kosten: 30 Pf., 60 Pf., Mk. 1.—, Mk. 2.—, der Zach.-Sparer 50 Pf.

Niederlagen sind in **Berlin** viele hunderte — jedoch wohlgemerkt — nur dort, wo **Zacherlin-Plakate** ausgehängt sind.

Die b...
ist die
Berliner Zeitung
mit drei Unterhaltungsblättern:
Deutsches Heim — Gerichtslaube
und
Historische Beilage.
In **Berlin** bei **jedem Zeitungsspediteur** für
Eine Mark
monatlich frei in's Haus.

Abonnement Drei Mark pro Quartal.
Bei allen Postanstalten zu bestellen.
Die Haupt-Expedition, Berlin SW., Kochstr. 23.

Das Räthsel
ist gelöst,

wie man auf die einfachste Weise vervielfältigen kann.
Mit unserem neu erfundenen
Vervielfältigungs-Papier
kann Jeder ohne die geringsten Umstände
60 bis 100 Copien
in Schwarz von einem Schriftstücke oder Zeichnung nehmen.
Billigstes Verfahren, keine Druckerschwärze, keine Presse.
Jedes Blatt kann mehrmals benutzt werden.

Preise der Blätter:	Nr. 1. Oktav	per Dutzend	1,60 Mk.
	Nr. 2. Quart	„ „	3,20 „
	Nr. 3. Folio	„ „	3,60 „

Grössere Formate auf Bestellung.
Schwarze Vervielfältigungs-Tinte Mk. 1,00 die Flasche.
Wiederverkäufer und Agenten gesucht.
Briefmarken aller Länder werden in Zahlung genommen.
Hermann Hurwitz & Co., Berlin C., Klosterstr. 49.
NB. Die Copien sind von Geschriebenem **nicht** zu unterscheiden und besitzen nicht das Aussehen eines Abklatsches wie bei sonstigen Vervielfältigungs-Verfahren.

Preisliste kostenfrei!
Sempert & Krieghoff, Suhl 23c,
Waffenfabrik mit Dampfbetrieb.
Lieferanten des Reichskommissars Major v. Wissmann.
Vortheilhafter Bezug von besten **Jagdgewehren, Büchsen** aller Systeme zuverlässiger **Stockflinten, Revolvern, Teschengs, Lacegeräth u. Wildlocken.**

Neuheit: **Pulver-Mikromass,**
pat. Flachvisirung ohne Kimme
(für schwache Augen unentbehrlich).
Krieghoff's pat. Präzisionssicherung für Doppelflinten.
Spezialität:
Dreiläufer und Gewehre
für grosse Raubthiere und Dickhäuter.
(Bitten ausdrücklich **Suhl 23c** zu adressiren.)

Appetitlich — wirksam — wohlschmeckend sind:
Kanoldt's Tamar Indien
Abführende Frucht-Konfitüren für **Kinder** und **Erwachsene.**
Schachtel 80 Pf., einzeln 12–15 Pf. in fast allen Apotheken. Als Ersatz:
Tamarinden-Wein u. Sagrada-Wein.
Tonisch wirkende *Abführ-Weine* à Flasche 1 Mark in den Apotheken.
Ärztlich warm empfohlen bei *Verstopfung*, Kongestionen, Migräne, Leberleiden, Hämorrhoiden, Influenza, Magen- und Verdauungsbeschwerden.
Nur **echt, wenn** von Apotheker **C. Kanoldt Nachfolger** in **Gotha.**

Unübertroffen gegen *Asthma*, Engigkeit, Husten, Erkältung, Herzbeklemmung sind die Holländ. Asthma-Cigaretten v. Kraepelien & Holm, Zeist (Holland). Eine halbe Cigarette verschafft Erleichterung. Preis M. 1,50 & 90 ₰ p. Etuis. Vorräthig in den Apotheken.

Wer die
„Berliner Abendpost"
mit den Beilagen:
„Deutsches Heim" und „Häusliche Kunst"
noch nicht kennt, sollte bei der nächsten Postanstalt zum Preise von
1 Mark 25 Pfg. für das II. Quartal 1893
abonniren.
Der beste Beweis
für die Vorzüglichkeit der „Berliner Abendpost" ist die stattliche Anzahl von:
80000 Abonnenten.

Flotter Schnurrbart!

Schutzmarke.

Prof. **Norgeaux** franz. Haar- u. ◆Bart-Elixir.◆ schnellst. Mittel z. Erlang. eines starken Haar- u. Bartwuchses. (Rasche Stillung von Haarausfall). Dieses Elixir, tausendf. bew., ist allen Pom., Tinctur. und Balsams entschieden vorzuziehen.
Erfolg garantirt in wenigen Wochen.
à Flac. M. 1.— u. 2.— nebst Gebrauchsanweis. u. Garantieschein. Vers. diskr. p. Nachnahme od. Eins. d. Betrages (auch in Briefmarken aller Länder). Allein echt zu beziehen durch
Parfümerienfabrik F. W. A. Mayer
Bergedorf.

Echte Briefmarken
sehr billig.
Berliner Briefmarken-Bazar
G. LUBLIN, Berlin W. 8.

6 Jamaica	20 Pf.	
4 Haiti	60 „	
6 Portorico 93.	35 „	
7 Liberia	100 „	
4 Salvador 91.	35 „	
11 Monaco und S. Marino	60 „	
7 Holland Taxm.	75 „	
6 Ecuador	45 „	
3 Neu Braunschweig	80 „	
9 Ungarn 1888 incl. 1 u. 3 Fl.	65 „	
5 Persien 5 u. 10 Frs. 1882, 1, 2 u. 5 Frs. 1889	130 „	
10 Nicaragua u. Honduras	80 „	

Preisliste gratis u. franco.

Preislisten
mit 60 Abbildungen
werden gratis und franko versendet von der Bandagen- und Gummiwarenfabrik von
Müller & Co.,
Berlin S., Prinzenstr. 42B.

Stottern heilt die Anstalt von **Robert Ernst**
Berlin W., Steglitzerstr. 81.
Verfasser des soeben erschienenen Werkes: **Das Stottern und seine Heilung.** Preis M. 5. Prosp. kostenl.

Bill. fortwähr. **Champignon-Speisepilz-Anlage** für jede Familie i. Keller, Stall. Brut. u. Instr. v. 13 Mk. an, ohne jegl. Vorkenntniß, vorzügl. Rentabilität. Vers. nach all. Ländern. Erf. stets durch 20jährige Erfahr. gesichert.
J. Nepp, Leipzig-Plagwitz.

Interessante
Bücher und Photographien.
Viele hervorragende Neuheiten.
Ausführl. Cataloge mit 25 Bildern M. 1,70. Cataloge allein 20 Pf.
G. Greve, Amsterdam. Box 505.

Coursaal Jägerstrasse 22.
Einzige Eigenart als Ballet- u. Ball-Etablissement.
Unvergleichl. erste Qualität.
Täglich steigender Erfolg der Carneval-Novität:
Ball-Appell der schönen Garde.
...art. Costüm-, ... u. Balletfest dargestellt von **6 Ballets** mit 4 Balletmstr., 6 Solotänzerinnen, 120 Balleteusen!
Neu! Menuett nach Hofsitte. 16 Paare in den reizend. Costümen.
Neu! Pariser Jux-Ballet. Unnachahml. Carneval-Tricot-Pikanterie.
Wunderbare Musik erster ausländischer Spezial-Capellen.
Anfang des Ballets: 10 Uhr.
Dir. E. Burchardt.

CACAO-VERO,
entölter, leicht löslicher
Cacao.
in Pulver- u. Würfelform.
HARTWIG & VOGEL
Dresden
Zu haben in den meisten Conditoreien, Colonial-, Delikatess- und Droguengeschäften.

Jugend Schönheit
erhält und giebt die
Schönheitsmilch.
Einzig phänomenal dastehendes hygienisches Präparat zur Erhaltung und Verschönerung der Haut. Da keinerlei schädliche Metalloxyde in der Schönheitsmilch enthalten sind, so ist selbige bei jahrelangem Gebrauch vollständig unschädlich. Chemisch analysirt von Herrn Dr. Paul Jeserich.
Preis pro Flasche 4 M. 50 Pf.
Alleiniger Erfinder u. Fabrikant
Carl Rauscher,
Coiffeur, Parfumeur,
80 Dorotheenstraße 80.

PATENTE
schnell und sorgfältig durch
RICHARD LÜDERS, Civil-Ingenieur
in GÖRLITZ.

Gummi-Schutzmittel,
Artikel für Hygiene
empfiehlt
Leopold Schüssler,
Berlin SW. 46, Anhaltstr. 5.
Illustrirte Preisliste gratis u. franco.

Ein wahrer Schatz
für alle durch jugendliche Verirrungen Erkrankte ist das berühmte Werk:
Dr. Retau's Selbstbewahrung
80. Aufl. Mit 27 Abbild. Preis 3 Mark. Lese es jeder, der an den Folgen solcher Laster leidet, **Tausende verdanken demselben ihre Wiederherstellung.** Zu beziehen durch das **Verlags-Magazin** in **Leipzig, Neumarkt No. 34,** sowie durch jede Buchhandlung.

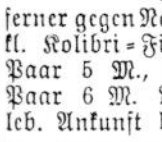

Papageien,
hunderte von Wörtern sprechend, empfiehlt auf billigste monatliche Ratenzahlung, ferner gegen Nachnahme entzückende kl. Kolibri-Finken, entz. Sänger, Paar 5 M., kl. Zwergpapageien Paar 6 M. Vers. unt. Garantie leb. Ankunft bei jeder Witterung.
H. Kumss, Warmbrunn i. Schl.
Weltversandgeschäft.

Carl Rissmann,
Hannover.

Fabrikant der berühmten englischen Matchless & Durable. Bicycles und Tricycles. Billig. Bezug für Wiederverkäufer. Billige Preise. Preislisten.

Schutzmittel.
Special-Preisliste versendet im verschlossenen Couvert ohne Firma gegen Einsendung von 20 Pfennig in Marken.
W. H. Mielck, Frankfurt a./M.

Anzeigenseite aus dem ersten Erscheinungsjahr der Ullstein-Illustrierten, 1893.

Berliner Illustrirte Zeitung

ZEITBILD, CHRONIK, MORITAT
FÜR JEDERMANN
1892–1945

ZUSAMMENGESTELLT UND
HERAUSGEGEBEN VON
CHRISTIAN FERBER

ULLSTEIN VERLAG BERLIN

Nummer **Preis der Einzelnummer 10 Pfg.** Jahrgang.

Berliner Illustrirte Zeitung.

Man abonnirt in Berlin und außerhalb bei allen **Postanstalten** (Nr. des Postzeitungskatalogs 912), **Buchhandlungen und Zeitungsspediteuren pro Quartal à M. 1,25.** Bei direktem Kreuzband-Versand sind für das Inland 40 Pfg. mehr, für das Ausland 75 Pfg. **mehr** einzusenden an die Expedition der „Berliner Illustrirten Zeitung", Berlin SW., Charlottenstraße 11. — Insertion: 60 Pfg. pro 5gespaltene Nonpareille-Zeile.

Titelkopf von Januar 1892 bis Dezember 1893.

Für jedermann
Anmerkungen zu einer öffentlichen Einrichtung

I

An mehr als zweitausendachthundert deutschen Donnerstagen war sie „Heute neu!". Als die Zeiten wirklich schlecht wurden, im Ersten Weltkrieg, übersprang ihre Auflage die Millionengrenze. Als die Zeiten auf andere Art sich verdüsterten, 1931, wurden mehr als zwei Millionen verkauft – eine Auflage, die auch heute noch sensationell genannt werden kann.

„Heute neu!" und in solchen Mengen, das wurde im Straßenverkauf (erst seit 1904 erlaubt) an den Verbraucher gebracht und am Kiosk. So kannte jeder ihr Gesicht, den klaren Titelkopf, den die Ullsteins 1903 von Peter Behrens entwerfen ließen und der vorhielt bis zum letzten Donnerstag des Blatts, dem 29. April 1945. Jeder wußte, was da stand: „Berliner Illustrirte Zeitung". Die Ortsangabe war wesentlich kleiner geschrieben als die „Illustrirte Zeitung", aber man ließ sich „eine Berliner" geben; eine Zeitung war das nicht, sondern etwas anderes: es war, was das Beiwort sagte und was sich rasch zum Hauptwort mauserte und zum Gattungsbegriff: eine Illustrierte, und für Jahrzehnte die Illustrierte schlechthin.

Auch in unseren Tagen nennt man die Bilderblätter nicht anders, nun mit dem dudenkorrekten Dehnungs-e, das im Titelkopf der „Berliner" erst 1941 auftauchte. Der Gattungsbegriff, entwickelt aus dem Bilderblatt der Ullsteins, ist nicht nur handlich. Er ist folgerichtig. Friedrich Lufts Feststellung (entwickelt und begründet in seiner Einleitung zu einem Band Faksimile-Proben aus den Jahrzehnten der „Berliner"), ist nicht zu widerlegen: was da bei Ullsteins um die Jahrhundertwende als neuer Publikationstyp entwickelt wurde, ausgebaut und festgelegt, das ist nach wie vor Modell für alle Illustrierten.

Einzelnummer — 10 Pfennig.

Nummer | Berliner | Monatlich 45 Pf.

Illustrirte Zeitung

Redaktion und Expedition: Berlin S.W., Charlottenstr. 10. | Jahrgang.

In Berlin: Vierteljährlich 1 M. 35 Pf. monatlich 45 Pf. durch alle Zeitungsspediteure frei in's Haus.

Post-Abonnement 1 M. 50 Pf. pro Quartal (Postzeitungsliste Nr. 910). Insertions-Preis: 75 Pf. pro 5 gesp. Nonpar. Zeile.

Titelkopf von Januar 1894 bis Dezember 1902.

II

Leopold Ullstein, der Papierhändler, kam aus Fürth nach Berlin und wurde Zeitungsverleger. Er war auch sein eigener Drucker. Der Drucker L. U. wiederum nahm Aufträge für Lohndruck an, unter ihnen solche für ein Blatt, das der Kaufmann Hepner zusammen mit Otto Eysler gegründet hatte, dem Verleger der humoristischen „Fliegenden Blätter". Es war ein Blatt mit Bildern, Holzstichen zumeist oder auch Zeichnungen „nach der Photographie". Es verkaufte sich nicht besonders gut. Seit 1892 kam das Produkt „Berliner Illustrirte Zeitung" aus den Maschinen Ullsteins in der Charlottenstraße. 1894 hatten Hepner und Eysler Vergnügen und Glauben an ihrer Gründung verloren. Sie verkauften alle Anteile dem Drucker, der zugleich Zeitungsverleger war.

In den ersten Ullstein-Jahren bis zur Jahrhundertwende ging es dem Blatt ein wenig besser, doch nicht besonders gut. Verheißung aber lag in der Luft, neue technische Mittel für eine Massenzeitschrift mit Fotos waren gefunden, aber noch nicht recht genutzt: die Moment-Fotografie, die Netzätzung für ihre Wiedergabe, endlich der rasche Rotationsdruck, der den langsamen Flachdruck ablösen sollte und mit dem sich in einer Maschine sechzehn Seiten auf einmal herstellen ließen. Schritt für Schritt machten Leopold Ullstein und seine Söhne diese Mittel zu ihren Mitteln. Nicht minder wichtig aber war es, das ungewöhnliche Produkt an den Verbraucher zu bringen. Die „Berliner" war nicht teuer, jedoch der zu jener Zeit immer noch einzig übliche Abonnementspreis (hier fünf Mark im Jahr), war vorweg zu entrichten. Das war damals viel Geld auf einmal, eine psychologische Schwelle. Die Ullsteins entfernten sie: Sie verkauften das Blatt per Stück, wochenweise, für einen Groschen. Als dann Straßenverkauf zugelassen wurde, gab es keine Wachstumsschwierigkeiten mehr: schon 1906 wurden wöchentlich 800 000 Exemplare gedruckt.

Dieser Erfolg kam nicht allein vom Bilderfutter für eine zum ersten Mal allenthalben regsame optische Neugier. Er war auch der Risiko-Freude zu danken, mit der Leopolds Verleger-Söhne jene Leute auftrieben, die den neuen Publikationstyp entwickelten, die eine für jedermann verlockende Schau- und Lesestruktur erfanden. Hermann Ullstein,

Leopolds jüngster Sohn, stellte Redakteure ein, die noch zwei Jahrzehnte vor ihrer Zeit im Zeitungsbetrieb ohne Chance gewesen wären: Zeitschriftenmacher etwa, die von Haus aus Graphiker waren oder Maler wie Carl Schnebel und Kurt Szafranski, oder den urbanen, höchst unruhigen Geist Kurt Korff als Chefredakteur, Repräsentant der wachsenden Weltstadt wie nur einer. Das Bilderblatt für jedermann wurde entworfen, gemacht und ständig aufgefrischt von Leuten, die alles andere waren als Jedermann, von hartnäckigen Individualisten mit einem Gespür für alles, was in der Luft lag.

In dieser Luft lagen nicht nur die Sehnsucht nach Weltweite und Augenschmaus. Zu füttern war auch ein herzhaftes Bedürfnis nach Biederkeit, nach Gemütlichkeit und handfester Unterhaltung. Paul Simmels schlichter rundköpfiger Zeichenwitz etwa war da ebenso gefragt wie Schnappschüsse aus Amerika und Asien. Das Mittelstück, das Rückgrat der „Illustrirten“, war etwas, an dem es nichts zu illustrieren gab: der aufregende, der herzbewegende, der mitten aus dem geträumten wirklichen Leben gegriffene Roman – Portion für Portion, und der Leser lauerte, um zu wissen, wie es denn weitergeht.

Bilder auf dem Titel, jede Woche eine andere Verführung, Bilder aus der großen Welt und von den Großen der Welt, Bilder von allen nur denkbaren Ereignissen, Katastrophen und Idyllen: gut und schön. Doch mit ihnen allein war noch nichts gewonnen. Die öffentliche Einrichtung „Illustrirte“ war nicht denkbar ohne eine große Abteilung fürs Herz.

Die Wirkung der „Illustrirten“ war der Abwesenheit von Snobismus nicht minder zu danken als der Anwesenheit von journalistischer Erfindungsgabe.

III

Die „Berliner“ wurde nicht nur zur optischen Zeitchronik. Sie war die Hauspostille eben ihrer Zeit. Der Inhalt entsprach nicht anders den Bedürfnissen der Zeitgenossen, wie es der Inhalt einer Hauspostille im neunzehnten Jahrhundert getan hatte. Dem zwanzigsten Jahrhundert gemäß war die Offerte kleiner Schocks und großer Sehnsüchte, die Zurückhaltung beim Kommentar, die Abwesenheit moralisierender Passagen, die Unterfütterung des fotografierten Bilds mit bieder aussagekräftigen Zeichnungen, die Zugabe von Moritaten und eine stattliche Dosis von anspruchsvoll servierter, doch nicht allzu anspruchsvoller Entspannung. Was da Woche für Woche aufzublättern war, das präsentierte sich dem Betrachter und Leser als eine permanent unterhaltende Vorstellung, in der nach Möglichkeit die ganze Welt mitspielte. In den Zwischenakten gab es auch mit Maßen Information und einige Belehrungen über den Fortschritt.

Dem Leser und Betrachter jede Woche wurde selten klar, was die Nachwelt nun rühmt an Leistung: Erich Salomons Fotos etwa oder des jungen Lyonel Feiniger Karikaturen, auch die ungemeine Mühe der guten Laune, mit der da serviert wurde, der anspruchsvolle, weit mehr als heute anspruchsvolle Blickfang der Illustriertenfront – samt der Leistung, Aktualität anzubieten, wo die Tageszeitungen längst abgesahnt hatten. Die Redakteure der „Illustrirten“ handhabten Florett und Griffel, wo ihre Nachfahren trotz weit besserer technischer Mittel Holzhammer und den dicken Pinsel benutzen. Diese

Titelkopf von Januar 1903 bis Juli 1903.

Nachfahren freilich müssen sich beim Konsumenten gegen die Konkurrenz des Bildschirms durchsetzen. Die „Berliner Illustrirte“ war in ihren besten Tagen selber Bildschirm, ebenso wie Hauspostille. Sie war öffentliche Einrichtung – und das hatte natürlich auch seine Gefahren, zumal als eines Tages das führende Bilderblatt der Nation aus den richtigen in die falschen Hände geriet.

IV

Leopold Ullstein, seine Söhne und ihre Mitarbeiter, bei der „Illustrirten“ wie bei den anderen Zeitungen und Zeitschriften des Hauses: sie waren Freisinnige im weiten Sinn des Worts, treu ihrem Staat und zurückhaltend in politischen Dingen. Das galt besonders bei dem Bilderblatt für jedermann. Präzeptoren waren sie ein wenig und dabei sehr geschickt, auch Unterhalter – dazu Beobachter ihrer Zeit, im Krieg ausdrücklich national, im Frieden nüchtern und niemals aggressiv. Wenn die „Illustrirte“ den Präsidentschaftskandidaten Paul von Hindenburg nur als Feldmarschall vorstellte, seinen Rivalen Karl Marx aber als Staatsmann, so war das für die Haltung des Blatts bereits eine auffallend starke politische Äußerung. Man hatte auch Majestät nicht überschätzt. Man schätzte die Republik. Aber in der permanenten Vorstellung des Blatts gab es kaum Zwischenakte, die der Politik gewidmet waren.

Was die Nationalsozialisten vorfanden, als sie die Ullsteins vertrieben hatten, auch die Chefs und manchen ausgezeichneten Mitarbeiter der „Illustrirten“, das war ein Massenblatt, dessen von Korff geschaffene treffliche Struktur solide war und sehr gut erhalten. Hitlers Propagandisten taten das in ihrem Sinne Klügste: sie benutzten diese Struktur, sie beließen den Lesermassen ihr gewohntes Blatt, sie änderten fast nichts – aber sie servierten zusätzlich stark gebraute oder gebräunte, aber bis in den Zweiten Weltkrieg hinein milde schmeckende Propaganda. Hier wurde nicht offen polemisiert, hier wurde mit scheinbarer Würde festgestellt, wie gut Hitler und die Seinen den Deutschen bekämen.

Die „Illustrirte“ wurde damit in ihrem letzten Jahrzehnt ein Nazi-Propaganda-Vehikel ersten Ranges – eben darum, weil sie noch nicht einmal auf den zweiten Blick so aussah. Gewiß, das Blatt war nicht mehr so elegant, weltläufig und funkelnd wie noch vor kurzem;

Jahrgang

Berliner
Illustrirte Zeitung

Einzelpreis
10 Pfg
oder 14 Heller.

Verlag Ullstein & Co., Berlin SW. 68.

Titelkopf von Juli 1903 bis Dezember 1940.

aber Korffs Erbe hielt vor, solange es keiner wegwarf. Niemand warf es weg. Es gab nach wie vor Redakteure, die etwa einen Serienzeichner fanden wie e. o. plauen, der mit „Vater und Sohn" ein Schutzgebiet der Menschlichkeit schuf. Es gab reisende Mitarbeiter wie den nur ein klein wenig aufdringlichen Wolfgang Weber, der den Eindruck vermittelte, das Dritte Reich sei noch mit der weiten Welt verbunden, und der gar Antisemitisches so verpackte, als gäbe es keinen Antisemitismus. Es gab viele andere Mitarbeiter, die eine ordentliche „Illustrirte" machen wollten, und sie auch häufig machten. Nicht ohne Grund sind B.I.-Fotografen nach dem Krieg Stars geworden in Blättern ganz anderen Charakters. Aber sie alle waren im Dienst eines Propaganda-Unternehmens, mit dem an Millionen Deutsche heranzukommen war, die Hitler nur mäßig geneigt waren.

Das hat seine Wirkung getan. Die Propaganda-Fracht auf dem Vehikel, stets klein und allenfalls mit Zeitzünder: sie kam an. Wer etwa machte sich klar bei einem ausgezeichneten Foto der Regierungsbank während einer Reichstagssitzung 1934, daß diese Sitzung Hitlers erste größere Mordserie zudecken mußte? Das Vertrauen in Korffs Werk und in die Ullsteins hielt lange vor – bei manchen bis in den April 1945, als das Blatt mit dem Titel B.I.Z. nur wenige Tage vor dem Dritten Reich in der Katastrophe eben dieses Reiches unterging.

V

Mancherlei, auch in der Presse, ist in dem gewandelten Teil Deutschlands nach dem Krieg wiedergekehrt. Die „Berliner Illustrirte Zeitung", als Titel zurückgegeben den Ullsteins und heute im Besitz von Ullstein/Axel Springer, kam als Wochen-Periodikum bisher nicht zurück. Es gab aber Sonderausgaben, nun unter dem vom Leser stets gebrauchten Titel „Berliner Illustrirte", die an die Tradition von Ullstein und Korffs freiheitlichem Blatt anknüpften: sie waren zweimal der Stadt Berlin gewidmet, zweimal dem Präsidenten Kennedy (seinem Besuch in Berlin, später dem Mord an ihm), einmal dem Besuch des Papstes im Heiligen Land. Ob es eine B.I. unserer Tage oder in denen von morgen geben wird, kann heute niemand sagen.

Dieses Buch enthält eine Auswahl von Bildern und Texten der „Berliner Illustrirten" in ihrer Daseinszeit zwischen 1891 und 1945. Es ist, wie die anderen Sammelbände der

Edition von Ullstein-Periodika („UHU“, „Die Dame“, „Der Querschnitt“), eine persönliche Auswahl, ein Lese- und Bilderbuch aus der Zeit der Zeitschrift. Es ist nicht ein Faksimile-Band, es kann in seinem vorgegebenen Format auch nicht das Gesicht der alten Zeitschrift in aller Deutlichkeit zeigen. Es zeigt etwas anderes: die Zeit, in der die Zeitschrift erschien, ihren Geist, ihre Probleme, und die Art, in der davon in Wort und Bild berichtet wurde. Es soll Historie spiegeln, aber auch Wirkungen der Historie in die Gegenwart. Natürlich ist dabei auch nicht ausgespart, was jede Auswahl aus alten Publikationen auszeichnet: die Exempel, bei denen sich lächeln läßt über das Damals.

Unter diesen Exempeln sind auch Leseproben aus fünfzig Jahren populärer Roman-Produktion – Proben, die des Platzmangels wegen nach einer Druckseite mitten im Satz aufhören: hier soll nicht Lesefutter aufs neue angeboten werden, sondern Einblick in den Geschmack der Zeit und der Zeiten. Selten auftretende Matadore wie Schnitzler oder Zuckmayer wurden ausgespart: die kennt jedermann ohnehin, und in der Zeitschrift für jedermann waren sie Ausnahmen.

Bei der Fülle des Angebots aus mehr als einem Halbjahrhundert der B.I. lassen sich einige hundert Möglichkeiten der Zusammenstellung denken. Eine dieser Möglichkeiten wäre eine Auslese der Knalleffekte und Glanzpunkte gewesen. Es wurde darauf verzichtet: diese Bonbons waren auch bei einer Massenzeitschrift hoher Qualität so weit verstreut, daß vom Geist und von den Zeiten der Zeitschrift kaum etwas zu erkennen gewesen wäre. Vielmehr, die Auswahl mit Proben Jahr für Jahr galt der Absicht, Inhalte und Wandlungen der erfolgreichsten deutschen Zeitschrift ihrer Tage zu kennzeichnen – eine Absicht, die sich auch mit anderen Exempeln hätte verwirklichen lassen.

Hier war nun einmal auszuwählen. Wie bei jeder Auswahl sind die Gralsritter des einzig Richtigen und einzig Möglichen eingeladen, in die schimmernde Rüstung zu steigen und zu sagen, alles hätte ganz anders gewählt und präsentiert werden müssen. Sie werden damit stets recht haben: jeder wählt anderes. Der bei der „Berliner Illustrirten“ vorliegende Stoff ist besonders groß, und wo man ihn packt, da ist er eben häufig sehr interessant. Der Herausgeber bittet um Nachsicht für alles, was in diesem Band am Ende nun doch nicht stehen konnte. Er bittet um Einsicht in das, was darin steht – ausgewählt aus dreiundfünfzig Jahrgängen und den letzten Nummern einiger Monate, ausgesucht aus zweitausendachthundertundeinundachtzig Ausgaben der unvergessenen „Berliner Illustrirten Zeitung“.

Christian Ferber

Nummer — Berliner — Jahrgang Preis 20 Pfennig

Illustrierte Zeitung

Titelkopf von Januar 1941 bis April 1945.

Erste Probenummer.

Berliner Illustrirte Zeitung.

Herausgeber: Dr. Otto Eysler.

Erscheint wöchentlich. Berlin, den 14. December 1891. Abonnementspreis M. 2,50 pro Quartal.

Marie Reisenhofer, Mitglied des Lessingtheaters.

Nach der Natur gezeichnet von Fritz Gehrke.

Titelseite einer Probenummer der „Berliner Illustrirten Zeitung“.

Eleonore Duse, zur Zeit Gast am Lessing-Theater:
Für die „Berliner Illustrirte Zeitung" nach dem Leben gezeichnet
von St. v. Mucharski.

Verteilung von Kartoffelland an Berliner Arme.

Im vorigen Jahrgang unseres Blattes behandelten wir in einem Artikel das Leben und Treiben in jenen „Kolonien", welche, von sogenannten Berliner Kartoffelbauern gegründet, sich vor den Toren der Reichshauptstadt ausbreiten. Heute bringen wir nun in obigem Bild einen Beitrag zur Entstehungsgeschichte jener Kolonien. Der Magistrat von Berlin verpachtet das ihm gehörige, an der Peripherie des Stadtriesen gelegene unbebaute Land alljährlich an kleine Leute der nächsten Stadtteile, gibt den ganz Unbemittelten wohl auch einen Anteil kostenfrei, wenn sie von den betreffenden Armenvorstehern als würdig empfohlen werden. Im Vorfrühling des Jahres erfolgt die Zuteilung, und gleich darauf wird auch mit der Installierung der „Villen" begonnen. Aus Planken und Brettern werden kleine Häuschen errichtet, in denen den Sommer über sich jene großstädtischen Idyllen abspielen, die wir in dem obengedachten Artikel damals eingehend behandelt haben. Auch heute wieder kommen wir zu dem Schluß, daß diese Maßregel der Stadtverwaltung eine wahrhaft segensreiche genannt zu werden verdient, einmal im Hinblick auf die „Ernte", welche die Kolonisten als Frucht ihrer Arbeit im Herbst einheimsen – billige Kartoffeln bedeuten etwas für den Armen –, dann aber auch des hygienischen Nutzens wegen, der für Erwachsene und Kinder in der Beschäftigung in freier Natur und im Genuß derselben liegt. „Vater" hat freilich diesen Genuß nur an Sonntagen und an den langen Sommerabenden, die Frauen und Kinder aber auch während eines großen Teils der Wochentage. Das sind für letztere auch Ferienkolonien, und fürwahr, nicht die schlechtesten. Es liegt ein nicht zu unterschätzendes soziales Moment in dem Bewußtsein, sein eigenes Stück Land, und sei es noch so klein, zu bebauen. Und so wünschen wir denn allen Kartoffelbauern vor der großen Stadt, daß sie sich noch recht lange dieses Segens erfreuen können.

Das Duell Déroulède-Clémenceau in Paris.

Wir erwähnten schon in unserer vorigen Nummer, bei Besprechung des berüchtigten Panama-Skandals, das Duell, welches in Folge jenes Skandals resp. der Beleidigungen, welche der ehemalige Präsident der Patriotenliga, Déroulède, gegen den Führer der Radikalen, Clémenceau, in der Deputiertenkammer ausstieß, zwischen den Genannten stattfand, und sind nun heute in der Lage, unseren Lesern ein authentisches Bild jener „Farce" zu geben. Denn eine Farce, nichts mehr und nichts weniger, war jenes Duell. Die politischen Zweikämpfe sind dort an der Tagesordnung; und wenn es dabei immer ernst zuginge – fürwahr, Frankreich resp. Paris wäre sehr bald aller großen Männer beraubt. Aber man begnügt sich eben in den weitaus meisten Fällen damit, einige Kugeln zu „wechseln" und einige Löcher in die Luft zu schießen; und wenn ja einmal Blut fließt, so ist es das eines Unparteiischen, der sich in allzu unvorsichtige Nähe der Kämpfenden gewagt hat, vielleicht in dem frommen Glauben, daß sich ja der Duellant seinen Gegner aufs Korn nimmt und nicht dessen Zeugen. Aber, wie gesagt, selbst das Blut eines Unparteiischen fließt nur selten.

Und wenn nun schon die meisten Duelle in Paris so harmlos verlaufen und mehr eine Komödie als etwas anderes sind, so war das Duell Déroulède-Clémenceau die Komödie aller Komödien. Erst stritt man sich um die Wahl der Waffen, da Clémenceau den Ruf eines unfehlbaren Pistolenschützen genießt, während Déroulède das nicht von sich sagen konnte. Endlich aber, um nicht den Vorwurf der Feigheit auf sich zu laden, stimmte auch er den Pistolen zu. Die Pariser vergaßen fast den ganzen Panama-Skandal dieses Duells wegen. Sie zitterten tagelang um das Leben der beiden »teueren« Männer. Wie nun, wenn Déroulède fiel? Oder Clémenceau? Oder gar – entsetzlicher Gedanke! – alle beide zusammen?! Die Bedingungen ließen alles mögliche befürchten: 25 Schritt Distanz mit Avancieren bis auf 5 Schritt und dreimaliger Kugelwechsel!

Held Clémenceau nahm feierlichen Abschied von seinen Redakteuren und Mitarbeitern, von seinen Söhnen und Töchtern. Bei der Schilderung dieser ergreifenden Szene blieb in Paris kein Auge trocken. Und Déroulède! Er trieb die Seelengröße sogar so weit, am Vorabend des Duells heiter scherzend im Café zu sitzen.

Und der verhängnisvolle Tag brach an. Als die Duellanten auf dem Kampfplatz eintrafen, da fanden sie eine spalierbildende, mehrhundertköpfige Zuschauermenge vor! Man hatte natürlich, wie es bei solchen Ehrenhändeln üblich, den Ort des Renkontres sorgfältig geheimgehalten.

Eine Viertelstunde später war alles vorüber. Die beiden Helden hatten je dreimal geschossen und waren ebensooft unverletzt geblieben. Der beleidigten Ehre war Genüge geschehen. Paris atmete auf. Die Lächerlichkeit tötet nicht mehr in der Seinestadt.

Eine Ordonnanz.

Die Schneeschuh-Uebungen in der deutschen Armee.

Alles zieht die deutsche Armee nach und nach in ihren Bereich, um im nächsten Krieg nicht nur durch die Waffen, sondern auch durch andere Mittel das Übergewicht zu erlangen: den Luftballon, die Elektrizität, die Kriegshunde und jetzt auch die Schneeschuhe. Man weiß, daß dieselben in Norwegen und Lappland zu Hause sind und in neuerer Zeit auch in Rußland in Gebrauch genommen werden. In diesen Ländern dienen sie seit längerer Zeit schon den militärischen Interessen. In Norwegen ist das Schneeschuhlaufen ein nationaler Sport; der Landbriefträger, der Jäger, der Bauer eilt auf Schneeschuhen über die endlosen weißen Flächen dahin. Es existieren dort Kompanien leichter Infanterie, die in Winterfeldzügen die größten Dienste leisten können. Gegenwärtig manövrieren alle Infanteriekorps Norwegens mit Schneeschuhen und organisieren selbst interessante Wettkämpfe untereinander. In der russischen Armee sind gewisse Korps, die kaiserlichen Leib-Tirailleure und die finnländischen Tirailleure mit Schneeschuhen ausgerüstet. Die holländischen Schützen gebrauchen in ähnlicher Weise die Eisschuhe, auf welchen sie über die weiten Eisflächen ihres wasserreichen Landes dahinfliegen. In Deutschland hat man jetzt begonnen, beim 82. Infanterie-Regiment in Goslar, Versuche mit Schneeschuhen zu machen. Sie haben eine Holzschiene von ungefähr 1,30 Meter, sind ein wenig breiter als der Fuß und mit Eisen beschlagen sowie mit Riemen versehen. Eine Probe-Abteilung, aus Unteroffizieren zusammengesetzt, übt unter der Leitung eines Offiziers und führt längere Märsche in der Umgegend der Stadt aus. Es werden dabei natürlich alle Eigenheiten eines wirklichen Kampfes beobachtet. Ein Nebenbild stellt einen Unteroffizier dar, der einen friedlicheren Zweck verfolgt. Es handelt sich um einen Fourier, der sich zum Bericht begibt, sein Ordonnanz-Buch unter dem Arm.

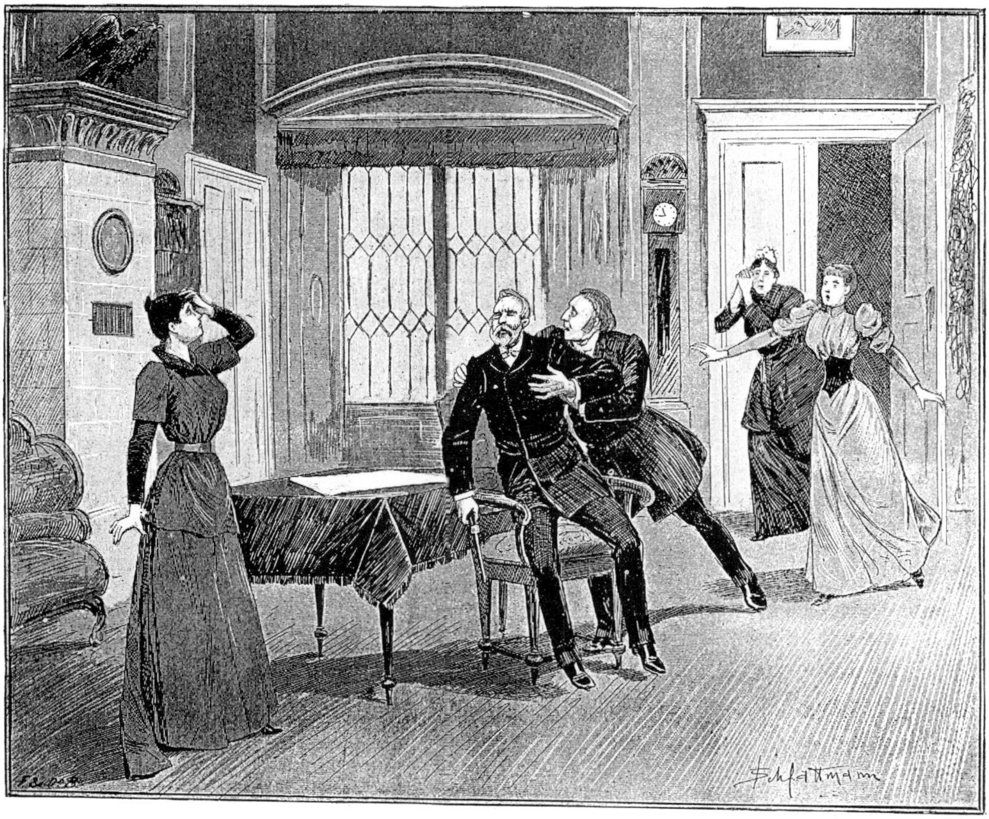

Szene aus dem 4. Akt des Schauspiels „Heimat" von Hermann Sudermann.

Papst Leo XIII. am Phonographen.

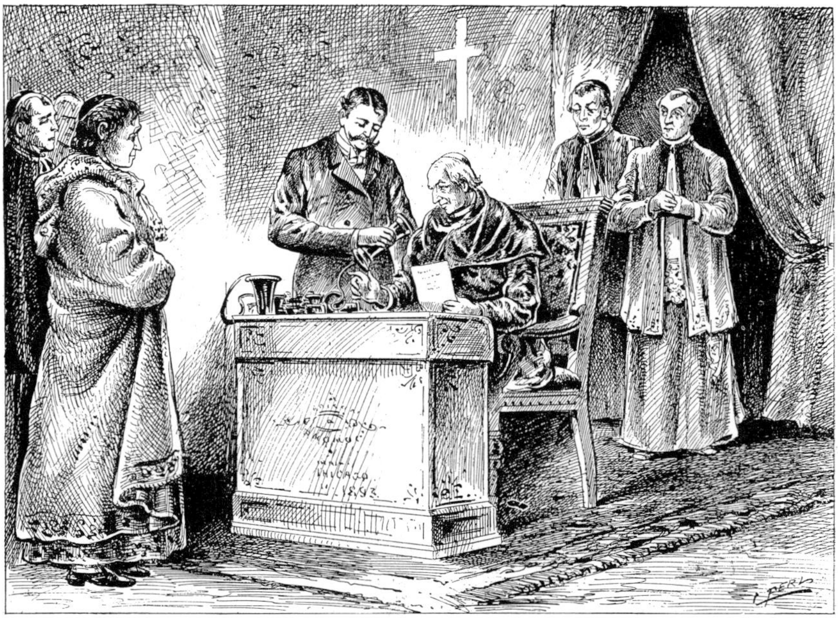

Der Papst sendet den amerikanischen Katholiken durch den Phonographen seinen Segen.

Ungleich manchen anderen Erfindungen des Amerikaners Edison, dem wir ja auch das Telefon und die elektrischen Glühlampen verdanken, hat sich der Phonograph bisher keinen praktischen Wirkungskreis zu erobern gewußt. Es ist mehr eine interessante Spielerei. Und wird auch dadurch nicht mehr werden, daß Edison zur Zeit wieder einmal Reklame für ihn in Europa machen läßt, dergestalt, daß er seinen Vertreter, Mr. Moriarty, zu hervorragenden und berühmten Männern mit der Bitte herumschickt, in den Phonographen hineinzusprechen, damit auch die Amerikaner diese berühmten „Stimmen" hören können. Mr. Moriarty hat auch Se. Heiligkeit den Papst Leo XIII. nicht verschont mit diesem Ansuchen, und das Haupt der katholischen Christenheit hat demselben auch entsprochen. Leo XIII. stellte nur die Bedingung, daß die erste Reproduktion seiner Worte vor dem Präsidenten der Vereinigten Staaten erfolge, weil er diesem seinen Gruß entbieten wollte. In Gegenwart seines Hofstaates sprach nun vor einiger Zeit der Papst in den Phonographen diesen Gruß, mit dem er einen Segenswunsch für die katholischen Amerikaner verband, und jüngst erhielt der Präsident Cleveland die Platte, auf welcher die Worte des Heiligen Vaters gesprochen waren. Vor einem geladenen Publikum wurde die Platte in den Reproduktions-Phonographen eingefügt, der denn auch die Worte des Papstes in derselben Stimme und demselben Tonfall, in denen sie gesprochen waren, den Versammelten kundgab. Der gesprochene Segen des Papstes über Länder und Meere verschickt, das ist jedenfalls durchaus *fin de siècle*.

FRIEDRICH ENGELS auf dem sozialdemokratischen Bankett in den Concordiasälen. Nach der Natur gezeichnet von Hans Leo Arndt.

Am verflossenen Freitag sahen die Concordiasäle in Berlin eine mehrtausendköpfige Menge, Männer und Frauen aus den arbeitenden Klassen in festfreudiger Stimmung in ihren weiten Räumen, die auch ihrerseits festlich geschmückt waren mit Fahnen und Dekorationen in der Farbe der Sozialdemokratie. An langen Tischen nahmen sie alle Platz, ein Quertisch unterhalb der Bühne sah den Parteivorstand vereinigt: Liebknecht, Bebel, Singer und Auer. Auch zwei Damen hatten hier Platz genommen: Frau Bebel und Frau Louise Kautsky und zwischen ihnen ein alter Herr mit grauem Bart und Haar, aber jugendlich blitzenden Augen: Friedrich Engels aus London, nach dem Tode Marx' das geistige Haupt der deutschen Sozialdemokratie. Einige Tage vorher hatte er mit Bebel vor einer großen Arbeiterversammlung in Wien gesprochen; die Berliner Genossen feierten seine Anwesenheit in Berlin durch ein Festbankett.

Musik und Gesang – die zweihundert Arbeitergesangvereine Berlins hatten je ihren besten Sänger zu dem imposanten Chor gestellt – leiteten den Festabend ein, dann erhob sich Wilhelm Liebknecht, um dem Helden des Abends den Willkommensgruß der deutschen Sozialdemokratie zuzurufen. Mit seinem fortreißenden Pathos feierte er Engels als den Mitverfasser des „Kommunistischen Manifestes an die Proletarier aller Länder“, dessen anderer geistiger Urheber Karl Marx gewesen ist. Er nannte Engels den Testamentsvollstrekker des heimgegangenen Verfassers des »Kapital« und die deutschen Sozialdemokraten wiederum die politischen Testamentsvollstrecker Engels'.

Dann erhob sich der Gefeierte. Er ist kein hervorragender Redner, und er macht auch nicht den Anspruch, es zu sein, wie er selbst sagte. Er verbreitete sich über den Eindruck, den Berlin nach so langer Abwesenheit auf ihn gemacht. Damals – als er die Stadt zuletzt gesehen – sei sie eine Hof- und Residenzstadt mit 350 000 Einwohnern gewesen, eine Stadt der Bürokratie, des Adels und des Militärs – heute sei sie eine Industrie- und Handelsstadt geworden, die Hochburg der deutschen Sozialdemokratie. Seine Rede klang in einem Hoch auf die internationale Sozialdemokratie aus und dieses wiederum in den Massengesang der Arbeitermarseillaise. Damit war der offizielle Teil geschlossen; aber ein reiches Programm an musikalischen und deklamatorischen Vorträgen hielt die Anwesenden noch bis Mitternacht fest.

Friedrich Engels steht jetzt in seinem 73. Lebensjahr; er ist der Sohn eines Fabrikanten in Barmen. 1841–43 diente er als Einjährig-Freiwilliger in der preußischen Armee. Ein Aufenthalt in England führte zur Entstehung seiner ersten Schrift: „Die Lage der arbeitenden Klassen.“ Schon 1844 war er mit Karl Marx in Brüssel bekannt geworden und verfaßte mit diesem im Jahre 1847 im Auftrag des Kommunistenbundes das obenerwähnte „Manifest“. 1848–49 war er Mitarbeiter an der von Marx in Köln geleiteten „Neuen Rheinischen Zeitung“, nahm dann an den Aufständen in Baden und der Pfalz teil und flüchtete nach der Niederwerfung derselben nach England, von wo aus er im Verein mit seinem Freund Marx unermüdlich für die Verbreitung sozialistischer Ideen wirkte. Unsere Leser, gleichviel welcher Parteifarbe, wird das Porträt dieses geistig bedeutenden Mannes sicher interessieren.

Uniformbeinkleider

Für Aerzte — Musiker — Rechtsanwälte — Spieler — Verliebte.

Dämonen.

ROMAN VON CARL MATTHIAS

(Fortsetzung.) (Nachdruck verboten.)

Überaus gebückt, betrat der sonst so selbstbewußte Schlosser das Komptoir. Ehrlich musterte ihn mit scharfen Blicken. Er war ein zu guter Geschäftsmann, als daß er nicht gewußt hätte, was den Schlosser bedrücke.

„Pünktlicher Mann", sagte er grinsend, „bringen mir das Geld schon ein paar Tage vor der Verfallszeit des Wechsels. Das habe ich gern, denn Geld kann man immer gebrauchen."

„Leider bringe ich es nicht", sprach Findler, „im Gegenteil, ich wollte Sie bitten –"

„Nun, Sie haben ja noch mehrere Tage Zeit", meinte der Wucherer, „bis zum einundzwanzigsten, wenn ich nicht irre."

„Nein, es ist ganz richtig", versetzte der Handwerker beklommen. „Allein bin ich nicht imstande, bis dahin das Geld aufzutreiben. Die Außenstände gehen so schwer ein. Sie müssen mir einen Monat Respekt geben."

„Ich muß?" fragte Ehrlich scharf, seine Hornbrille hinaufschiebend, „ich will nicht. Das ist das Wort – ich brauche mein Geld, ich habe es Ihnen schon einmal gesagt, und deshalb muß ich nicht warten, sondern Sie zahlen, pünktlich am einundzwanzigsten Mittag zwölf Uhr."

„Aber nehmen Sie doch Vernunft an, Sie wissen, wozu ich das Geld brauchte. Einen habgierigen Schuft zu befriedigen. Lassen Sie mir das Geld noch. Ich bin bereit, Ihnen jeden beliebigen Zinsfuß zu zahlen."

„Unsinn, nachher zahlen Sie Zinsen und Kapital nicht, und ich bin um mein Geld geprellt. Wenn Sie nicht zahlen, klage ich es ein."

„Es ist mir unmöglich. Ich wiederhole es Ihnen."

„Wenn Schuldenmachen möglich, muß auch das Zahlen möglich sein. Aber ich will diesmal Nachsicht haben. Wo ist der Wechsel? Aha, hier", sagte er, ein Papier aus seinem Pult ziehend. „Er lautet auf fünftausend Mark. So schreiben wir sechstausendfünfhundert, zahlbar einen Monat später. Ist Ihnen das recht?"

„Nein, nein!" schrie der Handwerker. „Ich würde mich selbst bestehlen, wollte ich das unterschreiben. Ich habe nur viertausend Mark von Ihnen empfangen."

„Dann legen wir den Wechsel wieder beiseite", sagte der Wucherer gleichgültig. „Es ist sowieso ein unsicheres Geschäft. In einem Monat habe ich vielleicht das Nachsehen, während mir jetzt noch Ihr Erbe Garantie bietet. Also leben Sie wohl, und halten Sie am einundzwanzigsten das Geld bereit."

„So haben Sie also wirklich gar kein Erbarmen, soll ich so von Ihnen gehen?"

„Ich habe Ihnen den einzigen Ausweg gezeigt. Schlagen Sie ihn nicht ein, so verklage ich Sie."

„Nun denn, so klagen Sie in des Teufels Namen!" schrie der Schlosser. „Ich unterzeichne den neuen Wisch nicht. Aber der ganzen Welt werde ich *[Ende des Exzerpts]*

Der Zweikaisertag in Abbazia.

Die deutsche Kaiser-Familie und Kaiser Franz Joseph.

Abbazia, das nun schon seit Wochen unserem Kaiserpaar als Aufenthalt dient, hat seinen großen Tag hinter sich: am 29. v. M. traf dort der Kaiser von Österreich zum Besuch seines Freundes und Verbündeten ein. Es war das erste Mal, daß Kaiser Franz Joseph diesem österreichischen Seebad seine Anwesenheit schenkte, er hatte sich bisher konsequent davon ferngehalten. Eingeweihte wollen wissen, daß diese Abneigung des Kaisers gegen Abbazia um Jahre zurückdatiere, da hier die ersten Kapitel jenes Romans sich abspielten, der zur Tragödie von Meyerlingk führte.

Aber fort mit diesem düsteren Bild! Abbazia und die Küstenflecken von Fiume bis Abbazia hatten sich zu Ehren Kaiser Franz Josephs in ein überaus festliches Gewand geworfen, bei dem vielleicht nur mit dem Lorbeer, der ja freilich hier wild wächst, allzu verschwenderisch umgegangen war. Am Morgen des 29. März traf Kaiser Franz Joseph mit der Bahn in Matuglie ein, erwartet und begrüßt von Kaiser Wilhelm und den Spitzen der Behörden. Die Begrüßung beider Kaiser war eine überaus herzliche. Kaiser Franz Joseph trug die Uniform des Kaiser-Franz-Regiments, Kaiser Wilhelm diejenige seines ungarischen Husaren-Regiments. Zu Wagen wurde die Fahrt nach Abbazia angetreten, und überall wurden die Monarchen von der Landbevölkerung und den Kurgästen auf das herzlichste begrüßt.

Zu den festlichen Veranstaltungen gehörte auch ein Besuch auf dem prächtig geschmückten, vor Abbazia verankert liegenden deutschen Schulschiff „Moltke“. Am Abend desselben Tages trat Kaiser Franz Joseph die Rückreise an.

Der politische Mord in Prag.

Die Leiche Rudolf Mrvas am Tatort. Nach der Skizze eines Augenzeugen.

Im Böhmerland gärt es. Seitdem dort die Jungtschechen die Oberhand haben, haben sie ihre Forderungen, die im wesentlichen in dem Satz gipfeln „Böhmen den Tschechen", immer rücksichtsloser verfochten, und der infolge dieser Agitationen über Böhmen verhängte Ausnahmezustand hat das Seine dazu beigetragen, die Gegensätze zu verschärfen.

Vor einiger Zeit war die Polizei in Prag

einem Geheimbund, der sich Omladina nannte, auf die Spur gekommen, der zum größten Teil aus jugendlichen Mitgliedern bestand und der die Seele der Straßendemonstrationen am Geburtstag des Kaisers in Prag und später gewesen sein soll. Auf Grund des von der Polizei herbeigeschafften Belastungsmaterials hat die Staatsanwaltschaft das Verfahren gegen die Omladina eingeleitet; die gerichtliche Verhandlung steht für den 15. Januar an.

Am 17. Oktober v. J. sprach der Jungtscheche Dr. Herold im österreichischen Abgeordnetenhaus über diesen Geheimbund und denunzierte hierbei ein Mitglied der Omladina, das als solches den Spitznamen „Rigoletto von Toskana“ führe, als Polizeispitzel. Dr. Herold schloß seine Rede mit folgenden Worten: „80 verführte junge Leute sind jetzt seit acht Monaten in Untersuchungshaft wegen Hochverrats, und derjenige Mensch, der sie geführt, verführt und auch angezeigt hat, läuft in Prag frank und frei herum, und ihm geschieht nichts!“

Diese Rede kann man als das Todesurteil des Handschuhmachers Rudolf Mrva alias Rigoletto von Toskana bezeichnen. Denn von jenem Zeitpunkt ab hatte er vor seinen ehemaligen Genossen keine ruhige Stunde, wurde einmal sogar auf offener Straße von einem jungen Mann tätlich mißhandelt und am 23. Dezember v. J. in seiner Wohnung ermordet.

Seine Mörder waren der 18jährige Fabrikschlosser Ottokar Dolezal und der 17 Jahre alte Lackierer-Gehilfe Franz Dragoun, beides Mitglieder der Omladina. Sie machten dem Mrva am Nachmittag des gedachten Tages einen Besuch, spielten anfänglich mit ihm Karten und halfen ihm alsdann bei der Ausschmückung des Weihnachtsbaumes. Man vergnügte sich weiter mit einem Ringkampf, und die beiden baten plötzlich Mrva, ein Lied zu singen. Dieser stimmte ein bekanntes kroatisches Lied an, in welchem eine Stelle vorkommt, in der ein Verräter mit dem Tode bedroht wird. Da packte Dragoun den Mrva bei der Gurgel, drückte ihn an seine Brust und warf ihn zu Boden, wobei Mrva einen Schrei ausstieß. Dolezal zog einen Dolch aus der Tasche und stieß ihn mit aller Gewalt Mrva in die Brust. Die Mörder verließen hierauf schleunigst die Wohnung unter Zurücklassung der Scheide des Dolches.

Der Moloch Spiel.

Die Aushebung einer Spielhölle in Berlin W.

Alle Welt erinnert sich noch der Erregung, welche der Spielerprozeß in Hannover im Gefolge hatte; man entrüstete sich gleicherweise über die Betrüger wie über die Betrogenen, über die Gewissenlosigkeit der einen wie über den Leichtsinn der anderen. Und man tat so, als wäre die Spielleidenschaft nur in Offizierskreisen vorherrschend, während sie doch tatsächlich in fast allen Volksschichten grassiert.

Natürlich sind die größeren Städte ein ungleich geeigneterer Boden für die ungenierte Ausübung der Spielsucht als die kleineren in der Provinz, wo der Eingeborene kaum auf verbotenen Wegen wandeln darf, ohne befürchten zu müssen, daß bereits am anderen Morgen Frau Fama ihn zum Stadtgespräch macht, und wo höchstens ein paar Handelsreisende am Abend im verschwiegensten Hinterzimmer des Hotels ein wenig – „mauscheln".

Je größer aber die Stadt, um so schwieriger die Entdeckung, um so häufiger die Verführung. In gar vielen Menschen schlummert die Spielsucht nur und bedarf nur eines äußeren Anlasses, um geweckt zu werden. Man wird bei irgendeiner Gelegenheit, im Kreise guter Bekannter, am Wirtshaustisch, überredet, sich „die Sache doch einmal anzusehen". Da ist der X., der hält in seiner Wohnung an gewissen Abenden eine kleine Bank. Nur für ganz gute

Bekannte. Natürlich! Man pointiert einmal „spaßeshalber“ mit, das ist alles. Große Summen sind dabei weder zu verlieren noch zu gewinnen, und es ist im Grunde eben nur eine kleine, nervenanregende „Zerstreuung“.

Und man läßt sich beschwatzen und geht mit. Selbstverständlich mit den besten Vorsätzen. Und es ist wirklich recht nett bei Herrn X. Der Mann ist die Liebenswürdigkeit selbst; man findet eine sehr achtbare Gesellschaft bei ihm, Leute, bei deren Anblick man unwillkürlich sich salviert fühlt, dazu behagliche, komfortable Räume – kurzum, man fühlt sich bald heimisch hier, um so mehr, als der Klang der Silber- und Goldstücke auf dem grünen Tuch das Blut in Wallung bringt.

Der Abend ist entscheidend, gleichviel ob man verloren oder gewonnen hat. Im ersteren Fall will man Verlorenes wieder einbringen, im zweiten auf alten neuen Gewinn häufen. Wen die Spielleidenschaft einmal gepackt hat, den hält sie fest mit ehernen Banden; wohl dem, der sich noch rechtzeitig davon freizumachen versteht. Die meisten aber haben diese unselige Leidenschaft zu büßen mit Verlusten an Hab und Gut, mit ihrem Familienglück, oft auch mit ihrer – Ehre.

Unser Bild führt unseren Lesern das Innere einer solchen vorher geschilderten Spielhölle im Westen Berlins und zugleich auch die Aufhebung derselben durch die Polizei vor. Deutlich ist in den Mienen, der Haltung der Spieler der panische Schreken ausgedrückt, den das unvermutete Erscheinen der Polizei verursacht. Der Polizeileutnant an der Spitze der Schutzleute erklärt sämtliche Personen für verhaftet. An Flucht ist nicht zu denken; die Überrumpelung ist zu gut vorbereitet gewesen. Dort verbirgt einer hastig etwas in der Brusttasche; sind es vielleicht „gezeichnete“ Karten? Da birgt ein anderer den Kopf in den Händen: er sieht im Geiste seinen von aller Welt geachteten Namen vor das Forum der öffentlichen Meinung gezerrt, sogar wohl an der Gerichtsstätte! Ein Schutzmann ist eifrig damit beschäftigt, die am Boden herum verstreuten Papiere: Spielnotizen und sogenannte „Bons“, Gutschriften über verlorene und ausgeliehene Summen, zusammenzulesen. Es ist wertvolles Material in der Hand des Untersuchungsrichters.

Eine Schwalbe macht keinen Sommer, und eine aufgehobene Spielhölle bedeutet noch nicht das Ende der übrigen. Man wird eben einfach noch „vorsichtiger“ sein.

Wir haben nach dem Leben gezeichnet. Es gibt mehr Spielhöllen in Berlin, als die große Masse sich träumen läßt. Bei den einen ist es die „noble Passion“, bei anderen die Nervenanregung, die mit dem Spiel verbunden ist, noch bei anderen die Hoffnung auf Gewinn, die sie zum Spieltisch zieht. Und wenn auch fast in allen vornehmen Klubs das Spiel statutengemäß ausgeschlossen ist, bei verschlossenen Türen wird dennoch „gejeut“. Das Spiel gehört nun einmal zu den noblen Passionen.

Der Hochverrats-Prozeß in Paris.

Die Degradierung des Hauptmanns Dreyfus auf dem Hof der Militärschule in Paris. Nach einer Momentfotografie gezeichnet.

Was es in Wahrheit mit den Gefühlen der Franzosen gegen Deutschland, das heißt der Franzosen, die in Frankreich die öffentliche Meinung machen, auf sich hat, das hat der jüngst stattgefundene Prozeß gegen den Hauptmann Dreyfus gezeigt. Unversöhnlichkeit nach wie vor, trotz aller Beweise der Courtoisie Kaiser Wilhelms im verflossenen Jahr.

Nahezu krankhaft ist die in Frankreich herrschende Spionenfurcht, die Sucht, in jedem Deutschsprechenden einen Spion zu wittern. Gelegentlich des Prozesses Dreyfus entblödeten sich Pariser Blätter nicht, die große Mehrheit der in Frankreich lebenden und ihrem Erwerb nachgehenden Deutschen als verkappte Spione Deutschlands zu bezeichnen, deren bürgerliches Gewerbe eben nur der Deckmantel für ihren wahren „Beruf" sei. Und weiter unterstand sich diese Presse, in ziemlich unverblümter Weise die deutsche Botschaft in Paris als die Zentralstelle dieses über ganz Frankreich ausgesponnenen Spionennetzes zu bezeichnen, welche Frechheit zu energischen Reklamationen des Grafen Münster bei dem französischen Minister des Auswärtigen, Herrn Hanoteaux, führte, der ihm allerdings in loyalster Weise genugtuende Versicherungen gab, daß die französische Regierung jenem Treiben der Presse gänzlich fernstehe und suchen werde, es nach Möglichkeit einzuschränken.

Die Vorgeschichte des Prozesses, welche

der Anklage gegen Dreyfus zugrunde lag, ist bekannt und sei hier nur der Vollständigkeit halber noch einmal kurz rekapituliert. In einer fremden Botschaft zu Paris – wie der „Gil Blas“ und der Chor der ihm geistes- und sinnesverwandten Blätter behauptete: der deutschen – wurde durch einen „Gegenspion“ bei der Durchschnüffelung eines Papierkorbes ein Brief gefunden, der eine lange Liste von Schriftstücken enthält, welche sich auf den Mobilisierungsplan für die östlichen Armeekorps, auf die Truppenzusammenziehung im Lager von Chalons und auf die Herstellung einer Granate beziehen. Da die in dem Brief aufgezählten Schriftstücke nur vom ersten Büro des Kriegsministeriums geliefert sein konnten, ordnete der Generalstabschef Boisdeffre an, die Handschriften aller dort beschäftigten Offiziere mit dem Dokument zu vergleichen. Drei von vier Schreibsachverständigen bezeichneten Dreyfus. Dieser wurde überwacht, dann verhaftet und in Untersuchungshaft genommen, aus welcher er am 19. Dezember dem Militärgerichtshof vorgeführt wurde.

Hauptmann Dreyfus steht zu Anfang der dreißiger Jahre, gehörte dem 14. Artillerieregiment an und war vor längerer Zeit zum Generalstab kommandiert. Er entstammt einer elsässischen jüdischen Familie und ist noch nicht lange verheiratet. Während einige Berichterstatter deutscher Zeitungen die Gelegenheit hatten, ihn während des Vorstadiums des Prozesses zu sehen, sein Gesicht als abstoßend bezeichneten, ja eine richtige Verbrecherphysiognomie aus demselben herauskonstruieren wollten, bezeichnen andere es als ausdrucksvoll, intelligent, ja sogar als hübsch.

Der Ausgang des Prozesses, der unter strengstem Ausschluß der Öffentlichkeit stattfand, ist bekannt, er konnte auch bei der Erregtheit, mit welcher sich die öffentliche Meinung gegen Dreyfus aussprach, kaum zweifelhaft sein. „Es rast' der See und wollt' sein Opfer haben.“ Er hat es bekommen. Dreyfus ist zur Degradierung und zur Deportation nach Neu-Kaledonien verurteilt. Da die Öffentlichkeit bei dem Prozeß ausgeschlossen war, so hat man nicht erfahren, ob Dreyfus nur auf den einen Brief hin, auf das Gutachten einiger Sachverständiger, daß er ihn geschrieben haben sollte, verurteilt worden ist oder ob man schwerwiegenderes Beweismaterial gegenüber den Unschuldsbeteuerungen des Angeklagten zur Stelle hatte.

Das eine ist sicher, daß die Verurteilung Dreyfus' in Paris eine fast wilde Freude hervorrief. Ist er in der Tat schuldig, so wird ihn wohl kein Mensch, auch in Deutschland nicht, verteidigen wollen. Ehrlosigkeit wird eben überall, bei allen anständigen Menschen, gleichviel welcher Sprache und Nationalität sie sind, gleich niedrig bewertet. Ein anderes ist es aber, ob die Franzosen Berechtigung haben, sich so gegen Deutschland ins Zeug zu legen, nur auf die vage Vermutung hin, daß Dreyfus ein Spion in deutschem Solde gewesen, und sich darüber zu entrüsten, daß die deutsche Armeeverwaltung auch Spione nach Frankreich schicke. Sie vergessen ganz, daß sie selbst in ihrem Kriegsministerium eine eigene Abteilung für die Spionage in fremden Staaten, namentlich in Deutschland, haben, daß zu wiederholten Malen auf der Tat ertappte französische Spione vor deutschen Gerichten gestanden haben – man braucht nur an die beiden, durch die Hochherzigkeit Kaiser Wilhelms freigegebenen Offiziere zu erinnern – daß sie also eigentlich am wenigsten Ursache haben, sich über deutsche Spione in Frankreich zu entrüsten.

☞ (s. S. 396)

Mit dem Luftballon zum Nordpol.

Eine Nordpol-Expedition mit dem Luftballon.

Der Nordpolerforschung sind schon zahlreiche Menschenleben zum Opfer gefallen; so mancher kühne Seemann, so mancher Jünger der Wissenschaft hat im ewigen Eise sein Leben dahingeben müssen, ohne die erstrebte Aufgabe: den Pol zu Land und zu Wasser zu erreichen, gelöst zu haben. Aber immer neue Wagemutige fanden sich, in jüngster Zeit erst wieder der Norweger Fridtjof Nansen, auf dessen Expedition die gesamte wissenschaftliche Welt mit hoher Spannung blickt. Ein Schwede, Professor P. A. Andrée, Hauptingenieur des Königlichen Patentbüros von Schweden, ist es auch, der den etwas abenteuerlichen Plan gefaßt hat, das ersehnte Ziel auf dem Luftwege zu erreichen. Die nördlichen Eisfelder haben eine Breite von mehreren hundert Meilen, und es ist nur eine Vermutung, daß hinter diesen Eisfeldern sich ein eisfreies Meer befindet. Wenn diese Vermutung richtig ist, so könnten selbst jene Nordpolfahrer, welche die kalten, erstarrten Eisfelder durchquert haben, unmöglich zum Nordpol gelangen, weil die Durchquerung der Eisfelder nur mit Schlitten zu forcieren ist und man diese Schlitten wiederum nicht auf dem eisfreien Meer um den Nordpol benützen kann.

Andrée will sich nun dem noch nie von einem Menschenauge erschauten geografischen Punkt durch die Lüfte nähern. Er hat zu diesem Zweck einen besonderen Luftballon konstruiert und will denselben in Gesellschaft mit dem Meteorologen Dr. Nils Ekholm von Spitzbergen aus statt des Schiffes, das ihn bis dorthin gebracht, benützen. In der starken, festen Gondel, an welcher auch ein Boot angebracht ist, haben zehn Personen Platz, und diese zehn Personen sind auserkoren, den Nordpol zu erreichen. Professor Andrée hat sich die Sache so gedacht, daß, wenn er mit seinem Schiff bis zu den undurchdringlichen Eisfeldern des Nordmeeres gelangt ist, er dort das Schiff für die Überwinterung herrichtet und er mit seinen auserlesenen Genossen statt der Schlitten den Ballon besteigt. Aus den Berichten der Nordpolfahrer geht hervor, daß mit Winteranbruch regelmäßig von Süden her gegen den Nordpol zu ein heftiger Sturm weht. Diesen Sturm will der tollkühne Nordpolfahrer zu seiner Luftreise benützen, und er hofft, daß der Sturm sein Schiff innerhalb dreier Wochen über die Eisfelder hinwegreißen wird, jenseits der Eisfelder erwartet er das sturm- und eisfreie Meer zu finden, in dem sich eine einzige Insel befinden soll, welche in ihrem Mittelpunkt den Nordpol enthalten soll. Trotz dieser Berechnung nimmt Andrée für zwei Jahre Proviant mit, denn es ist ja möglich, daß diese Berechnungen falsch sind und er zu seiner Reise über die Eisfelder Wochen und Monate benötigt, und dann könnte er durch Mangel an Nahrungsmitteln zugrunde gehen.

Die Gesamtkosten der Expedition, welche Andrée gegenwärtig in Paris vorbereitet, sind auf 48 000 Dollar (192 000 Mark) veranschlagt; eine Summe, die bereits durch Beiträge schwedischer Großkapitalisten sichergestellt ist. Auch König Oskar von Schweden hat einen Beitrag gezeichnet. Anfang Juni soll das Unternehmen anheben.

Ein deutscher Dichter.

Gustav Freytag †.

Das deutsche Volk hat einen schweren Verlust erlitten: Gustav Freytag, unser größter Dichter der neueren Zeit, hat am letzten Apriltag die Augen zur ewigen Ruhe geschlossen. Ein 79jähriger fast, ging er doch bis in seine jüngsten Tage hinein fest und aufrecht durch das Leben, das er mit so warmem Blick erschaut; und wenn auch im letzten Jahrzehnt seine einst so fleißige Feder fast völlig ruhte, so verfolgte er doch immer noch mit regem Geist die literarischen und politischen Strömungen unserer Zeit.

Es ist ein wohlangewendetes, reichbegnadetes Leben gewesen, das in Gustav Freytag abschloß. Sein Name aber wird nimmer verlöschen, solange es noch eine deutsche Literatur gibt. Sein Wirken ging nicht in die Breite, sondern in die Tiefe, und da haftet es mit unzerstörbaren Wurzeln. Gustav Freytag war es, der in trüber Zeit, als der Sturmwind der Reaktion über die in den Frühlingstagen des Jahres 1848 aufgesprossenen Blüten dahinfegte, dem deutschen Volk den besten deutschen Roman und das beste deutsche Lustspiel dieses Jahrhunderts schenkte: „Die Journalisten" (1854) und „Soll und Haben" (1855). Wenn Gustav Freytag nichts weiter geschaffen hätte, als diese beiden unvergänglichen Werke, die noch heute eine unverminderte Frische ausstrahlen, fürwahr, er gehörte doch auf den Platz, den ihm unsere Verehrung angewiesen. Und doch, wie reich war sein Wirken auch nach diesen beiden großen Arbeiten seines Lebens. Da sind noch die köstlichen „Bilder aus der deutschen Vergangenheit", der feinsinnige Roman „Die verlorene Handschrift", das Schauspiel „Die Valentine" und der großangelegte Romanzyklus „Die Ahnen", der den Werdegang des deutschen Volkes veranschaulicht.

Gustav Freytag ist am 13. Juli 1816 zu Kreuzberg in Schlesien geboren, besuchte von 1829 ab das Gymnasium zu Oels und bezog 1835 die Universität Breslau. Hier und in Berlin, wo er 1838 promovierte, studierte er deutsche Philologie. Am 1. Mai 1839, vor 56 Jahren, habilitierte er sich in Breslau für deutsche Literatur. Seine Doktorarbeit handelte De initiis scenicae poesis apud Germanos, seine Habilitationsschrift De Hrosuitha poetria. Neben seinen wissenschaftlichen Arbeiten fing Freytag bald an, sich in dichterischen Schöpfungen zu betätigen. Im Jahre 1845 veröffentlichte er unter dem Titel „In Breslau" eine Reihe kleinerer Dichtungen meist epischen Charakters. Sein erstes Lustspiel „Die Brautfahrt oder Kunz von der Rosen", das später in der vom Königl. Theater in Berlin ausgeschriebenen Konkurrenz den Preis davontrug, war schon 1841 entstanden. 1844 erschien ein kleines Trauerspiel von ihm „Der Gelehrte" in Ruges „Politischen Bildern". Die folgenden Jahre brachten Freytags größeres Drama „Die Valentine". Der Erfolg dieses Bühnenwerkes bestimmte ihn, sich nunmehr ausschließlich der freien dichterischen Tätigkeit zu widmen, und er siedelte im Jahre 1847 nach Dresden über. Das Jahr der Märzrevolution führte den Dichter nach Leipzig; er war an die Redaktion der „Grenzboten" berufen worden und stellte nun seine Feder längere Zeit in den ausschließlichen Dienst der Politik.

Von 1867 bis 1870 war Freytag Vertreter Erfurts im Norddeutschen Reichstag; während des Feldzuges gegen Frankreich befand er sich im Hauptquartier des Kronprinzen Friedrich Wilhelm, dessen Tagebuch aus jener Zeit Zeugnis ablegt für die zwischen Gustav Freytag und Kaiser Friedrich bestandene Freundschaft. Seine Beziehung zu Kaiser Friedrich veranlaßte auch Freytag nach dessen Tod, i. J. 1889, mit einer Schrift „Der Kronprinz und die deutsche Kaiserkrone" in die politische Arena zu treten.

Freytag, der schon seit 1852 die Sommermonate in Siebleben bei Gotha zubrachte, siedelte 1879 von Leipzig nach Wiesbaden über. Als er 1876 seinen siebzigsten Geburtstag feierte, bestimmte ein kaiserlicher Erlaß, daß sein Bildnis auf Staatskosten von Stauffer-Bern angefertigt und in der Berliner Nationalgalerie aufgestellt werde. Eine der letzten Kundgebungen seines öffentlichen Wirkens war sein entschiedenes Eintreten gegen die Umsturzvorlage!

Über das Leiden Freytags, das die Ursache seines Hinscheidens geworden ist, wird noch aus Wiesbaden berichtet: Die Krankheit Gustav Freytags begann mit einem Kehlkopfkatarrh, zu dessen Behandlung Professor Barth aus Leipzig zugezogen wurde. Zuletzt wurde der greise Dichter von den Ärzten Sanitätsrat Dr. Riker und Dr. Hoffmann behandelt. Noch vor einigen Tagen wurde die ernste Wendung in Freytags Befinden nicht vorausgesehen; der Dichter empfing noch Besuche, so u. a. denjenigen des ihm befreundeten Generals von Stosch, und obgleich Stosch einen ihm angebotenen Trunk ablehnte, da er morgens nichts trinke, nötigte ihn Freytag, ein Glas Sekt mit ihm zu trinken. Auch Georg Ehlers und Gattin besuchten den Dichter noch vor kurzem.

Der Dichter ist, wie er es letztwillig verfügt, im Garten seines Landhauses zu Siebleben zur ewigen Ruhe gebettet. Die blühenden Lindenbäume rauschen über seinem frischen Grab und raunen ihm Grüße zu seines Volkes, das ihn zu seinen besten Söhnen gezählt hat und immer zählen wird. Dort ruht er aus von seiner Lebensarbeit, und seine Werke folgen ihm nach.

Humoristisches.

Gefährliche Küsse. „Hermine, was muß ich hören, du hast gestern den Doktor wieder geküßt.“ – „Ach ja, Mama, sein Onkel ist gestorben, und es tat mir so leid für ihn.“ – „Nun, laß es das letzte Mal gewesen sein. Ich fürchte, du küßt ihn sonst so lange, bis er gar keine Verwandten mehr hat.“

Aus dem Wirtshaus. Gast: „Zum Donnerwetter, das Bier ist ja die reine Jauche.“ Kellner: „Zu Befehl, mein Herr, es ist der Rest vom Fasse.“ Gast: „Warum sagten Sie mir denn das nicht, als Sie es brachten?“ Kellner: „Weil ich fürchtete, daß es Ihnen dann nicht schmecken würde!“

Ein Bubenstreich oder:

I. II. III. IV. V.

Eine reizende junge Dame wird von einem Flaneur Schritt auf Tritt verfolgt. „Mein Herr“, sagt sie endlich irritiert, „Sie irren sich in mir. Ich bin eine anständige Dame.“ – „Oh, das bedauere ich unendlich“, stammelt er, zieht seinen Hut und geht.

*

Trauriges Bewußtsein. Landwirt: „Na, was ist denn los, daß dein Esel heute den Kopf so hängen läßt?“ Hänschen: „Weil ich's ihm gesagt hab', daß er ein Esel ist.“

*

Ursache und Wirkung. Mama: Du kleiner Schmutzfink, wie siehst du aus! Schau dich einmal im Spiegel an! Über und über beschmiert, sogar das Gesicht voller Tintenkleckse! – Junge (wichtig): Ja, das glaub' ich schon, wir haben aber auch heute Schönschreiben gehabt.

*

Ein Ausweg. Mutter zur Tochter: Nun Kind, wie lebst du mit deinem Mann zusammen? Tochter: Köstlich, Mama, mein Mann ist ein Engel. Mama: Wie? Hat sich denn dein Mann das viele Biertrinken, das du nicht leiden mochtest, abgewöhnt? Tochter: Das nicht, aber er hat mir's angewöhnt.

Eine Wasser- und Liebestragödie.

VI. VII. VIII. IX. X.

Der Fall Brüsewitz.

Ähnlich wie zu Zeiten der Umsturzvorlage geht eine sich gegen ein Ziel richtende Bewegung durch das deutsche Volk, und wieder wie damals stellt sich Gotha an die Spitze dieser Bewegung. Männer aller Berufsstände haben einen Aufruf an das deutsche Volk erlassen und fordern darin zu einer Massenpetition an den Reichstag auf. Das Ziel ist diesmal der militärische Ehrbegriff, der nachgerade einen schneidenden Gegensatz zwischen Armee und Volk hervorgerufen hat. Der Aufruf stellt folgende Forderungen für die Petition auf: Aufrichtige und energische Durchführung des vom Reichstag einstimmig gefaßten Beschlusses betreffend die Beseitigung des Duellwesens; Aufhebung der Militärgerichtsbarkeit für alle nicht dienstlichen Vergehen, und schließt mit den kernigen Worten:

Premier-Leutnant Henning von Brüsewitz.

„Wer noch eine Spur von Bürgerstolz in sich fühlt, wer in der Gleichheit aller vor dem Gesetze und in der unverbrüchlichen Heilighaltung des Gesetzes durch alle die Grundpfeiler der staatlichen Ordnung sieht, wer endlich unser Vaterland vor der Gefahr behüten will, daß der in Tausenden kochende Ingrimm vielleicht einmal zum Verlassen der Bahnen friedlicher Entwicklung drängen könnte, der schließe sich uns an!"

Die unmittelbare Veranlassung zu dieser Bewegung und zu dem Gothaer Aufruf hat jener traurige Vorfall in Karlsruhe gegeben, dessen Einzelheiten allen unseren Lesern sicherlich durch die Tageszeitungen bekannt geworden und noch im Gedächtnis sind. Wir können uns damit begnügen, sie hier kurz zu rekapitulieren.

Im Café „Zum Tannhäuser" in Karlsruhe saß eines Abends der Premier-Leutnant im badischen Leib-Regiment Henning von Brüsewitz in Gesellschaft eines Kameraden. Im Vorbeigehen stieß versehentlich der mit einer Gesellschaft von Herren und Damen eintretende Techniker Siepmann an seinen, des Leutnants, Stuhl und lehnte es ab, sich umständlich zu entschuldigen. Der Leutnant wollte nunmehr mit dem Säbel auf ihn losgehen; aber der Wirt fiel ihm in den Arm. Brüsewitz steckte den Säbel wieder ein, indem er ausrief: „Ich bin in meiner Ehre tödlich verletzt, nun kann ich den Dienst quittieren!"

Er begab sich danach auf die Straße, kam aber wieder in den Hof des Hauses, in welchem bald darauf auch Siepmann erschien, um sich, auf Zureden des Wirtes, durch die Hinterpforte zu entfernen. Von Brüsewitz stellte ihn mit gezogener Waffe, und obwohl Siepmann, vor ihm flüchtend, rief, er wolle sich entschuldigen, stach der Premier-Leutnant ihn, möglichenfalls durch eine Armbewegung Siepmanns in die Meinung versetzt, als wolle dieser sich verteidigen und ihn schlagen, nieder. Der Tod Siepmanns erfolgte wenige Minuten darauf. Brüsewitz begab sich in das Lokal zurück und erzählte das Vorgefallene. Noch zwei Tage nach der Bluttat tat er Dienst.

Eine Darstellung des Regiments-Kommandos stellt den Vorfall im Lokal so dar, als wäre v. Brüsewitz durch Siepmann schwer provoziert worden, die Vorgänge im Hofe aber werden mit der ursprünglich in den Zeitungen enthaltenen Darstellung übereinstimmend geschildert. Tatsache ist also, daß ein wehrloser Mensch wegen eines unbedeutenden Renkontres mit einem Offizier von diesem über den Haufen gestochen worden ist, daß dieser meinen konnte, den Dienst quittieren zu müssen, wenn er den ihm vermeintlich oder wirklich angetanen „Schimpf" nicht blutig räche. Diese Meinung ist das Produkt jenes überreizten, unnatürlichen Ehrgefühls, das in unserem Offizierkorps großgezogen wird. Und gegen diesen Ehrbegriff, d. h. gegen das Überreizte, Unnatürliche darin, richtet sich jene, durch das deutsche Volk gehende Bewegung. Wahrlich nicht gegen das Ehrgefühl an sich. Es wäre tief traurig, der Anfang vom Ende, wenn die Intaktheit unseres Offizierkorps nur auf diesem Ehrbegriff beruhte, der den einzelnen zwingt, den erstbesten mit dem Säbel niederzustoßen, wenn dieser ihn auf der Straße oder im Lokal versehentlich angestoßen, ohne sich dafür anders zu entschuldigen, als es unter gebildeten Menschen Sitte ist. Sicherlich gibt es Tausende und Tausende Offiziere in der deutschen Armee, ehrenhaft bis in das Mark ihrer Knochen, die aber doch bitter die Qual dieses auf ihnen lastenden Ehrbegriffes fühlen, die im Herzen mit denen sympathisieren, die jetzt gegen den Moloch zu Felde rücken. Wahrlich, nicht jene sind Feinde der Armee, die diese unhaltbaren Zustände bekämpfen, sondern vielmehr jene, die sie aufrechterhalten wollen. Unser Offizierkorps würde nichts an seinem Ansehen, nichts an innerem Halt verlieren, wenn die heut darin geltende Spezialehre durch Ausmerzung ihrer schlimmsten Härten dem Allgemeinbegriff „Ehre" nähergebracht würde; wenn es seine Angehörigen nicht zwingen würde, bei jeder geringfügigen Kleinigkeit zur Waffe zu greifen und, falls der einzelne es dennoch tun würde, ihn die volle Schwere des bürgerlichen Gesetzes träfe.

Und so hoffen wir denn, daß den maßgebenden Instanzen endlich die Augen darüber aufgehen mögen, wohin wir treiben würden, wenn der jetzt herrschende militärische Ehrbegriff für alle Ewigkeit sollte unantastbar bleiben, daß die Stimme des Volkes und seiner Vertreter endlich gehört werde!

Ein moderner Ikarus.

Das tragische Geschick, welches den wagemutigen Flugtechniker, Ingenieur und Maschinenfabrikant Otto Lilienthal aus Berlin betroffen hat, ist bereits allerwärts in der Presse mit allen Einzelheiten besprochen worden. Wir vervollkommnen heute das, was bisher bekanntgeworden ist, zunächst durch ein Porträt des Verunglückten und durch eine Darstellung eines seiner Flugversuche, welche nebenbei bemerkt am Ort der Katastrophe, am Golmberg bei Stölln in der Mark, aufgenommen wurde, und durch eine Ansicht seiner Flugmaschine.

Otto Lilienthal war im besten Sinne des Wortes ein echter Pionier des Kulturfortschritts, seine bescheidene selbstlose Natur, die zugleich mit einem reichen Wissen und erfolgreichem Können ausgestattet war, hat ihm auch die Achtung von Gegnern seiner Flugtheorie eingetragen. Über seinen äußeren Lebensgang läßt sich nicht viel sagen: Zu Anklam am 23. Mai 1848 geboren, studierte Lilienthal Mechanik und trat späterhin in eine bedeutende Berliner Maschinenfabrik als Ingenieur ein. Aufgrund eigener Patente für die von ihm erfundenen „gefahrlosen Dampfmotoren" etablierte er sich, und es gelang ihm, seiner Maschinenfabrik einen geachteten Ruf im In- und Ausland zu verschaffen.

Von frühester Kindheit an konzentrierte Lilienthal seine Aufmerksamkeit auf die Lösung des geheimnisvollen Problems der Kunst des Fliegens. In Gemeinschaft mit seinem Bruder Gustav, welcher gegenwärtig als Architekt in Lichterfelde wohnt, konstruierte er die ersten primitiven Apparate, durch welche sie beide langsam zu einer genaueren Kenntnis der Luftbewegungsgesetze gelangten. Die Methode Lilienthals muß eine streng wissenschaftliche genannt werden. Er hat in erster Linie den Vogelflug genau beobachtet und ein treffliches, zahlenmäßig erhärtetes Material darüber gesammelt.

Im Jahr 1889 veröffentlichte dann Lilienthal das Ergebnis seiner vieljährigen Studien in dem damals erschienenen grundlegenden Werk: „Der Vogelflug als Grundlage der Fliegekunst." Der Verfasser stellte als Grundprinzip des „freien Fluges" den Satz auf: „Die Beobachtung der fliegenden Tiere lehrt, daß es möglich ist, mit Hilfe von Flügeln, welche eigentümlich geformt sind und in geeigneter Weise durch die Luft bewegt werden, schwere Körper in der Luft schwebend zu erhalten und nach beliebigen Richtungen mit großer Geschwindigkeit zu bewegen." Nach seiner Ansicht wirkte bewegte Luft auf gewölbte Flächen günstiger als auf gerade Flächen.

Lilienthal beließ es jedoch nicht bei theoretischen Untersuchungen allein, er war ein Mann der Tat, und so experimentierte er schon vor 25 Jahren auf dem Terrain der heutigen Rennbahn Westend. Später errichtete er hinter dem Kadettenhaus von Lichterfelde seinen bekannten „Fliegberg", 15 Meter hoch, von wo aus er bei günstigem Wind mit den von ihm konstruierten Flugmaschinen praktische Versuche anstellte. Von dem etwa 30 Meter hohen Golmberg, der ihm so verhängnisvoll werden sollte, liebte es Lilienthal besonders, wegen der Gunst des Terrains, abzufliegen. Hierzu bediente er sich verschiedener, von ihm selbst konstruierter Maschinen, deren eine ihn auch auf unserem Bild schwebend in der Luft zeigt.

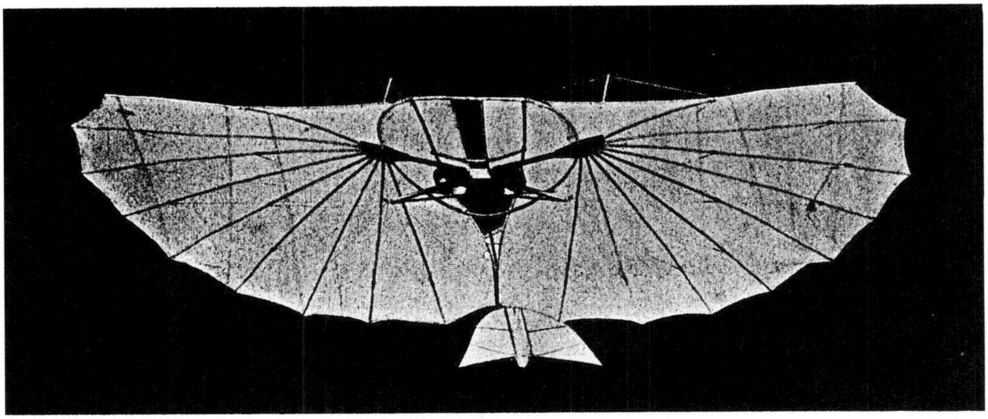

Die Flugmaschine Lilienthals

Der Apparat stellt sich als ein mächtiges Flügelpaar vor, und in dieser Maschine von Segeltuch und Rohrstangen nahm der Erfinder Aufstellung. Er lief dann mit dem ihm am Körper befestigten Flügelpaar etwas den Berg hinab, und es gelang ihm so, in die Lüfte hinauszuschweben.

Was nun diese Versuche anbetrifft, so muß bemerkt werden, daß sie unter verschiedenen Widerwärtigkeiten zu leiden hatten; einmal durfte Lilienthal nur einen 5–6 Meter pro Sekunde starken Wind benutzen, während der Vogel mit 10 Meter starkem Wind fliegt, dann mußten die Versuche in der Nähe der Erde angestellt werden, und hier herrscht eine äußerst ungleichmäßige Luftbewegung, wie ja auch die Vögel beim Aufflug stets bestrebt sind, schnell in die Höhe zu gelangen. Lilienthals letzter Flug, der zugleich sein Todesflug wurde, soll von einem eigentümlichen Phänomen begleitet gewesen sein. Lilienthal eilte wie gewöhnlich bergab, er wurde dann vom Wind davongetragen und schwebte eine Zeitlang etwa in einer Höhe von 15 Metern. Ob nun dieser glänzende Erfolg den unglücklichen Mann zu einer Unvorsichtigkeit verleitete, blieb unaufgeklärt, er verlor das Gleichgewicht und stürzte mitsamt seinem Apparat in die Tiefe, wobei er sich tödlich verletzte.

Der Wind, dieser unstete Geselle, der so oft schon die Früchte menschlichen Fleißes zerstört hat, ist auch dem verhängnisvoll geworden, der ihn mit Flügeln meistern und der Menschheit dienstbar machen wollte.

Sehnsuchtsvoll blicken wir zu den gefiederten Fliegern, die sich am blauen Äther tummeln, empor, wir rufen mit den Worten, die Goethe seinem Faust in den Mund legt, aus:

„Ach, zu des Geistes Flügeln
wird so leicht
Kein körperlicher Flügel sich gesellen!"

Und doch müssen wir mit dem armen Lilienthal wiederum sagen: „In der Kraftfrage können Zahlen Halt gebieten, doch die Geschicklichkeit ist unbegrenzt. Mit der Kraft stehen wir bald einmal vor ewigen Unmöglichkeiten, mit der Geschicklichkeit aber nur vor zeitlichen Schwierigkeiten."

Und nun ist er tot, ein Opfer seiner Idee. Aber er hat einen festen Grund gelegt, auf dem andere fortbauen können.

Anzeigen

in der „Berliner Illustrirten Zeitung" finden die weiteste Verbreitung in allen Gesellschaftskreisen und kosten **75 Pf.** pro Zeile.

Vom 25jährigen Bühnen-Jubiläum Sarah Bernhardts in Paris:
Festakt im Renaissance-Theater. Originalzeichnung von Paul Destez.

Auf Berichterstatterpfaden in Friedrichsruh.

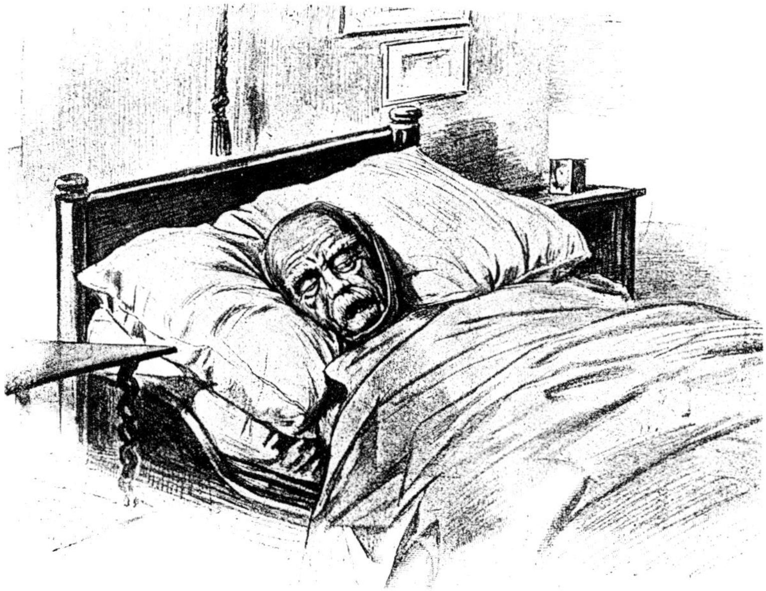

Fürst Bismarck auf dem Sterbebett. Nach einer unmittelbar nach dem Tode angefertigten Skizze gezeichnet.

Kaum hatte der elektrische Funke den Tod des Fürsten Bismarck der Welt verkündet, als auch die europäische Presse ihren Korrespondentenstab mobil machte und die Eisenbahn schon im Laufe des Sonntags ein Heer von Berichterstattern, Zeichnern und Fotografen gen Friedrichsruh führte. Da waren nicht nur die Vertreter der großen deutschen Zeitungen, sondern auch die englischer, französischer, russischer, italienischer Journale. Denn alle Welt wartete begierig auf nähere Nachrichten aus dem Trauerhaus und seiner Umgebung.

Aber die Familie des Fürsten Bismarck machte einen dicken Strich durch die Rechnung der Pressemenschen. Wohl hatte auch Kaiser Wilhelm II. unmittelbar nach dem Tode seines erlauchten Vaters, Kaiser Friedrich III., das Sterbehaus, Schloß Friedrichskron (das jetzige neue Palais), durch einen dichten Truppenkordon hermetisch von der Außenwelt abschließen lassen, aber diese absolute Absperrung wurde bereits tags darauf aufgehoben, während die Abschließung des Schlosses Friedrichsruh eine von Tag zu Tag strengere wurde. Außer den allernächsten Familienmitgliedern fanden nur ein paar Intime des Hauses Bismarck Einlaß: so Professor Lenbach (dem aber auch die Erlaubnis zur Aufnahme einer Skizze der Leiche untersagt wurde), Oberst Goldammer und selbstverständlich Professor Schweninger. Sonst wurde niemand eingelassen; mußte doch sogar Graf Posadowsky eine Viertelstunde vor dem Pförtnerhaus zwischen dem hölzernen und dem eisernen Gitter antichambrieren, ehe er Einlaß fand, der den Präsidenten des Herrenhauses, welche im Namen dieser Körperschaft einen Kranz überbrachten, überhaupt verweigert wurde. Und nicht anders ging es anderen Deputationen und Einzelbesuchern, welche sich oft von weiter Ferne her auf den Weg gemacht hatten in der Hoffnung, einen letzten Blick auf die Leiche des Fürsten werfen zu können.

Daß unter diesen Umständen eine genaue Berichterstattung fast illusorisch gemacht wurde und sich nur auf außerhalb der Umfassungsmauer sich abspielende Dinge und Kombinationen beschränken konnte, liegt auf der Hand. Nicht viel besser waren die zahllosen Zeichner und Fotografen dran, die sich schließlich in einem Anflug von Galgenhumor damit vergnügten, sich selbst abzukonterfeien. Daß wir trotzdem die Authentizität unseres Bildes „die Leiche des Fürsten auf dem Sterbebette" aufrechterhalten, mag ein Widerspruch sein; aber manchmal werden eben auch unmögliche Dinge möglich gemacht. Unser Bild bietet ein getreues Abbild der Situation im Sterbezimmer unmittelbar nach dem Eintritt der Katastrophe; noch ist das den Zusammenschluß des Kiefers ermöglichende Tuch von dem Kopf des Toten nicht entfernt, noch ruhen die Arme unter der Decke.

Zu wahren Leidensgängen für die Betreffenden gestalteten sich die kurzen Wege, welche Professor Schweninger, Lenbach, Kammerdiener Pinnow nach dem Depeschenamt oder sonstwohin zu machen gezwungen waren. Sowie einer der genannten Herren auch nur den Kopf durch das Schloßportal steckte, stürzte sich alsbald in wildem Hasten der Chor der Berichterstatter auf die Unglücklichen, umringte sie und befragte sie in allen möglichen Idiomen um Auskunft über die Vorgänge im Schloß. Diese Auskünfte bestanden zumeist in wenig mehr als einer höflichen, aber nichtssagenden Redensart, einem Achselzucken oder der Beteuerung, absolut nichts zu wissen, genügten aber doch oft manchem Kor-

Lenbach im Kreise der Berichterstatter.

respondenten zur Aufgabe langer Spezialtelegramme. Diese Szenen entsprachen zumeist wenig der Weihe des Ortes und des Trauerfalles wie auch der Würde der Presse, aber sie waren die notwendige Konsequenz des hier beliebten Geheimhaltungssystems.

So wußte man denn auch kaum eine Stunde vorher, ob und wann der Kaiser kommen würde. Aber als das Eintreffen des Kaisers als eine Tatsache und auch die Zeit des Eintreffens bekannt wurde, rüstete sich die allgemeine Aufmerksamkeit und die Apparate der Fotografen auf dieses Ereignis. Um 5 Uhr 55 Minuten rollte der Salonzug des Kaisers in den kleinen Bahnhof ein, auf welchem sich zur Begrüßung Fürst Herbert und die Grafen Wilhelm Bismarck und Rantzau eingefunden hatten. Der Kaiser, mit sehr ernstem Gesichtsausdruck, war in Marineuniform, die Kaiserin in schwarzer Toilette. Nach herzlicher Begrüßung ging es zum Schloß, wo alsbald die Trauerfeier abgehalten wurde, wieder unter absolutem Ausschluß der „siebenten Großmacht", der ihre „Kleinheit" kaum je zuvor so zu Gemüt geführt worden ist wie in diesen Friedrichsruher Tagen. Die Familie Bismarck hat für ihr Vorgehen vielleicht ihre guten Gründe gehabt, aber man hätte doch nicht übersehen sollen, daß Fürst Bismarck eine Persönlichkeit war, die im besten Sinne der Öffentlichkeit angehörte, und daß die Presse hier dem deutschen Volke gegenüber eine Pflicht zu erfüllen hatte, für deren Erschwerung gewiß auch weiten Kreisen das Verständnis fehlen wird.

Vom Dombau in Berlin.

Der Berliner Dombau.
Nach einer Fotografie von W.Titzenthaler in Berlin.

Seit Beginn der Regierung Kaiser Wilhelms II. hat die Reichshauptstadt einen reichen Zuwachs an öffentlichen monumentalen Profan- und Kirchenbauten erhalten. Das Reichstagsgebäude wurde vollendet, ein neues Abgeordnetenhaus gebaut; des weiteren sind der Erweiterungsbau des Reichspostamtes, das National-Denkmal für Kaiser Wilhelm I., der Neubau des Marstalles am Schloßplatz und eine große Anzahl neuer Kirchen zu verzeichnen, deren architektonisch wertvollste die Kaiser-Wilhelm-Gedächtniskirche ist. In Bälde wird ihr aber dieser Rang von dem sich immer mehr seiner Vollendung nähernden Dom abgelaufen, der nach seiner Vollendung neben dem Reichstagsgebäude der gewaltigste Monumentalbau Berlins nicht nur, sondern ganz Deutschlands aus neuerer Zeit sein dürfte.

Schon beherrscht der mächtige Gerüstwald mit der in schwindelhafte Höhe hineinragenden Laterne das Stadtbild und wird dies in Zukunft noch mehr, wenn einst dieses gigantische Gerüst, das wie ein unentwirrbares, vieltausendfädiges Netz den Kolossalbau umspannt, gefallen sein wird von den weißleuchtenden Mauern und das goldene Kreuz weithin sichtbar in die Lüfte hineinragt. Schon dieses Gerüst ist eine Merkwürdigkeit an sich. Da die schwersten Quadern, die bei dem Bau zur Verwendung kamen, das Gewicht von 450 Zentnern und 8 Meter Länge hatten, so mußte bei der Konstruktion der Rüstung, auf welcher sich die elektrisch angetriebenen Schiebebühnen bewegen, mit großer Sorgfalt vorgegangen werden. In je 6–8 Meter Abstand wurden Pfeiler in die Erde eingelassen, die miteinander verstrebt und jedesmal in 9 Meter Höhe mit einer Plattform versehen wurden, wobei die jedesmalige oberste Plattform, welche speziell zur Aufnahme der Lasten diente, in Gestalt einer Sprengwerksbrücke gebaut wurde.

Der Dom zerfällt, seiner Bestimmung entsprechend, in drei Teile: die Predigtkirche mit Apsis im Osten und Vorraum im Westen, die Taufkapelle im Süden und die Denkmalskirche zur Aufbahrung der sterblichen Überreste der Hohenzollernfürsten im Norden. Am meisten interessieren dürfte wohl der Ausbau der Predigtkirche. Diese erhebt sich auf einem Baugrund, der aus einer drei Meter starken Betonschicht besteht, in die zur Erreichung einer größeren Widerstandsfähigkeit Schichten von Rundeisen von 7 Meter Länge und 5 Zentimeter Durchmesser eingebettet sind. Dies war besonders an den vier Punkten nötig, über welchen sich die vier Hauptpfeiler erheben, von denen jeder das Riesengewicht von 14 Millionen Kilogramm oder 14 000 Tonnen aufnehmen soll. Diese Stellen sowie die ganzen nach der Spree zu gelegenen Teile sind außerdem noch durch 16 Zentimeter starke Spundwände gegen Seitenschub gesichert. Der Inhalt jedes Betonbettes unter einem jeden Pfeiler beträgt 800 Kubikmeter. Diese Pfeiler sind untereinander durch Tragbögen verbunden, die eine lichte Weite von 10 Meter und eine lichte Höhe von 29,30 Meter über Baugrundsohle haben. Diese Tragbögen haben am Kämpfer die Stärke von 2,5 Meter und im Scheitel eine solche von 1,5 Meter. Diese abnehmende Stärke bedingte eine besondere Anordnung des Steinverbandes, der zuerst den Maurern sehr viele Schwierigkeiten bot. Dabei war besonders darauf zu sehen, daß keine Steinfugen von zwei übereinanderliegenden Schichten zusammenfielen und keine Risse, wie das sehr leicht geschieht, im Gewölbe entstanden, wodurch natürlich die Tragfähigkeit sehr beeinträchtigt worden wäre. Auf diesem Aufbau erhebt sich in Zylinderform der „Tambour", 24 Meter hoch, und auf diesem ruht auf achteckigem Grundriß die große Kuppel mit einer Spannweite von 36 Metern und einer lichten Höhe von 22 Metern. Diese Kuppel ist vollständig in Eisen aufgeführt, und zwar erhebt sich auf jeder Ecke des Achteckes eine Hauptrippe, deren Querschnitt ein U darstellt und die ebenso wie die zwischen diesen Hauptrippen angeordneten Zwischenrippen mit T-förmigem Querschnitt nach dem Meridian der Kugel gebogen sind. Um diese Konstruktion legt sich in 5 „Stockwerken" von je 5 Meter Abstand ringförmig eine Anordnung von horizontalen „Fischbauchträgern". Die hierdurch entstehenden „Fächer" sind dann noch durch „Gegendiagonalen" miteinander verbunden, die einmal unter sich und dann auch mit den Hauptrippen vernietet werden. Damit die Kuppel eine Kugelform erhält, mußten diese sämtlichen Diagonalen mittels Flaschenzügen gleichzeitig angezogen und in diesem Zustand vernietet werden. Die Kuppel schließt oben mit einem Ring ab, durch den später das Oberlicht fallen soll. In dieser Hauptkuppel befindet sich noch eine kleinere Kuppel, die in Höhe von 17 Metern in einen Kreisring ausläuft, der einen „Umgang" aufnehmen soll, welcher, mit einem Geländer versehen und durch Treppen erreichbar, dem Publikum Gelegenheit bietet, das Innere der Kirche zu beaugenscheinigen. Der Umgang ist, seines Gewichtes wegen, an der Hauptkuppel aufgehängt, und diese Aufhängung ist durch Karyatiden und Rabitzwände dem Auge verdeckt. Die Hauptkuppel selber wird mit Kupferplatten eingedeckt werden.

Auf dieser Hauptkuppel erhebt sich dann die „Laterne“ 24 Meter hoch, in deren Innern sich eine Wendeltreppe befindet und die in einen Knopf endet, auf der sich dann in schwindelnder Höhe, dem Auge weithin sichtbar, in Höhe von 110 Metern, das Kreuz erheben wird.

Zum Schluß noch einige Zahlen, welche die riesigen Dimensionen des Baues veranschaulichen. Die Predigtkirche hat eine Tiefe von 55 Metern, eine Breite von 40 Metern, und die größte Höhe beträgt 75,23 Meter. Die größte Breite, welche der Bau von Osten nach Westen einnimmt, beträgt, einschließlich Aufstieg und Vorhalle, 76,50 Meter; in Richtung von Norden nach Süden 120 Meter, die Höhe bis zur Kreuzesspitze 117 Meter.

Der äußere Aufbau ist fast vollendet, so daß bereits an die innere überaus reich vorgesehene Ausgestaltung geschritten werden kann. Ob der Kolossalbau, wie beabsichtigt, bereits im Jahre 1900 in allen seinen Teilen fertiggestellt sein wird, steht noch dahin. Jedenfalls wird der Berliner Dom der Reichshauptstadt zu hoher Zierde und seinem genialen Erbauer, Professor Raschdorf, zur Ehre gereichen.

Die Berliner Sezession.

Im Hauptsaal.

Sezession! Wild und heiß ist der Kampf seit langem entbrannt, der Kampf der Jungen gegen die Alten.

Der neue Geist, der sich auf dem Gebiet der Kunst mit Gewalt Bahn bricht, läßt sich nicht mehr zurückdämmen und zurückdrängen von der bequemen, gedankenlosen Behaglichkeit, aus der sich die Alten jetzt plötzlich aufgerüttelt, in der sie sich plötzlich bedroht sahen. Förmlich überrumpelt wurden sie durch die Meister der neuen Kunst und deren Werke. Ihren Geist nicht erkennend, ließen sie die „Schwarten", wie sie sie wohl nannten, mit zu, in die Arena der Wettstreits, mit Schadenfreude beinahe, sicher darauf rechnend, daß ihre Kunst doppelt und dreifach neben der neuen würde bestehen. Aber da kamen dann andre, die erkannten den Geist in dem Neuen, sie spürten den neuen, den kräftigen Hauch, der hier durch die Kunst ging, und neben dem Geist, der aus diesen Werken da sprach, erkannte man die Hohlheit, das Gedankenlose dessen, was viele der Alten in ihren Werken darboten. Eine große, große Gefahr drohte dem Schlendrian in der Kunst, und diese Gefahr mußte abgewandt werden mit aller Macht und mit allen Kräften.

Werke, vor denen man insgeheim Angst

hatte, wies man als unwert zurück, andre, die man annehmen mußte, hing man doch so, daß sie in ihrer Umgebung erstickten, kurzum, man tat alles, um zu verhindern, daß die neue Kunst sich auch Bahn brach, voll Angst, man könne den Kunstmarkt auch – und das ist die Hauptsache – dadurch verlieren.

Was Wunder, daß die „Neuen" sich auch zusammengetan, was Wunder, daß sie beschlossen, in geschlossener Phalanx hinzutreten vors Publikum und zu sagen: „Das können wir, das können die andern. Seht selbst, was das Bessere ist." Was Wunder, daß mit einemmal die Sezession da war und sich ihr eigenes Heim schuf.

Und siehe da, der Versuch gelang über alles Erwarten. Die erste Ausstellung der Sezession in Berlin bedeutet einen großen, glänzenden, nachhaltigen Sieg, denn sie übt mit ihren verhältnismäßig wenigen Bildern – es dürften deren nicht viel mehr als dreihundert sein – eine größere Anziehungskraft aus als die zweitausend und mehr Bilder draußen im Ausstellungspark mitsamt dem Militärkonzert und dem Rendezvous der Demimonde, die zu der „großen Kunstausstellung" schon mitgehören.

In der Ausstellung der Sezession verblüfft eines vor allem: die Fülle von Geist, die da in verhältnismäßig so kleinem Raum beisammen ist. Und zwar ein Geist, der sich allmählich abklärt. Nicht als ob jedes Bild jedem gefallen müßte. Nein. Soweit ist es noch nicht. Bei jedem aber erkennt man, was der Künstler gewollt hat, daß er überhaupt etwas gewollt hat, und das ist schon viel, denn von manchem Bild der andern kann man das schwer nur behaupten.

Minderwertiges ist allerdings hier auch zu finden. Aber wenig. Und dieses Wenige meist von einem großen Namen gedeckt. So zwei Böcklins, die nicht hierher gehören. Eine Landschaft und ein Porträt. Aber wie weiß der Meister dafür zu entschädigen, er, der Siebzigjährige, der wie kein zweiter zu den Jungen gehört. Wie herrlich, wie echt böcklinisch ist wieder sein Nessos und Dejanira, wie prächtig sind wieder die beiden Gestalten, sie, das üppige, liebeentflammende Weib, er, der förmlich im Vorgenuß des Besitzes schon schwelgende Kentaur.

Und neben Böcklin begegnet uns Stuck mit seinen prächtigen Faunen und Bacchanten und seiner kraftgenialischen Farbengebung, und sie, die Berliner XI, die ja so recht als Begründer der Berliner Sezession gelten müssen.

Auch Menzel ist da. Leider. Denn er gehört nicht hierher. Er selber hat es gefühlt und hat gegen die Ehre, die man ihm antat, laut protestiert, als begehe man ein Sakrileg. Ein Sakrileg, dem er erst selber zugestimmt hatte!

Doch wozu hier von ihm und dem unerquicklichen Streit sprechen. Besser, man erfreut sich an all dem Schönen, das da ist.

An Leistikow etwa, der einen Wald ausstellt, voll überwältigender Stimmung. Einen Wald, der einen wirklich in die Andacht versetzt, mit der man in den Waldesdom eintritt. Eine Stimmung, die der Künstler erreicht, obwohl sein Wald stilisiert ist; in der Manier gerade, über welche die „andern" so lachen, so höhnen, so spotten.

Glänzend ist auch der Münchener Slevogt vertreten. In der ersten Reihe der Kämpfer steht er hier. In der ersten Reihe der Sieger. Sein Triptychon „Der verlorene Sohn" zwar wird nicht jeden bezwingen, es wird nicht allen gefallen. Die koloristische Kunst, die sonst dem Künstler zu eigen, versagt hier zum Teil, dafür aber kommt sie in seinem „Totentanz" geradezu bezwingend zur Geltung. Und es ist ein herrliches Motiv, das sich der Künstler gewählt hat. Ein Totentanz, aber modern erfaßt. Nicht der Tod holt sich das Opfer, nein, aus dem Gewühl des Ballsaals heraus, noch selber erglühend von der genossenen Lust des berauschenden Tanzes, das Blut in heißer, fiebernder Wallung, alle Sinne erregt, holt sich ein junges, schönes, dämonisches Weib hier den Tod und zieht ihn mit sich, ihn, der halb wie gebannt, halb widerstrebend ihr folgt. Ein großes, genial gedachtes, genial geschaffenes Bild. Und so könnte ich noch mehrere nennen, und wenige nur dürfte ich übergehn. Allein der Raum gebricht und wohl auch die Kraft, all dem Guten einzeln gerecht zu werden. Nur des Gesamteindruckes sei nochmals gedacht, und der ist gewaltig, und eines einzigen Meisters noch: Leibls, der der Ersten einer ist, und hier geradezu glänzend vertreten, durch dreizehn Bilder, von denen die „Dorfpolitiker“ trotz des ungleichen Fleißes, der auf sie verwandt ist, ganz besonders fesseln, und die „Pariserin“, in der der Meister sich selbst übertroffen.

Unser Bild stellt den Hauptsaal der Ausstellung dar, in welchem jetzt allerdings einige Bilder anders hängen. So ist Schuster Woldans „Legende“, die wir unten links an der Hauptwand sehen, jetzt in den Vorsaal verbannt.

Das Bild, das so eifrig betrachtet wird, ist Slevogts schon oben gerühmter Totentanz, und darüber hängt Robert Breyers „Stillleben“. Daneben sehen wir ein Damenporträt von Mosson-Berlin, weiterhin oben das „Amen“ des Müncheners Jauß und darunter Freudemanns „Dämmerung“, die über die Dächer der Stadt allmählich sich senkt. Ein joviales, mit keckem Pinsel gemaltes, prächtig individualisiertes Gesicht sieht uns daneben aus Meyns „Herrnbildnis“ entgegen.

An der Seitenwand haben wir den japanisierenden und in japanischer Perspektive gesehenen „Kirchgang im Spreewald“ von Brandenburg, dann ein „männliches Bildnis“ von Samberger, daneben eine herbstlich getönte, kraftvolle Landschaft von Overbeck „Die drei Birken“ und darunter, halbverdeckt von dem Beschauer des „Römischer Sieger“, das geistvolle Bild von O. H. Engel „Spaziergang“.

Der Krieg in Südafrika.

Durchgehende Maultier-Batterie.
Nach englischen Skizzen gezeichnet von F. Kaskeline.

Der lärmende Siegesjubel ist in England verstummt und hat einer sehr ernsten Stimmung Platz gemacht. Den „Scheinsiegen“ bei Glencoe und Elandslaagte folgten schwere Niederlagen bei Dundee und Ladysmith.

Den verhängnisvollen Ausgang der Schlacht von Ladysmith, bei welcher vier Bataillone Infanterie und eine Gebirgsbatterie in die Gefangenschaft der Buren gerieten, schreiben die Engländer in erster Linie einem Unglücksfall zu. Die Kolonne des Obersten Carleton, die mit vier Bataillonen den linken Flügel schützen sollte, führte eine mit Maultieren bespannte Gebirgsbatterie und mehrere gleichbespannte Munitionswagen mit sich. Durch zwei große herabstürzende Felsblöcke wurden die Maultiere scheu und rannten in rasendem Lauf, die Geschützteile auf dem Sattel geschnallt, davon. Da auch die Maultier-Munitionskolonne von der Panik ergriffen wurde, stellte sich bald ein bedenklicher Munitionsmangel für die übrigen Geschütze und die Infanterie ein, womit das Schicksal von Carletons Truppen besiegelt war, denn mit dem Bajonett allein konnten sie nicht standhalten.

Zum Teil ist dieser Vorfall allerdings als Grund der englischen Niederlage zu betrachten, aber mehr wohl die bei dem Gefecht von den Buren innegehaltene Taktik. Es ist kein Zufall gewesen, daß die Engländer regelmäßig „siegreich" die Stellungen der Buren nahmen, zu guter Letzt aber fast ebenso regelmäßig völlig geschlagen wurden. Die Buren befolgten ihre alte, den Zulus abgelauschte Taktik in verbesserter Auflage. Sie besetzen eine vorgeschobene Position und verlocken die Engländer zu einem Erfolg verheißenden Angriff. Die Engländer benutzen die günstige Gelegenheit, eröffnen das Gefecht und glauben das gegnerische Geschütz durch das Feuer des ihrigen zum Schweigen gebracht zu haben. Die Buren haben aber gar nicht die Absicht, die vorgeschobene Stellung zu halten. Ohne daß die Engländer davon etwas merken, räumen sie dieselbe, lassen aber eine Anzahl wackerer und auserlesener Scharfschützen zurück, die durch ihr wohlgezieltes Schnellfeuer eine dreimal so starke Macht zu „markieren" verstehen. Diese Wenigen halten, wenn die Engländer zum entscheidenden Angriff übergehen, noch eine Weile stand, um dann schleunigst zu retirieren, während die Engländer „siegreich die feindlichen Höhen erstürmen" und die „Verfolgung" des Feindes aufnehmen. Die Buren haben ihren Zweck erreicht; die Engländer sind mit ihrer Hauptmacht in das aufgemachte Loch hineingegangen. Inzwischen haben die Buren genügend Zeit gehabt, ihre Front zu verschieben, und rollen durch Flankenangriffe die gegnerische Stellung förmlich auf.

Neben dieser Taktik und sonstigen hervorragenden kriegerischen Eigenschaften kommt jedem einzelnen Buren ein verblüffender Orientierungssinn zugute. Während die Engländer und selbst die zu ihnen gehörigen berittenen Natal-Schützen bei größeren Rekognoszierungen in Natal eingeborener Führer (Kaffern) sich bedienen müssen, haben die Buren überall eine große Zahl auserlesener Führer. Vermöge deren genauer Terrainkenntnis können die leicht beweglichen Burentruppen in kürzester Zeit bald hier, bald da die Streitkräfte zusammen- oder auseinanderziehen, so daß ihre Feinde nie recht wissen, woher ein Schlag zu erwarten ist und wohin sie selbst einen Schlag zu führen haben.

Ladysmith war noch nicht einmal völlig eingeschlossen, als sich eine Abteilung Buren von der Belagerungsarmee trennte und – dank ihrer vorzüglichen Führer – sich auf Schleichwegen nach Colenso wendete. Wie dem Londoner Kriegsamt gemeldet wurde, mußte sich das mit der Besetzung jenes ungemein wichtigen Ortes betraute englische Detachement rückwärts „konzentrieren". Haben die Buren wirklich Ladysmith zur Übergabe gezwungen, so liegt ihnen der Weg nach Pietermaritzburg und Durban offen.

Für den Ausgang des ganzen Krieges auf dem östlichen Schauplatz ist Durban von größter Bedeutung, weil hier die englischen Ergänzungs-Truppen gelandet werden müssen. Die Buren haben die Wichtigkeit dieses Platzes denn auch längst erkannt und Truppen dahin abgesandt, die sich mit schwerem und Feldgeschütz auf den unmittelbar hinter Durban liegenden Höhenzügen und auf der den Hafen von Süden her umschließenden Landzunge einnisten sollen, wodurch die Landung von Truppen fast unmöglich gemacht wird.

Durban oder Port d'Urban verdankt seine Entstehung (1842) dem englischen Gouverneur der Kapkolonie, Benjamin d'Urban. Schon dieser erkannte die beckenartige Bucht als den besten natürlichen Hafen an der Südostküste Afrikas. Nach Entdekkung der Gold- und Diamantenfelder im

Oranjefreistaat und in Transvaal nahm Durban einen überaus schnellen Aufschwung. Gewaltige Magazine bergen jetzt die für die Aus- und Einfuhr bestimmten Güter.

Gelingt es den Buren, sich auch hier festzusetzen, so sind die Engländer nur noch auf Kapstadt angewiesen, von wo aus sie gegen die Buren zu operieren in der Lage sind. Die Waffenerfolge der Buren zeitigen außerdem noch einen für England verhängnisvollen Schritt eines Teiles des Afrikandertums. In hellen Scharen ziehen sie vom Kapland nach den beiden Buren-Republiken, um mit diesen gegen die Engländer gemeinsame Sache zu machen. Wird diese antianglikanische Bewegung der Afrikaner allgemein und nicht bald durch „wirkliche Siege" der Engländer gedämpft, so kann sie sehr leicht den Anlaß zur Zertrümmerung der englischen Vormachtstellung in Südafrika geben. Die Gesamtstärke der Afrikander beziffert sich in Südafrika ungefähr auf 700 000 Köpfe, während die Engländer und Engländerfreunde nur 250 000 zählen. ☛ (s. S. 396)

Eine Realistin.

„Erhören Sie mich, liebe Alma, und ich will Sie auf meinen Händen durchs Leben tragen!"

„Offen gestanden, Gummiräder wären mir lieber!"

Besuch des Kaiserpaares in England.

Vor der großen Jagd in Sandringham.

Zu den meistfotografierten Personen der Welt gehören die fürstlichen Persönlichkeiten. Das ist ja selbstverständlich. Interessiert man sich doch für die immer am meisten, die in der Öffentlichkeit am meisten hervortreten. Kein Wunder daher, daß auch die Fotografien der Herrscher und Fürsten und Fürstinnen im Handel am begehrtesten sind. Jüngst erst wurde in den Blättern viel darüber erzählt, wie sich Fürsten fotografieren lassen und wie oft, und es wurde erzählt, daß zum Beispiel der Papst sich am seltensten fotografieren lasse, aber – am meisten gekauft werde. Dann käme der Prinz von Wales, der sich alle Augenblicke einmal vor den fotografischen Apparat stelle und dessen Bilder jährlich zu Hunderttausenden verkauft würden. An dritter Stelle aber käme Kaiser Wilhelm II., von dem, wenn nicht die meisten, so doch die mannigfaltigsten und originellsten Bilder existieren. Bei den vielen, vielen Reisen des Kaisers ist das auch kein Wunder, bei der so markanten individuellen Veranlagung des Kaisers erst recht nicht. So haben wir denn aus aller Herren Länder Bilder, in deren Mittelpunkt der Kaiser steht. Bilder aus jeder Stadt Deutschlands beinahe, Bilder aus Österreich, Bilder aus Ungarn, solche aus Schweden, aus Holland, aus Dänemark, aus Rußland. Bilder aus dem Orient, aus dem Heiligen Land, von überall her. Die letzten Reisebilder kommen natürlich aus England. Eines derselben, eines der interessantesten mit, bringen wir heute. Es ist in Sandringham, dem Besitz des Prinzen von Wales, aufgenommen, kurz vor dem Aufbruch zur Jagd im Wolferton-Forst. Die ganze Gesellschaft ist da auf dem Bild vereint. Der „Herr und die Herrin von Sandringham" und ihre Gäste. Im Mittelpunkt der Bilder die deutsche Kaiserin, im Pelz, mit Muff und das Jagdhütchen auf. Hinter ihr, zu ihrer Rechten – im Bild also links – der alte Herzog von Cambridge, der einst der Liebling des Volkes und des Heeres gewesen. Zu ihrer Linken der „flotte Prinz", der „ewige Kronprinz", wie er auch heißt, der lustige Prinz von Wales. Neben der Kaiserin rechts (im Bild links) die Prinzessin von Wales, die immer noch schön ist. „Das ist ja der Unterschied zwischen mir und ihr", sagte einst lachend der Prinz von Wales, „sie bleibt äußerlich jung, ich aber innerlich." Zur Linken der Kaiserin sie – der einstige Kobold des Hauses, die Prinzessin Maud, die Gemahlin des Prinzen Karl von Dänemark, der immer nur Geister entdeckt, so daß seine junge Frau einst ganz nervös ausrief: „Ach könnte ich nur deinen auch mal entdecken!"

Hinter der Prinzessin der Kaiser. Lachend, frohgemut, heiter, wie er immer ist, wenn er zur Jagd geht. Neben ihm der Herzog von York, der präsumtive Erbe des englischen Thrones, er, dessen Bild man so oft mit dem des Zaren verwechselt. Vor ihm die Prinzessin Victoria von Wales – die „Baby-Prinzeß" des englischen Hofes.

Das die hervorragendsten Gestalten des Bildes, umgeben von den übrigen Gästen. Ein denkwürdiges Bild. Denkwürdig um der Reise willen, die der Kaiser nach England gemacht hatte. Einer Reise, die politisch bedeutsam war, was man auch immer darüber sagen möge.

Carlos von Wallis

Die Galionsverzierung des neuen Panzerschiffs „Kaiser Friedrich III".
Nach einer Photographie von Arthur Renard in Kiel.

Ein Protest gegen die Lex Heinze.

Komitee-Mitglieder und Redner in der Protest-Versammlung gegen die Lex Heinze im Saale des Berliner Handwerkervereins. Von links: Prof. Theodor Mommsen, Prof. Eberlein, Ernst Wichert, Hermann Nissen, Hermann Sudermann.

Als die kunstfeindlichen Absichten der Lex Heinze ohne jede Beschönigung von deren Aposteln ausgesprochen wurden, nahmen die zunächst Bedrohten, die Schriftsteller und bildenden Künstler, die Gefahr auf die leichte Achsel. War es doch nicht das erste Mal, daß das Drohgespenst des ominösen Paragraphen auftauchte. Zuerst sollten im Jahr 1892 seine Bestimmungen durchgeführt werden. Er war als sonderbare Folgeerscheinung eines Prozesses aufgetaucht, in dem die untersten und gemeinsten Schichten Berlins aus ihrem schmutzigen Dunkel an die Öffentlichkeit gezogen worden waren. Im Handumdrehen wurde sodann das Verbrechertum mit der – Kunst verknüpft, und dieser letzteren sollte es ganz besonders an den Kragen gehen. Aber es hatte gute Weile damit. Nun aber, nach dem Wiederauftauchen der Vorlage, ist sie jetzt bereits in zweiter Lesung angenommen, und die Gefahr ist nahe, daß sie auch in dritter Lesung angenommen wird. Trotzdem rührte sich in den letzten Wochen noch immer nichts innerhalb der Künstlerschaft. Man wollte ganz einfach nicht glauben, daß ernsthaft im neuen Deutschen Reich die freie Entfaltung der Kunst durch das Gesetz gehemmt und unterdrückt und der Konvention und den

Afterkünsten freier Spielraum gegeben werden sollte. Die Empörung erfaßte früher das Publikum als die Künstler, die sich erst nach Wochen des optimistischen Verharrens und einer fast fatalistischen Ruhe endlich zu einem entschiedenen Protest aufrafften. Erst in den letzten Tagen des Februar erging der Sturmruf, und Alte und Junge, die Modernen und Antimodernen, was sich sonst auf dem Feld der Kunst bekriegt, fanden sich zusammen, um energisch die heraufziehende Gefahr abzuwehren. Sonntag, den 5. März, fand im Saale des Berliner Handwerkervereins eine von vielen Tausenden besuchte Versammlung statt, die von einem Komitee einberufen war, in welchem erste Namen deutscher Kunst vertreten waren. Bis auf das letzte Plätzchen gefüllt war der große Saal, vollgepfropft der erste Rang und die Balkons. Hermann Sudermann sollte für die Schriftsteller, Gustav Eberlein für die bildenden Künstler, Hermann Nissen, der Präsident der deutschen Bühnengenossenschaft, für den deutschen Schauspielerstand sprechen. Denn nur die geplante Vergewaltigung an der deutschen Kunst sollte grell beleuchtet und zurückgewiesen werden. Was Wunder, daß viele Hunderte keinen Einlaß bekommen konnten. Der Saal, die Rednertribüne und der Tisch des Komitees boten einen ungemein interessanten Anblick. Unter den Tausenden im Publikum die markanten Köpfe bekannter Bühnenkünstler, Schriftsteller, Maler und Gelehrter, oben am langen grünen Tisch die imposante Erscheinung Sudermanns im eleganten Gehrock, die wuchtige Figur Hermann Nissens, der bewegliche Eberlein, der ruhige, ernste Wichert, dann der greise weißlockige Mommsen, die Reichstagsabgeordneten Dr. Barth und Rickert und alle die anderen, die gekommen waren, das Gewicht ihrer Namen in die Waagschale zu werfen. Der Reichstagsabgeordnete Schrader, der die Versammlung leitete, legte in klarer Weise die Gefahr dar, die das Gesetz für die Kunst habe. Mit Feuer und Schneid warf dann Gustav Eberlein eine scharfe Lanze und gab der Hoffnung Ausdruck, daß der Kaiser Wandlung zugunsten der Künstler schaffen werde. Die interessantesten Redner waren aber Hermann Nissen und Hermann Sudermann. Nissen ist ein vorzüglicher Redner. Er hat Sarkasmus und Dialektik, und der Saal brauste von Gelächter und stürmischem Applaus, sooft er eine witzige Pointe abschoß, die stets in dieses im wahren Sinne schwarze Schwarze traf. Als sodann Sudermann auf der Rednertribühne erschien, brach ein Jubel aus, der ihm bewies, wie sehr das Publikum an ihm hängt und wie gern es ihn als Repräsentanten des deutschen Schriftstellerstandes willkommen heißt. Sudermann zeigte sich als ein vorzüglicher Redner. Er spricht laut und ohne Pose, mit Eifer und ohne Pathos. Daß er eine gute Dosis Sarkasmus hat, weiß man vom Dichter der „Ehre“, aber seine Darlegungen in der Versammlung waren wohl das Beste, was überhaupt gegen die Lex Heinze geschrieben und gesprochen wurde. Als den eigentlichen Prügelknaben, den die Lex Heinze im Auge habe, stellte er die dramatische Dichtkunst hin. Auf die Dichter habe man es abgesehen, denen man Volksverführung und sittenverrohendes Treiben zuschreibe. Auf die ganze moderne Kunst ziele der Paragraph, und wenn man nicht den Fluch der Lächerlichkeit fürchtete, würde man wohl gern auch die Klassiker verschwinden lassen. Als Sudermann dann den Vorwurf der Urheber der Lex Heinze, das deutsche Volk befinde sich in einem „sittlichen Niedergange“, mit dem Satz abfertigte: „Ein

Volk, das so arbeitet wie das deutsche, ist nicht unsittlich!", brach ein Jubel ohnegleichen aus. Nach einer sehr stürmischen Diskussion, an der sich auch der Reichstagsabgeordnete Müller-Meiningen beteiligte, und nach der Vorlesung einer Zustimmungsdepesche Gerhart Hauptmanns wurde eine Resolution angenommen, die wohl durch die Tagespresse allgemein bekanntgeworden ist. Hoffentlich macht der Protest der Künstler und Schriftsteller auf das Volk und die Volksvertretung den nötigen Eindruck, auf daß die Dichter, wie Sudermann ankündigte, es nicht nötig haben werden, „aus den Werkstätten der Kunst auf den Markt des Lebens zur politischen Agitation zu treten", sondern ungehindert und frei weiterschaffen können, damit die deutsche Kunst groß dastehe vor der ganzen Welt. ☞ (s. S. 396)

Berliner Mietskontore.

Das große Gesindebüro in der Jägerstraße.

Die Berliner Mietskontore sind eine viel angegriffene, verhaßte, verspöttelte und doch – notwendige und nützliche Institution. Die Dienstbotennot wird immer größer, das ist nun einmal der Zug der Zeit.

Es würde zu weit führen, wollten wir hier die Ursachen näher beleuchten. – Sicher ist das eine, daß heute ein Dienstmädchen, das einigermaßen seine Obliegenheiten erfüllt, zu einer hochgeschätzten Persönlichkeit wird, die einen recht ansehnlichen „klingenden" Lohn für ihre Leistungen beanspruchen kann und außerdem durch beste Behandlung von der Hausfrau für das

Verbleiben im Dienst gewonnen wird. Daß es zur Zeit über 8000 offene Dienstmädchenstellen in Berlin gibt, sagt wohl genug.

Die Anekdoten über die Examina, welchen besonders die Hausfrauen von den Dienstboten unterworfen werden, sind ein wenig übertrieben, daß aber die Mädchen sich sehr genau nach allen Verhältnissen zu erkundigen pflegen, ist allerdings richtig. Sie wissen eben, daß sie vielbegehrte Persönlichkeiten sind und das „Aussuchen" haben. Und so geht selbstverständlich ein Mädchen mit guten Zeugnissen lieber in eine Stellung „zu einzelnen Leuten", „eine Treppe hoch", mit „Wäsche außerm Hause", „Hülfe zu's Reinemachen", einem netten eigenen Zimmer und vor allen Dingen allsonntäglichem „Ausgang" als zu einer vielkindrigen Familie, vier Treppen hoch, und „janz alleene for Allens" und wenig Aussicht auf Trinkgelder und freie Stunden. Wir führen unsern Lesern heute das größte Mietskontor Berlins, das in der Jägerstraße, vor.

Schon von weitem kann man in den Nachmittagsstunden zwischen 3 und 6 erkennen, daß sich hier Wichtiges vollzieht. Von allen Seiten kommen die Hausfrauen – nur vereinzelt ist das männliche Geschlecht vertreten – schon von ferne spähend, ob sie nicht vielleicht schon vor dem Kontor eine geeignete Persönlichkeit „abfangen" können. Hier und da nur bemerkt man Mädchen – natürlich im besten Staat – oder Burschen im Sonntagsanzug. An der Kasse werden wir eingeschrieben und passieren dann zunächst den großen Saal für weibliche Dienstboten. Allerhand interessante Gesprächsbruchstücke treffen hier unser Ohr: „Achtzig Thaler jährlich" – „viel Trinkgelder" – „Weihnachten bares Jeld is et beste" – „nee, zu Kindern jehe ick nich" – „Waschfrau alle vier Wochen" – „sehr hübsches Zimmer mit großem Kleiderspinde" – „wir hatten fürs Silberputzen den Diener" – „Kohlentragen vier Treppen – na danke" – kurz, die ganze Skala von beiderseitigen Wünschen und Ansprüchen wird laut. Behäbige Frauen in großen weißen Schürzen fragen nach unserm Begehr und bringen uns dann aus dem lärmerfüllten Menschenhaufen irgendein ihnen passend erscheinendes Mädchen, wenn – ja wenn eines anwesend ist. Vielleicht ist das Glück gut, und wir finden wirklich eine jener „Perlen", die so selten sind und so hoch im Wert stehen.

(L. S.)

Träume am Strand.

VON PAUL A. KIRSTEIN

„Komtesse! Wie wär's – wir legen uns hier ein wenig nieder? Der Sand ist zwar noch etwas feucht, aber mit dieser Decke und der hellen Sonne, die wärmer heute als in all den Tagen vorher scheint – da werden wir uns schon schützen!"

Die junge Gräfin v. Bernau stimmte schweigend zu. In ihrem feinen, blassen Gesichtchen rührte sich nichts. Selbst die großen blauen Augen blickten trübe und gleichgültig vor sich hin.

Sie setzte sich behutsam nieder, die Hände über dem emporgehobenen Knie gefaltet.

„Schützt der Schirm?"

„Jawohl – ich danke."

Die Gesellschafterin hatte ihn geöffnet. Seine bunten chinesischen Farben dämpften das grelle Licht.

„Kommen Sie nur, Fräulein Alice – es ist Platz für uns beide!"

Die Gräfin rückte ein wenig zur Seite, so daß Alice mit ihr im Schatten saß.

„Und wieder so in Gedanken? Komtesse! Sie sollten sich doch hier erholen!"

Über das Gesicht der jungen Dame huschte ein wehmütiges Lächeln.

„Erholen, Alice? Das ist für mich nicht so leicht."

Ein tiefer Seufzer huschte heraus.

„Ich muß vergessen! Aber so schön auch dieses Helgoland hier liegt, so klar die Luft weht und die Wasser rauschen ... vergessen kann ich nicht! Mir ist ja, als brächte jeder Windstoß, jeder neue Wassertropfen, der hier unten an das rote Gestein stößt, gewaltsam die Erinnerung wieder. Ein Treuebruch vergißt sich nicht, und die Enttäuschung zehrt – und nagt ..."

„Man hat Sie doch aber dazu hergeschickt!"

Die Gräfin lachte kurz auf.

„Jawohl. Aus den Augen, aus dem Sinn! Es wird der Welt so leicht, daran zu glauben."

Die Gesellschafterin erwiderte nichts, aber als sie in der Stille jetzt über die weiten, wogenden Wasser blickte, da nahmen ihre Augen einen hellen, freudigen Ausdruck – wie im Gefühl errungenen Glücks. Sosehr sie der anderen auch Freundin war – in ihrem Herzen fand die Trauer keinen Platz, in ihrem Herzen jubelte es und lachte, als schiene die Sonne nur für sie und hätte nur für sie die ganze Schönheit rings *[Ende des Exzerpts]*

Zum 60. Geburtstag der Kaiserin Friedrich.

Zum 60. Geburtstag der Kaiserin Friedrich: Die Kaiserin auf Schloß Friedrichshof inmitten ihrer Kinder. Von links: Kronprinzessin von Griechenland, Prinzessin Adolf von Schaumburg-Lippe, der Kaiser, Erbprinzessin von Sachsen-Meiningen, Prinz Heinrich, Prinzessin Friedrich Carl von Hessen.

Die jüngste schwere Erkrankung der Witwe des unvergeßlichen Kaisers Friedrich hat die schwergeprüfte Fürstin, die seit Jahren in stiller Zurückgezogenheit auf ihrem idyllisch gelegenen Witwensitz Friedrichshof bei Kronberg lebt, aufs neue dem teilnahmsvollen Empfinden des deutschen Volkes nähergerückt. Und um so aufrichtiger waren die Glückwünsche, die nach Friedrichshof hin gerichtet wurden, als Kaiserin Friedrich am 21. November ihr 60. Lebensjahr vollendete.

Kaiserin Friedrich ist ein lebender Beweis dafür, daß Frau Sorge auch an den Fürstenthronen nicht vorübergeht, daß oft auch die, die auf den Höhen der Menschheit thronen, von des Lebens Leid nicht verschont bleiben. Als sie am 25. Januar 1858 in der Kapelle des St. James-Palastes zu London dem Prinzen Friedrich Wilhelm von Preußen die Hand zum Ehebund reichte, da durfte man wohl dem von seligem Liebesglück verklärten jungen Paar ein günstiges Horoskop für die Zukunft stellen. Denn nicht nur die Politik, sondern echte Liebe hatte diesen Ehebund begründet.

Und die nächsten Jahrzehnte schienen denn auch allen freudigen Hoffnungen Erfüllung zu bringen. Die junge Prinzessin wurde in Berlin begeistert empfangen; drei Jahre darauf schon war sie Kronprinzessin von Preußen. Ihre warme Anteilnahme an allen humanitären, die sozialen Gegensätze auszugleichen bestimmten, an allen künstlerischen und literarischen Bestrebungen in der Hauptstadt gewannen ihr die Herzen der Bevölkerung; ihr glückliches Eheleben wurde verschönt durch eine Schar aufblühender Kinder. An der Beliebtheit „Unseres Fritz", welchen Ehrentitel der Kronprinz sich durch seine militärischen Erfolge 1866 und 1870/71, wie nicht minder auch durch seine zu allen Zeiten bewährte volksfreundliche Haltung erworben hatte, errang auch sie sich ihren Anteil. Dagegen mußten auch diejenigen verstummen, die der Kronprinzessin ein Beeinflussen des Kronprinzen in politischen Fragen nachsagten.

Die Jahre kamen und gingen. Nach 1887 nahm Kronprinz Friedrich Wilhelm in voller, imponierender äußerlicher Manneschöne an den rauschenden Festlichkeiten zum 50jährigen Regierungsjubiläum der Königin von England teil, aber schon damals wußten es die Eingeweihten, daß der tückische Todeskeim in diesem anscheinend so reckenhaften Körper emporwucherte. Im März des nächsten Jahres war aus dem Kronprinzen der Kaiser Friedrich III. geworden, aber es war ein todkranker Kaiser, dessen Lebenskern angefressen war und dessen Regierungszeit nur 99 Tage währte.

Diese 99 Tage! Sie bilden das trübste Kapitel im Lebensbuch der Kaiserin Friedrich. Nicht nur, daß sie das schwerste seelische Leid, ein geliebtes Leben mit unerbittlicher Folgerichtigkeit dem Tode entgegenwelken zu sehen, ertragen, daß sie dort ein gleichmäßiges Gesicht zeigen mußte, wo sie weinen mochte, ohne Ende – die politischen Kabalen, die damals von gewissen Kreisen gegen sie ausgespielt wurden, gegen die „Engländerin", sie taten das Ihre, um ihr diese Zeit zur leidvollsten ihres Lebens zu machen.

Und dann schloß an jenem Junitage der kaiserliche Dulder die Augen zu ewigem Schlafe. Das deutsche Volk verlor viel, die Kaiserin alles mit ihm. Der Kultus des teuren Toten beherrscht fortan ihr Leben. Sie zog sich zurück aus der Reichshauptstadt und erwarb sich 1889 ein nahe dem Städtchen Cronberg am Südabhang des Taunus gelegenes Haus und Grundstück, auf welchem sie, nach Abbruch des Hauses, durch den königl. Hofbaurat Ihne ein Schloß errichten ließ, das sie zur Erinnerung an den Toten Friedrichshof benannte.

Das Schloß ist in denjenigen Bauformen errichtet, welche seit Beginn des 16. Jahrhunderts in der Main- und Rheinebene bei Rathaus- und Schloßbauten zur Anwendung gekommen waren. Auch das Baumaterial wurde dementsprechend gewählt. Herrliche Parkanlagen umgeben den Witwensitz der Kaiserin, deren bewährter künstlerischer Geschmack in der Ausstattung des Innern sich in hervorragender Weise betätigt hat.

Kaiserin Friedrich hat die jüngste, schwere Erkrankung glücklich überstanden. Möchte der vielgeprüften, großgeistigen Frau, der erst eine spätere Zeit völlig gerecht werden wird, noch ein langer, friedvoller Lebensabend beschieden sein!

Die Wirren in China.

Die Erstürmung des Osttores von Peking durch die Japaner.

Noch immer ist kein Licht in das Dunkel der chinesischen Wirren gedrungen. Die Diplomatie ist zwar am Werke, eine Situation zu schaffen, die ein Einstellen der Feindseligkeiten ermöglicht, bis jetzt aber ist diese Situation eben noch nicht geschaffen, und der Oberkommandierende, Graf Waldersee, fährt fort, reinen Tisch mit den chinesischen Gegnern in seiner Aktionssphäre, ganz gleich, ob das nun Boxer oder reguläre Soldaten sind, zu machen.

Seit Wochen residiert er nun schon in Peking, an dessen Erstürmung die Japaner so hervorragenden Anteil genommen hatten. Mit großer Bravour erstürmten sie das Osttor der Stadt, so ziemlich der einzige Punkt, wo die Chinesen heftigen Widerstand leisteten, und bahnten so den übrigen Truppen des Expeditionskorps den Weg zur Befreiung der in der englischen Gesandtschaft Eingeschlossenen.

In Hongkong betrat Graf Waldersee am 18. September zuerst chinesischen Boden. Der ausgedehnte Hafen wimmelte von Schiffen aller Art, Kriegs- und Handelsschiffen aller Nationen. In der neunten Stunde verließ der Generalfeldmarschall die „Sachsen“, um seine fernere Fahrt durch das feindliche Stromgebiet nunmehr an Bord eines deutschen Kriegsschiffes, der „Hertha“, fortzusetzen. Die am Großmast hochgehende Flagge des Großfeldherrn wurde von allen im Hafen liegenden fremden Kriegsschiffen durch Geschützdonner salutiert. An diesem Salut beteiligten sich das englische Hafenwachtschiff „Tamar“, der amerikanische Kreuzer „Monterey", der italienische Kreuzer „Stromboli" und der deutsche Kreuzer „Bussard", den allen die „Hertha" antwortete.

Mittags um 1 Uhr begab sich Graf Waldersee mit der Dampfpinasse der „Hertha" an Land, um einer Einladung des englischen Gouverneurs zum Dinner im engsten Kreise Folge zu leisten. An der Landungsstelle erwartete den Marschall eine Ehrenkompanie der Royal Welsh Fusiliers. Vor der Front stand neben den Offizieren auch der Regiments-Ziegenbock in gravitätischer Haltung, mit dem sich der Marschall, dessen Sinn für soldatischen Humor ausgeprägt ist, eingehend beschäftigte. Nachdem Graf Waldersee die Front abgeschritten, nahm er in der Sänfte des Gouverneurs Platz zum Aufstieg nach dem Palais, das inmitten reicher Gartenanlagen auf der halben Höhe eines Berges liegt und Ausblick über Stadt und Hafen bietet. Bereits um 5 Uhr war der Graf wieder an Bord der „Hertha", die wenige Minuten darauf die Anker lichtete, um die Fahrt nach Shanghai fortzusetzen. ☛ (s. S. 396)

Der Erfinder der drahtlosen Telegraphie.

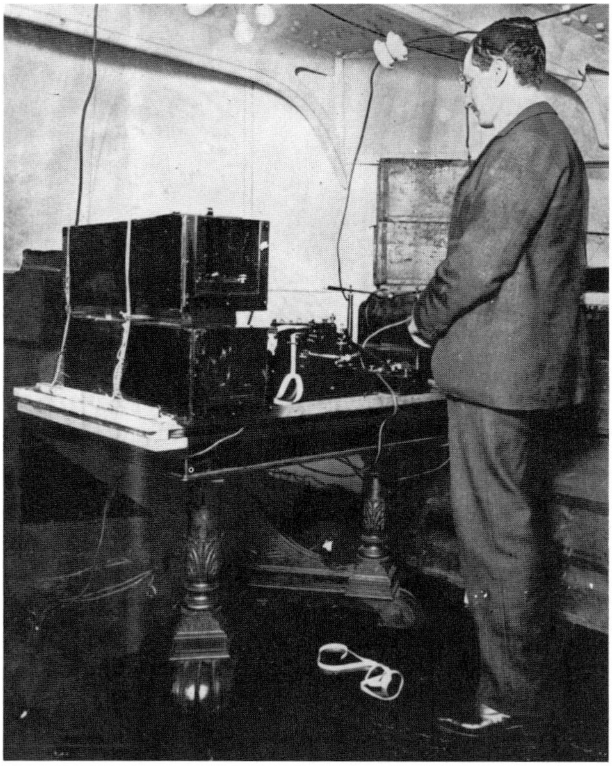

Guglielmo Marconi an seinem Arbeitstisch in der Versuchsstation auf Neufundland.

Präsident Roosevelt und seine Familie.

Ein neues Foto von Präsident Roosevelt und seiner Familie in Sagamore Hill Oyster Bay. Von links: Kermet, Archie, der Präsident, Ethel, Frau Roosevelt, Quentin und Theodore jr.

Bekannte Züge in Roosevelts Charakterbild.

Durch den plötzlichen und frühzeitigen Tod McKinleys ist Theodore Roosevelt zur Präsidentschaft eines der größten Länder der Erde berufen worden. Millionen amerikanischer Patrioten werden, wenn die Trauer um den Hingeschiedenen vorbei ist, den neuen Präsidenten mit Freude und Jubel begrüßen. Denn lange schon sind die Blicke der gesamten Republikanischen Partei auf Roosevelt gerichtet, der mit Recht den in Amerika oft mißbrauchten Namen eines „Lieblings seiner Nation" für sich in Anspruch nehmen kann. Er ist nicht wie so viele hervorragende Staatsmänner Amerikas aus dem Dunkel, aus den untersten Volksschichten hervorgegangen, er gehört vielmehr einer der angesehensten Familien Amerikas an, die ihren Ursprung aus einer alten holländischen Patrizierfamilie ableitet, die mit den „Pilgervätern" vor Jahrhunderten nach Amerika einwanderte. Die Familie ist nicht durch Reichtum ausgezeichnet, ihre Mitglieder standen aber immer in erster Reihe, wenn es galt, im Kriege wie im Frieden dem Lande bewährte Diener und Führer zu schenken. Was aber für Theodore Roosevelt bei seiner Beurteilung hauptsächlich in die Waagschale fällt, ist nicht seine Abstammung und nicht seine Familie, sondern seine persönliche Bedeutung. Wie wenige andere repräsentiert er den modernen Amerikaner mit all seinen Wünschen und Aspirationen, im Denken und Fühlen. Zugleich Heißsporn und berechnender Staatsmann, ein Held des Schwertes und der Feder, weiß er in jeder Stellung dem Amt, das er bekleidet, den Stempel seiner Eigenart aufzudrücken. Und so haben schon vor Jahren viele Leute in Amerika auf die Ähnlichkeit im geistigen Werdegang und in der moralischen Entwicklung zwischen dem deutschen Kaiser Wilhelm II. und Roosevelt hingewiesen, und häufig konnte man in der amerikanischen Presse der Meinung begegnen, daß Roosevelt, wenn er durch den Zufall auf den Hohenzollernthron berufen worden wäre, wahrscheinlich seine Mission und seinen Beruf so ausgeführt hätte wie Kaiser Wilhelm, und daß letzterer, wenn er freier Bürger der Vereinigten Staaten gewesen wäre, vermöge der auffallenden Ähnlichkeit des Temperamentes, der Denkungsart und der Auffassung die gleiche Richtlinie eingeschlagen hätte wie Roosevelt. Beiden Männern gemeinsam ist das impulsive Temperament, das lebhafte Eintreten für das, was sie als richtig und geboten erachteten. Wenn auch Roosevelt in einer Republik natürlich auch kein kategorisches: sic volo, sic jubeo erschallen lassen kann, so hat er es doch als unermüdlicher Agitator durch Wort und Schrift dahin gebracht, daß die Vereinigten Staaten die alten Pfade der Monroe-Doktrin immer mehr und mehr verlassen und auch außerhalb Amerikas ihren Einfluß geltend zu machen suchen. Wenn heute in Havanna und Puerto Rico, auf den Philippinen und Hawaii das Sternenbanner flattert, ist dies zu nicht geringem Teil ein Werk der rastlosen Tätigkeit Roosevelts, der in den Vereinigten Staaten der Hauptträger des Gedankens ist, daß Amerika Kolonialmacht ist, wie Kaiser Wilhelm der Schöpfer der deutschen Kolonialpolitik ist. Beiden gemeinsam ist die Kraft der Rede, auch die Freude an der Rede. Gemeinsam ist die bedeutende Bildung, das lebhafte Interesse an schöner Kunst und Literatur. Fast gleich ist das Lebensalter. Die Jugendzeit beider fiel in kriegsbewegte Zeiten; in Roosevelts Knabenzeit fiel der Bürgerkrieg, in die Kaiser Wilhelms die Kriege von 1866 und 1870. Gemeinsam ist beiden die Lust am Sport, an dem edlen Waidwerk. Auch Roosevelt war als junger Mann von ziemlich schwächlicher Konstitution, nach vollendetem Studium eilte er auf den Wunsch der Ärzte nach dem Westen, wo er mit den Kuhhirten, den Cowboys, lebte und ihre phantastische Tracht trug.

Gemeinsam beiden ist der faszinierende Einfluß, den der persönliche Verkehr mit ihnen ausübt und der Roosevelt zu einem Abgott eines nicht unbeträchtlichen Teiles der Amerikaner macht, sowie das hohe Selbstbewußtsein und der Glaube an die eigene Mission. Roosevelt hat eine hohe Meinung von sich und liebt keinen Widerspruch. Er wird nicht gleich McKinley ein Werkzeug in der Hand der Partei sein. Auch Roosevelt ist in verhältnismäßig jungen Jahren an die Spitze eines großen Staatswesens berufen worden, und wenn er auch nicht die Machtfülle eines europäischen Potentaten in sich vereinigt, so kann er doch durch die von ihm beeinflußte Partei Bedeutendes bewirken. Ein gemeinsames Moment beider Männer ist auch der persönliche Mut, die Liebe zum Waffenhandwerk und zur Flotte. Wenn Roosevelt auch nicht in der Armee gedient hat, denn das ist wenig fair in Amerika, so hatte er doch, als der Krieg mit Spanien begonnen hatte, den herbeizuführen sich Roosevelt auch redlich bemüht hatte, sofort das Regiment der Rough Riders, der wilden Reiter, gegründet, und an der Spitze seiner Cowboys bei Santiago tapfer mitgefochten. Der große Aufschwung, den die amerikanische Flotte in dem letzten Jahrzehnt nahm, ist zum Teil Roosevelts Verdienst, der durch einige Jahre die rechte Hand des Marineministers war (Staatssekretär) und die Bewilligung zur Erbauung der großen Schlachtschiffe bei der Republikanischen Partei durchsetzte. Für seine Person genügsam und bescheiden, liebt er doch militärischen Pomp, und als er vor der letzten Wahl die Staaten der Union durchsauste, um weniger für sich als für die Partei in Hunderten von Lokalen und vom Eisenbahn-Waggon herunter seine Wahlreden zu halten, befand er sich meistens in der Obersten-Uniform seines Reiterregiments und umgeben von einem Stab von „wilden Reitern". Gemeinsam ist auch die hohe Auffassung, die beide von der Verpflichtung des Beamten dem Staat gegenüber haben. Hiernach hat Roosevelt, eine Ausnahme unter Amerikanern, in seinen zahlreichen Ämtern den Staat als Krippe betrachtet, die ihn mit Futter versorgt. Seine Verwaltung der New Yorker Polizei bildet einen Lichtpunkt in der tiefen Nacht der Korruption, welche diese umfangen hält. Obgleich mit Glücksgütern keineswegs bedeutend gesegnet, hat er nicht allein selbst makellos amtiert, sondern die Bestechlichkeit nach Möglichkeit bekämpft.

Auch als Ehemann gilt er als Muster, und auch er ist glücklicher Vater einer großen Kinderschar. Wie man den Charakter des deutschen Kaisers studieren will, um das jetzige Deutschland und dessen Kurs zu verstehen, so muß man auch Roosevelt zu begreifen suchen, um die jetzigen amerikanischen Ideen vollständig würdigen zu können.

Dr. M.

Der Broadway in New York.

Die Hauptverkehrsstraße New Yorks.
Aufnahme für die „Berliner Illustrirte Zeitung".

Wie man ein Kleid rafft.

Eine Lektion in Grazie von Elise de Vere.

Zu den vielen Sorgen, welche die Seele einer modernen Frau beschweren, als da sind Radeln, Reiten, Tennis und Golf spielen, perverse Bücher lesen, schlüpfrige Theaterstücke mit geschicktem Erröten genießen etc., gesellt sich seit mehr als einem Jahr noch eine schwere Sorge – es ist der Kampf um die Schleppe. Die Männerwelt, ausgenommen die Damenschneider, verdammt den „Rattenschwanz" als gesundheitsgefährlich und ärgert sich über die Schleppe, weil man gar zu leicht über sie stolpern und hinfallen könne. Die Damen, seit Urmutter Evas Zeiten Sklavinnen der

Immer muß es graziös aussehen, es geht die Treppe hinauf.

Göttin Mode, verteidigen die geliebte, schlank machende Schleppe mit dem ihrem Geschlecht eigentümlichen Eigensinn und wollen sich lieber dazu verstehen, auf der Straße mit unsagbarer Geduld ihre Schleppe in der Hand zu tragen, ehe sie sich diese rauben lassen. Einesteils kann ich's den Damen nicht verdenken – ein Schleppkleid sieht entschieden eleganter aus als ein fußfreies, und solange das Weib dem Manne gefallen will, wird sie suchen, ihre Person in möglichst günstiges Licht zu setzen. Und so wird es denn wohl in absehbarer Zeit bei dem Kompromiß bleiben, wir behalten unsere Schleppe, aber wir lassen sie beileibe nicht nachschleifen, sondern tragen sie fein säuberlich in der Hand. Aber wie? Das ist eine Frage, die wohl einer Erörterung wert ist, namentlich jetzt, wo der Herbst vor der Tür steht und die Straßen sich öfter in ein unabsehbares Kotmeer verwandeln. „Grau, lieber Freund, ist alle Theorie", und noch grauer, liebe Freundin, sind die Straßen, wenn im Herbst so ein recht andauernder „Strippenregen" vom Himmel fällt. Da heißt es nun möglichst geschickt mit einer Hand den nach unten in weite Falten auslaufenden, modernen Rock hochraffen, damit er einesteils hübsch proper bleibt, andernteils aber eine Hand frei ist, um den Schirm und die kleinen Paketchen zu tragen. Elise de Vere, die reizende Pariserin, die, allen Chauvinismus beiseite lassend, den kühnen Sprung vom Pariser Brettl zur Berliner Posse gewagt hat und nun mit ihrer Grazie und ihrem anmutigen Französisch-Deutsch allabendlich im Metropoltheater Furore macht, hat, wie die vorliegenden Bilder zeigen, die Frage: „Wie rafft man das Kleid hoch?“ mit echt französischem Chic gelöst. Lässig, als gälte es bloß, den eleganten Jupon ahnen zu lassen, hebt sie die schweren Falten ihrer eleganten Herbstrobe mit einem Griff der rechten Hand seitwärts hoch. Da beginnt es leise zu regnen, flugs ändert sich das Bild. Der Schirm, der bis dahin als Stütze in der linken Hand getragen wurde, wird aufgespannt, er wandert in die rechte und die Schleppe mit etwas kühnerem Schwung in die linke Hand. Gilt es doch jetzt, mit den tadellosen Chevreaustiefelchen die ominösen Pfützen zu vermeiden. Also aufgepaßt! Der Regen ist zwar vorbei, der Schirm kann zugemacht werden, aber die Pfützen sind noch da; nun das Kleid noch etwas höher, aber immer mit der nötigen Dezenz bitte, und schwapp ist sie drüben – Kleid und Schuhe sind sauber geblieben. Gott sei Dank, sie atmet erleichtert auf und geht, das Kleid in etwas schlenkernder Bewegung haltend, weiter. Nun ist sie an Ort und Stelle und muß eine Treppe ersteigen. Das Kleid fällt nach hinten zu ab und wird rechts hochgehoben, damit der nach Modevorschrift vorn zu lange Rock nicht geniert. Daß man dabei das feine Füßchen ziemlich genau sehen kann, ist, wie Figura zeigt, kein Fehler. Nun ist sie vor der Eingangstür, rasch hebt sie das Kleid mit beiden Händen hoch, prüfend gleitet der Blick über Schuhe und Kleidersaum; beide sind vollkommen frisch und rein geblieben, und befriedigt von der Musterung ihrer eigenen niedlichen Person, betritt die reizende kleine Frau die Wohnung ihrer Freundin, die sie besuchen wollte. Das ist eben französischer Chic. Merkwürdig – spricht man irgendwo in der Welt von der deutschen Frau, dann weiß man ihr nur ihre Wirtschaftlichkeit, die oft in die sogenannte Reinmachewut ausartet, nachzurühmen. Man sagt – chic wie eine Französin, fesch wie eine Wienerin, feurig wie eine Spanierin, ladylike wie eine Engländerin und wirtschaftlich wie eine Deutsche. Das ist ja an und für sich ein Kompliment – aber es genügt nicht, meine lieben Schwestern. Ist es denn gar so schwer, wirtschaftlich und chic dabei zu sein?

Mary Berg

Abfahrt nach Amerika: Prinz Heinrich begibt sich in Bremerhaven über den Dampfer „Glück auf“ an Bord des Lloyd-Schiffs „Kronprinz Wilhelm“.

Wie „Andere“ nach Amerika reisen.

Fertig zur Abreise: Auswanderer verlassen Hamburg.

Vor wenigen Tagen legte das Schiff, das einen deutschen Kaisersohn hinübertrug in die Neue Welt, im Pier in New York an. Schon von Southampton und von Cherbourg aus flogen die ersten Bulletins der Reiseberichterstatter in die Welt hinaus, und in allen Sprachen und Mundarten wurden die Pracht des „Kronprinz Wilhelm“ und der Luxus seiner Ausstattung geschildert. Die Annehmlichkeiten des feinsten Hotels fand man im vervielfältigsten Maßstabe vor, und was Küche und Keller betrifft, das wurde überhaupt nicht beschrieben, denn – das spottete jeder Beschreibung. Wer denkt bei all dem Glanz und Herrlichkeit an jene vielen Hunderte, die als Zwischendeckpassagiere die Fahrt mitmachten. Welcher Abstand zwischen den Prunkschlafzimmern und den Speise-, Rauch-, Damen- und Lesesalons der ersten Kajüte auf einem der herrlichen Schnelldampfer und den Schlafstellen im Zwischendeck eines Auswandererschiffes. Bei den Schnelldampfern ist ja selbst das Zwischendeck gewissermaßen komfortabel ausgestattet. Betritt man aber so eine Schlaf-Abteilung auf einem Auswandererschiff, so wähnt man sich anfangs in eine Menagerie versetzt und glaubt eine Anzahl Käfige vor sich zu sehen. Beim näheren Anblick erkennt man, daß es Eisengerüste sind, die übereinandergetürmt 10–12–14 schmale Abteilungen bilden, in deren jeder ein Passagier sein müdes Haupt zur Ruhe legen kann. Beim Betreten des Schiffes erhält jeder Passagier ein dünnes, langes Strohpolster, das er auf das Eisenbett legen kann, ein winzig kleines Strohpolster als Kopfkissen und eine dünne Decke, die wohl eigens zu dem Zweck fabriziert wurde, denn in der Qualität und Größe kommen Decken im Handel nicht vor. Hierzu kommen ein irdener Trinknapf, eine Blechgabel mit Messer und ein blecherner Löffel mit einem Teller, und die Reiseausstattung ist komplett. In einer gedeckten Vorhalle sind ein paar große hölzerne Tische mit ein paar rohen Bänken ohne Lehne angebracht, was den Speisesaal markiert. Die Wohltat eines Sessels kennt man im Zwischendeck nicht. Wer nicht in der bei dem Zusammenleben vieler Hunderter Personen besonders unangenehmen Atmosphäre aushalten und aufs Deck will, muß dort stehen oder sich auf den Boden setzen. Heil dem, der durch Seekrankheit verhindert ist, an den drei großen Abfütterungen teilzunehmen, zu denen die Passagiere sich Suppe, Fleisch und Kartoffeln selbst in Kübeln, die in der Form den Pferdetränkeimern ähneln, selbst holen müssen. Nur auf den Schiffen des Norddeutschen Lloyd werden die Speisen von Schiffbediensteten zugetragen.

Überhaupt muß anerkannt werden, daß die deutschen Schiffahrts-Gesellschaften schon seit geraumer Zeit die meisten dieser Übelstände, soweit es nur möglich ist, beseitigt haben. Speziell auf den großen Schnelldampfern – wie es der „Kronprinz Wilhelm" ist – erscheint eine Zwischendeckfahrt lange nicht mehr schlimm. Die Räume sind hoch und geräumig, das Essen gut und auskömmlich, die Lagerstätten bequem und warm.

Doch mit der Überfahrt hat der „Zwischendeckler" nur einen Teil dessen überstanden, was „Auswanderung" heißt.

Endlich sind die 8 oder 10 oder 12 Tage der Fahrt überstanden, und das mächtige Schiff wird durch einen Remorqueur in den Pier hineinbugsiert. An den großartigen Anblick, den der New Yorker Hafen bietet, hatte auch der arme Zwischendeckpassagier sich erfreut, und schon glaubt er den gastlichen Boden der Republik betreten zu können. Doch wie weit ist er noch davon entfernt. Die Landungsbrücke wird angelegt, aber nur für die Kajütpassagiere. Eilenden Fußes stürmen sie über die Brücke, und bald sind sie in alle Winde zerstoben. Da hat niemand gefragt, wie heißt du, wer und was bist du, was hast du, und was willst du hier? Ihr Kajütenbillett ist der Freipaß, der ihnen Amerika eröffnet. Anders der arme Zwischendeckpassagier. Er muß weiter im Verdeck bleiben, bis alle „Kajütler" fort sind und bis endlich der kleine Dampfer ankommt, der ihn aufnimmt und nach Ellis Eiland bringt. Hier wird die große Prüfung abgehalten, und nur wer hier für gerecht erkannt wird und nur wer hier die 39 an ihn gerichteten (gesetzlich vorgeschriebenen) Fragen zufriedenstellend beantwortet, wird für ausreichend würdig gehalten, in das gelobte Land Amerika einzugehen, um da möglicherweise auch zu – verhungern.

Von dem kleinen Dampfer werden die Einwanderer zuerst in einen großen vergitterten Raum, den sogenannten Detentionsraum, gebracht. Hier wird die Zählung vorgenommen resp. die Namen der Anwesenden mit den Schiffspapieren verglichen. Wehe der Schiffskompanie, wenn einer fehlen würde und sohin die Möglichkeit vorhanden wäre, daß einer vom Schiff sich geflüchtet und der Prüfung entzogen hätte. Deshalb findet auch an dem letzten Tag schon eine immerwährende Überwachung statt. Dann muß der Einwanderer in dem verhältnismäßig engen, meist mit stickiger Luft erfüllten Raum warten, bis er an die Reihe kommt, vor die Prüfungskommission geführt zu werden.

Die Anforderungen, die der amerikanische Staat an den Einwanderer stellt, wachsen von Jahr zu Jahr. Früher genügte es, wenn der Ankömmling gesund, arbeitsfähig und kein Kontraktarbeiter war, d. h. nicht in Europa bereits mit festem Vertrag für Amerika engagiert. Später kamen immer neue Punkte dazu. Man mußte sich über eine bestimmte Summe Geld ausweisen können (30 Dollar), um in der ersten Zeit sein Fortkommen zu finden, man sollte womöglich Verwandte oder Angehörige im Land haben, um nicht eventuell dem Land zur Last zu fallen, man dürfte mit keinem physischen Gebrechen behaftet sein, ja selbst nicht einmal mit einem kleinen moralischen. Ein junges Brautpaar, das zusammen Deutschland verlassen hat, in der Absicht, es in Amerika zu etwas zu bringen und dann zu heiraten, hat nur die Wahl, entweder zurück nach Europa oder auf der Stelle zu heiraten. Die heilige Macht der Liebe erkennt der amerikanische Staat nicht an, und ein Paar, das zusammen die Reise über den Ozean gemacht hat, ohne verheiratet zu sein, ist ihm ein Greuel. So mancher stand schon vor dieser gleich unangenehmen Alternative, entweder zu heiraten oder zurückzufahren, und wählte das erstere als das angeblich kleinere Übel.

So mancher betrat als flotter Junggeselle Ellis Eiland und verließ es als gesetzter Ehemann. Die Eheschließung geht in der bekannten formlosen amerikanischen Weise vor sich. Der Standesbeamte, der gegen Jahresgehalt im Einwanderungs-Depot die Eheschließungen ständig und im großen betreibt, wird herbeigeholt, sagt den Brautleuten eine vorgeschriebene englische Formel vor, von der sie natürlich kein Wort verstehen, und schließlich erfahren sie vom Dolmetscher, daß sie – glücklich verheiratet sind. Kosten sind damit nicht verknüpft. Will das junge Ehepaar auch „etwas schwarz auf weiß nach Hause tragen", so bekommt es gegen Erlag von zwei Dollar auch einen Trauschein, von zwei Zeugen unterschrieben, von deren Existenz den Eheleuten bis jetzt nichts bekannt war. Notwendig ist der Trauschein nicht, man lebt in Amerika ganz glücklich, wenn man auch schon lange sich nicht mehr daran erinnern kann, wo man getraut wurde und wann und von wem.

Unterdes wird unter Assistenz der zahlreichen Dolmetscher die Examination fortgesetzt und Herz und Nieren jedes einzelnen geprüft. Leute, die aus demselben Ort kommen, werden plötzlich separiert und an verschiedenen Stellen über einander ausgefragt. Wer im dringenden Verdacht steht, Justizflüchtling zu sein und einer drohenden Strafe aus dem Wege zu gehen oder sich einer verhängten Strafe zu entziehen, wird rücksichtslos zurückgewiesen. Die Examination wird genau und doch mit größter Hast betrieben, bringt doch mancher Tag, besonders wenn ein oder zwei Schiffe mit italienischen Auswanderern eintreffen, 3000 bis 4000 Emigranten. Kann die Prüfung nicht an einem Tag beendet werden, so müssen diejenigen, die nicht an die Reihe kommen konnten, die Nacht im Detentionsraum zubringen, wo sie, nach Geschlechtern getrennt, sich auf harten Bänken ihr dürftiges Lager zurechtmachen. Es steht jedem frei, sich für teures Geld beim Traiteur zu verköstigen; wer es aber nicht kann oder will, bekommt von der Einwanderungsbehörde ein Lunch vorgesetzt, der ihm nur einen schlechten Begriff von „Uncle Sams" Gastfreundschaft beibringt und selbst die verflossenen Schiffsmahlzeiten in rosigem Licht erscheinen läßt. Endlich ist die Prüfung zu Ende. Die Ausgemusterten werden aufs Schiff zurückgebracht. Der Rücktransport geschieht auf Kosten der Schiffsgesellschaft. Noch hat sich kein Dichter gefunden, der die Freuden und Annehmlichkeiten schildert, welche den „Zwischendecklern" auf der Rückreise geboten werden, für die niemand zahlt und welche die Gesellschaft aus ihrer Tasche bestreiten muß. Die Zugelassenen besteigen zum letztenmal den Regie-

DIE ANKUNFT IN AMERIKA.

Bei der Landung des Ozeandampfers werden die Einwanderer auf ein kleineres Fahrzeug umgeschifft, das sie zu den Einwandererhallen bringt.
Unten: „Woher kommen Sie? Wohin wollen Sie?"

rungsdampfer und werden hinübergeführt nach Castle Garden, dem Herzen von New York, und an der Batterie gelandet. Jetzt ist der Einwanderer seinem Schicksal überlassen, die Überwachung, die ihn bisher auf Schritt und Tritt verfolgte, hört auf, und nun kann er ihn beginnen, den Kampf um seine Existenz, der ihn manchmal auf lichtvolle Höhen bringt, in dem er aber in den weitaus zahlreicheren Fällen unterliegt und mit dem Rest seines Vermögens, mit Gesundheit, oft mit dem Leben den Kampfpreis bezahlt.

Dr. M.

Im Atelier Franz v. Lenbachs.

Der Meister studiert im Spiegel die zu porträtierende Dame.

Der Straßenhändler.

Rund um Berlin.

Zerrbilder aus der Großstadt, gezeichnet von Edmund Edel.

Der Mann, dem sie „nischt beweisen" können.

Moabit

(Im zweiten Stockwerk des Gerichtsgebäudes. Auf dem Korridor Zeugen und Parteien, Rechtsanwälte, Boten, Schreiber, Schutzmänner und sehr viele Leute, die hier nichts zu suchen haben.)

Der Gerichtsdiener (aus einem Saal tretend): Ich bitte Platz zu machen, meine Herrschaften! – Der Gang muß frei bleiben ... Überhaupt haben sich nur die geladenen Personen hier aufzuhalten. Die andern bitte sich zu entfernen.

Mehrere Herren. Pardon ... wir sind fertig mit unserer Sache und wollten gern etwas zuhören – Kann man hier rein?

Der Gerichtsdiener. Ich bedaure, Sie sehen doch die Tafel da: „Der Zuschauerraum ist gefüllt."

Die Herren. Ach, das steht ja immer dran ... Es kann doch nicht immer voll sein ...

Der Gerichtsdiener. Immer, sobald es anfängt, kalt zu werden ... Gehen Sie nach dem kleinen Schwurgerichtssaal, da ist mehr Platz. – Na, und Sie, Frau Mielke – auch wieder mal da? Sind Sie schon wieder anderer Ansicht wie der Paragraph 180 gewesen?

Die erfahrene Frau. Nee, Herr Nuntius, diesmal bloß als Zeuge ... Einen Herrn, wo bei mir logiert hat, is was wegjekommen. – Na, ich wer mir man hier 'n bißchen setzen ... Komm her, Jrete, setz dir hin, es dauert doch noch 'ne Weile. Und nu heule doch nich schon wieder; so schlimm wird's ja deinen Justav nich jehn.

Grete (junge Dame mit Schleier und Täschchen). Ach Gott – huhu – mein armer Gustav ... Er kriegt gewiß wieder seine vier Monat ... Auf dreie schätzt er sich selber, und er hat immer solches Pech ...

Der Gerichtsdiener. Heda – junger Mann, was wollen Sie denn da an der Tür? Da geht es ja ins Beratungszimmer ... Können Sie nicht lesen?

Der schüchterne junge Mann. Ach ja ... das schon ... aber ich dachte ... ich weiß überhaupt nicht, ob ich hier ganz richtig bin ...

Der Gerichtsdiener. Na, das können wir eigentlich auch nicht wissen ... Sind Sie denn geladen? Als Zeuge oder Angeklagter?

Der junge Mann. Als Angeklagter. Hier ist meine Vorladung ... das heißt, ich bin's nicht gewesen ...

Der Gerichtsdiener. Natürlich nicht. Brauchen Sie gar nicht zu sagen. Hier ist noch nie einer gewesen, der's gewesen ist (lesend) Zimmer 49 – Termin 12 Uhr ... Und da kommen Sie jetzt schon?

Der junge Mann. Ja – ich hatte solche Angst, zu spät zu kommen.

Der Gerichtsdiener. Angst? – das ist nicht nötig. Mehr wie 15 Jahre Zuchthaus können Sie hier nicht bekommen.

Der junge Mann. Um Gottes willen – (er wankt).

Die erfahrene Frau. Na ja, junger Mann – machen Sie man keine Dummheiten ... der Herr Nuntius spaßt ja bloß. Setzen Sie sich man hierher, und erzählen Sie die Sache.

Der junge Mann. Ach ja – recht gern ... Nämlich das war so: –

Schlächtermeister Brandt und ein alter Herr (kommen suchend näher).

Brandt. Achtunachzig – neunundachzig ... Hier bin ick richtig, Herr Nachbar; un da hinten is det Landjericht, wo Sie hinwollen ...

Der alte Herr. Oh – mir eilt es nicht ...

Brandt. Na, denn wolln wir uns man hier platzen. Ick muß Ihnen sowieso noch det Ding zu Ende erzählen. Also, wir sitzen in Raschken sein Lokal und spielen unsern Schafskopp und denken an jarnischt ... Da mit eenmal –

Der Gerichtsdiener (aufrufend). Der Zeuge Hammdorf ... Herr Hammdorf – !!! – Nicht da – ? Gut ... unentschuldigt ausgeblieben – kostet 'ne Geldstrafe ... Na, Herr Doktor – nichts los drüben beim Schwurgericht?

Der Berichterstatter. Nee – kleiner Raubanfall mit scheußlich langer Beweisaufnahme ... Wird ja doch vertagt. – Hier was los?

Auf der Zeugenbank.

Der Gerichtsdiener. Nichts Besonderes... Paar Ladendiebstähle – Körperverletzung – Milchplantscherei... Wie gewöhnlich. Nachher verteidigt Sello... Aber es kann eins werden.

Der Berichterstatter. Gut – da gehe ich erst frühstücken. Morgen, Herr Hintze!

Die erfahrene Frau (zu dem schüchternen jungen Mann). Ja also, so wie Sie's erzählen, is ja janz klar, daß Sie nich reinfallen können... Haben Sie denn 'n Verteidiger?

Der junge Mann. Nein... Die sind so teuer –

Die erfahrene Frau. Besser wär's aber doch. Wenden Sie sich jedenfalls mal an Hirschen – Sie kennen doch Hirschen? – Da kommt er jrade.

Der junge Mann. Ist der Anwalt?

Die erfahrene Frau. Na wenigstens so ähnlich. Jedenfalls weiß er alles... Fragen Sie 'n man.

Hirsch (klein, grauer Schlapphut, Bleistift hinter dem Ohr, alte Aktenmappe in der Hand). Einen Augenblick, lieber Herr, ich habe hier eine wichtige Sache... Also da käme § 278 in Frage – in idealer Konkurrenz mit § 275...

Der junge Mann (freudig). Ah – Sie machen auch in Konkurrenzsachen... Das ist ja gerade mein Fall... Weil nämlich mein Konkurrent an der Ecke auch immer solche Präsent-Zigarren im Fenster hatte –

Hirsch. Ah – vermutlich § 263... meine Spezialität. Kommen Sie in die Ecke, wir werden das besprechen...

Die erfahrene Frau. Na, Jrete – nu muß er woll bald kommen – elfe vorbei...

Grete. Ja... (plötzlich aufschreiend). Huch... Da kommt er! (Ein Schutzmann führt einen Untersuchungsgefangenen vorbei.)

Der Gefangene (junger Mann mit grüner Krawatte, Samtkragen und sehr viel Schwung in den Rockschößen). Ach Jott, die Jrete... Na, rinkommen tu man nich – du kriechst bloß deine Zufälle...

Grete. Ach Gustav... huhu... bist du's denn diesmal wirklich gewesen?

Gustav. Ach bewahre... ausjeschlossen. Aber drei Monate wer'k woll doch kriejen... Na verjiß mir man nich... (er wird weitergeführt).

Schlächtermeister Brandt. Also denken Sie sich: der Max Wienke spielt 'n Solo un behält die beeden Alten bis zuletzt! Aber ick sage ja immer: der Hammel hat keene Ahnung von Schafskopp...

Der Gerichtsdiener (ausrufend): Sachen Lindemann und Genossen! – Zeugen Brandt, Magdeburg, Kriminalschutzmann Hefft!!

Brandt. Also adje daweile, Herr Nachbar; ick muß jetzt rin... Nachher erzähl ick weiter; merken Sie sich man, bis zu den Solo war ick jekommen (ab).

Der Richter.

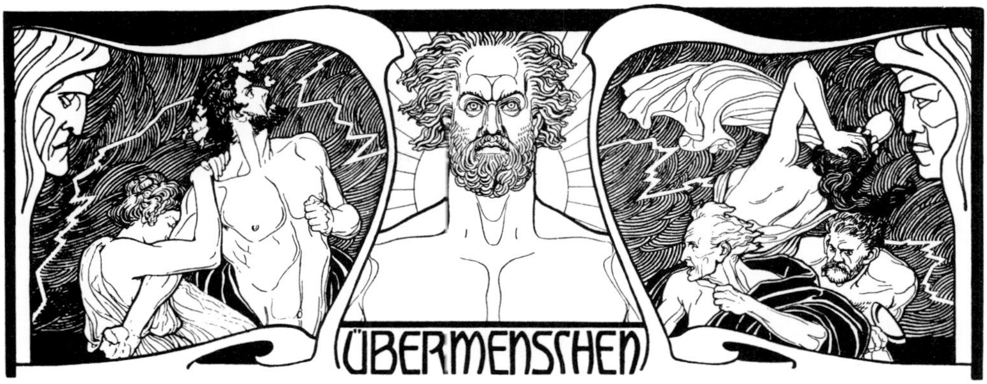

ROMAN VON ANNIE NEUMANN-HOFER

Mittwoch

In der riesigen Küche auf Kartowo ging es in diesen Tagen noch etwas lebhafter zu als sonst. Munter und ausdrucksvoller flogen ja die Fluch- und Schimpfworte dem Oberkoch, dem kleinen Monsieur Duval mit dem zu zwei Nadelspitzen gedrehten Schnurrbart und den stechenden kleinen schwarzen Augen, stets von den Lippen, namentlich zuzeiten, wo er sehr beschäftigt war – doch so wie in diesen Tagen war er eigentlich noch nie gewesen.

„Er schnappt noch über", sagte die Köchin Minna zur anderen, Marie genannt.

Die zuckte die Achseln.

„Der", sagte sie mit souveräner Verachtung. „Der soll noch überschnappen? Ist gar nicht mehr möglich. Der hat doch schon lange 'nen Vogel."

Und vielsagend, tippte sie sich mit dem Zeige- und Mittelfinger auf die Stirn.

Gleich darauf aber fuhr sie selber wie toll auf den Küchenjungen Peter los.

„Was guckst zum Fenster raus, dummer Bengel, du?" schrie sie wütend. „Fünfundzwanzig Tauben bis vier Uhr noch zu rupfen, und der Schafskopf sitzt da, die Poten im Schoß und starrt dem lieben Herrgott 'n Loch in die Welt. Mach vorwärts, marsch!"

Und ohne daß Peter noch wußte, was ihm bevorstand, obwohl er es nach seinen zahlreichen ähnlichen Erfahrungen schon hätte ahnen können und müssen, befand sich der untere Teil seines rechten Ohres zwischen Maries Fingern und nicht etwa, um gestreichelt zu werden! O nein. Marie hatte feste Finger, und kam ihr etwas dazwischen, so hielt sie es fest wie mit Eisenklammern, gleichviel, ob's der Knochen einer Hammelkeule war oder Peters Ohrläppchen.

Dem Peter traten die Tränen in die Augen.

„Laßt doch los!" heulte er endlich laut auf. „Ich kann doch nichts tun, wenn man mich so festhält."

Er heulte so laut in seiner Außenküche, daß es Monsieur Duval, und *[Ende des Exzerpts]*

Naumanns Fahrräder
! sind die besten!
SEIDEL & NAUMANN
DRESDEN

Dürkopp's
Nähmaschinen u. Diana-Fahrräder
sind die
solidesten,
leichtlaufendsten,
elegantesten
und beliebtesten
Fabrikate.
Grösstes Etablissement der Branche.
66000 Nähmaschinen. – 4000 Arbeiter. – 50.000 Fahrräder.
Jahreserzeugung
BIELEFELDER MASCHINEN-FABRIK
VORM DÜRKOPP & Co. BIELEFELD.

EIL' MIT „WEIL"!
Fahrsaal.
Reparatur-Anstalt.
Weilfahrräder der Weilradwerke. Frankfurt-Rödelheim.
GENERAL-VERTRIEB:
Ernst Kukluk, Berlin, Rankestr. 36. Lindenstr. 101/102.
Preislisten umsonst und portofrei.

„ADLER"
Das beste Fahrrad!
„Höchste"
Auszeichnungen
Die feinste Marke!
„Grösste"
Verbreitung
Adler Fahrradwerke vorm. Heinrich Kleyer
Erste Special-Fabrik für Fahrräder.
Frankfurt a. M.
Reich illustr. Katalog 1898 geg. 10 Pfg. Porto Marke.

Brennabor-Räder
Brennabor-Fahrrad-Werke
Gebr. Reichstein,
Brandenburg a. H.
Aelteste deutsche Fahrradfabrik. 2200 Arbeiter.
Permanente Musterausstellung sämmtl. neuen Modelle. Berlin W., Leipzigerstr. 111.

Rudge-Whitworth-Cycles
Filiale:
Berlin W.,
Charlottenstr. 59.

Sachs Kugelstabapparat
D. R. P. 94582
für Erwachsene und Kinder
von Capacitäten empfohlen für Zimmer-Gymnastik, für Gesunde und zu Heilzwecken.
Broschüre mit 27 Abbild. grat. u. frco.
Director Stanislaw Sachs,
Leipzigerstrasse 13.

CONTINENTAL
PNEUMATIC
CONTINENTAL PNEUMATIC
Bester Radreifen!
CONTINENTAL-CAOUTCHOUC-& GUTTAPERCHA-COMPAGNIE, HANNOVER.

Welt-Rad
mit gewalztem Rahmen
geschützt in 12 Industrie-Staaten
Einzig dastehend!
3600 Kilo Bruchfestigkeit!
laut amtl. Attest d. kgl. techn. Versuchsanstalt Charlottenburg-Berlin
Kein Zusammenbruch möglich!
Fahrradwerke „Welt-Rad" Actien-Gesellschaft vorm. Hoyer & Glahn
SCHÖNEBECK a. E.
Katalog gratis! Vertreter gesucht!

Das beste Fahrrad Frankreichs
Vornehmste und älteste Marke
„CLÉMENT"
Gold. Medaille. Int. Fahrrad-Ausstellung Berlin 1897. — Capital 22500000 Francs.
Vertreter für Norddeutschland:
Georg Bamberger, Berlin W., Potsdamer-Strasse 118.

Aus dem Charlottenburger Studien-Atelier.

Aktskizzierübungen unter Leitung des Bildhauers Lewin-Funcke. Gegen das gemeinsame Arbeiten von Künstlern und Künstlerinnen vor dem Aktmodell hatte die Polizei zuerst Einspruch erhoben, ließ jedoch nach dem befürworteten Gutachten des Senats der Künste das Verbot fallen.

Im vergangenen Jahr hatte das Polizeiverbot gegen das Zusammenarbeiten von Künstlern und Künstlerinnen vor dem Aktmodell, das in den Studien-Ateliers geübt wurde, Aufsehen in der Berliner Künstlerwelt gemacht. Die Polizei holte ein Gutachten des Senats der Künste ein, das günstig lautete. Daraufhin wurde das Verbot zurückgezogen. Unter der Leitung des Bildhauers Lewin-Funcke haben diese Studien nach der Natur gute Erfolge gezeitigt. Namentlich für die studierenden Bildhauer ist es von großer Wichtigkeit, daß sie unmittelbar nach der Natur in Stein, Holz oder Ton arbeiten, so daß man zu großen Hoffnungen für die Erziehung der jüngeren Bildhauergeneration berechtigt ist. Im Aktsaal obliegen Maler, Zeichner, Bildhauer und Architekten gleichzeitig ihren Studien. Die Anatomie-Vorlesungen Lewin-Funckes, die am lebenden Modell demonstriert werden, sind für die Studierenden die beste Anleitung. Im Bildhaueratelier wird hauptsächlich nach Rundakt modelliert.

Für den Nichtkünstler sei der Begriff „Rundakt" mit wenigen Worten erklärt: Im Gegensatz zu dem Akt, nach dem gezeichnet und gemalt wird, wobei das Modell nur eine Ansicht zeigt, bietet der Rundakt nacheinander verschiedene Ansichten, damit der modellierende Künstler vergleichend beobachten kann. Das Modell steht zu diesem Zweck auf einer Drehscheibe, die je nach Bedarf gedreht wird. Diese neue Studien-Methode besiegt die alte vollständig und erobert sich immer mehr Anhänger. Bis jetzt sind schon 610 Künstler und Künstlerinnen im Besitz der Teilnehmerkarte.

Der Niedergang der alten Burschenherrlichkeit.

Ein Mahnwort zum Heidelberger Jubiläum von Georg Bernhard.

Studentenleben in Heidelberg.

„Das fühle ich aus Ihrem Werk heraus, daß Sie die Notwendigkeit der Mauserung unserer Jugend, der die Zukunft gehört, ebenso deutlich empfinden wie ich alter Mann, dem die Hoffnung auf Gesundung mehr und mehr schwindet."

Theodor Mommsen
an den Verfasser des Romans
„Vivat academia"

Die Ruperto-Carola in Heidelberg feiert ein Jubiläum. Vor hundert Jahren ist sie, die ursprünglich der Stolz der Pfalzgrafen bei Rhein war, als badische Universität wieder aufgerichtet worden. Die Feier gilt nur dem Rückblick auf eine verhältnismäßig kurze Spanne Zeit, wenn auch nicht verkannt werden soll, daß hundert Jahre im Zeitalter, das sich bereits an 25jährigen Jubiläen berauscht, recht klangvoll sind. Aber etwas anderes war es Anno 86 des vorigen Jahrhunderts, als man an den Nekkar eilte, um die fünfhundertjährige Wiederkehr des Tages zu feiern, an dem Rupprecht I. von der Pfalz jene Bildungsstätte schuf, die während der religiös-reformatorischen Bewegungen zu einer Pflanzschule der Auflehnung gegen Rom wurde. Wie anders nimmt sich dagegen die rekonstruierte Heidelberger Universität aus. Wohl haben hier die erleuchtetsten Geister der Nation als Lehrer gewirkt. Alle Heidelberger Fakultäten sind vorzüglich, und jeder Student zählt es zu seinen schönsten Erinnerungen, den formvollendeten Darstellungen Kuno Fischers und Henry Thodes gelauscht zu haben. Allein es ist charakteristisch, daß Viktor von Scheffel sein Alt-

Heidelberg nicht als die Stätte leuchtender Wissenschaft, sondern als die Stadt fröhlicher Gesellen anspricht. Tatsächlich unterscheidet sich das Heidelberg nach 1803 von der alten pfälzischen Universität dadurch, daß es uns geradezu als das Sinnbild frohen Burschenlebens gilt. Es ist die Alma mater der ersten Semester, die sich austoben und ausulken wollen. Es ist die Stadt, wo der Rapier- und Sporenklang noch nicht verhallt, der Kommersgesang noch nicht verklungen ist. Auch früher war der Student ein fröhlicher Gesell, aber es pulste ein Leben voll tieferen Ernstes durch die wissenschaftlichen Studien der Jugend. Burschenschafter und Korps bildeten das Hauptkontingent der Kämpfer für die Erlösung Deutschlands aus den erdrückenden Fesseln der Metternich-Zeit. Mit Jena darf Heidelberg sich zu jenen Orten rechnen, in denen der deutsche Einheitstraum geträumt wurde. Seitdem ist das anders geworden. Die Organisationen, die die alten Burschen schufen, bestehen noch, aber ihre Epigonen haben es nicht verstanden, den glänzenden Rahmen vor dem Verblassen zu schützen, die schäumenden Ideale von einstmals sind abgestanden und schal geworden. Zur Phrase sank das Wort herab, dessen Klang einstmals die Berge erbeben ließ. Der Geist ist tot!

Das Jubiläum der Heidelberger Universität bietet Gelegenheit zu ernster Betrachtung. Um so mehr, als eben gerade die Heidelberger Universität besser als jede andere das studentische Leben unserer Tage illustriert. Man stört die Freuden des Jubiläums nicht, sondern man nützt dem Studententum, wenn man am festlichen Tage die Frage zur Diskussion stellt: Woran liegt es, daß der alte Glanz zerfallen ist? Nicht die Menschen sind in erster Linie schuld daran, nein, über den Menschen stehen die Verhältnisse, die tiefgreifende Veränderungen erfahren haben. Politische und soziale Umwälzungen haben auf das Studentenleben eingewirkt. Die politische Einigung Deutschlands hat den kleinen Universitäten ihre frühere Bedeutung genommen. Was Burschenschaften und Korps erstrebten, ist erfüllt, für politische Betätigung ist das Feld geschwunden, der Gelehrte hat nicht mehr den Einfluß auf die Geschicke der Nation wie früher. Andere Berufsklassen hat die soziale Flutwelle an die Oberfläche gespült. Die Volkswirtschaft hat mehr und mehr Kräfte in ihren Bann gezogen, der Kampf ums Dasein ward schärfer, er nötigte zum Brotstudium. Aus dem Arzt ward ein Geschäftsmann, aus dem Rechtsanwalt ein Kaufmann.

Das eine weiß der Student sicher, wenn er herauskommt aus der akademischen Bürgerfreiheit, wenn er mit „gesenktem

Im Karzer.

Blick in das Philisterland“ zurückkehrt, erwarten ihn Sorgen, droht ihm der Kampf. Daraus erklärt sich das tolle Drauflostoben, das nur dem Befehl einer inneren Stimme entspringt, die da sagt, in sechs Semestern mußt du dich austoben und dich schadlos halten für das graue Elend der Jahre nachher. Und zur Erleichterung dieses nachfolgenden Elends soll auch wieder die Verbindung dienen. Sie soll Konnexionen schaffen, hat es doch einer unserer Minister im Herrenhaus ausdrücklich zugegeben, daß die Zugehörigkeit zu einem Korps als Zeichen der Tüchtigkeit bei der Besetzung von Verwaltungsbeamtenstellen angesehen wird. Selbstverständlich sind neben den sozialen Verhältnissen auch die Studenten selbst schuld an manchem Übel, und deshalb sind gerade in den Kreisen der akademischen Lehrer die Stimmen immer lauter geworden, die mit ernster Mahnung der Studentenschaft eine Reform an Haupt und Gliedern nahegelegt haben. Neben dem Rektor der Heidelberger Hochschule, Geheimrat Ostoff, ist jetzt der greise Mommsen auf den Plan getreten. Sie alle fordern eine Mauserung der Studenten. Nicht etwa, als ob man fordern wollte, die Jugend solle zu Griesgramen werden. Fröhlichkeit und Ungebundenheit sollen weiter die Vorrechte des akademischen Bürgers sein. Aber Freude an der Fröhlichkeit bedeutet nicht aufgehen in ihr. Und die Vorbereitung für die Berufsarbeit braucht nicht in eitler Streberei zu bestehen. Es gibt auch heute noch Ideale, die des Studenten würdig sind. An die Stelle der politischen Ideale früherer Zeiten sind die sozialen Probleme getreten, die heute zur Stellungnahme herausfordern. Für sie mag sich der Student begeistern und in den Kampf eintreten, damit das Studententum zu neuer Blüte wiedererwachen kann.

Es lag an einer Kleinigkeit.

Bertha: „Weißt du, Karl, wenn der Apfel, den Eva dem Adam angeboten hat, madig gewesen wäre, dann hätte ihn Adam gewiß nicht gegessen, und wir wären noch alle im Paradies.“

Der Aufstand der Hereros in Süd-West-Afrika.

Herero-Familie.

Der Aufstand der Hereros in Deutsch-Südwestafrika, der erst eine kleine, leicht zu bekämpfende Rebellion zu sein schien, hat sich als eine große und erbitterte Erhebung erwiesen, die der deutschen Herrschaft in Südwestafrika ein Ende bereiten möchte. Die Reichsregierung hat darum keinen Moment gezaudert und den Lloyd-Dampfer „Darmstadt" mit einem ansehnlichen Expeditionskorps an Bord nach den bedrohten Kolonien geschickt. Was die Ursache des blutigen Aufstandes betrifft, so soll er hauptsächlich durch die Erbitterung der Eingeborenen gegen die deutschen Händler, die ausstehende Schulden mit großer Energie eintrieben, entstanden sein. Schon seit längerer Zeit wurden die Hereros durch portugiesische Händler mit Gewehren und Munition versorgt, und auch von Deutschen sollen Waffen an die Eingeborenen verkauft worden sein. Das ganze Volk der Hereros, das infolge unsinniger Viehwirtschaft und Verschuldung in fortschreitender Verarmung begriffen ist, zählt etwa 100 000 Seelen, also die Hälfte der 200 000 Einwohner von ganz Deutsch-Südwestafrika. Auf die Deutschen entfallen etwa 2500 Seelen, während die Gesamtzahl der ansässigen Weißen an 4000 beträgt. Die Hereros haben das Übergewicht über die anderen Eingeborenen, die bei einer allgemeinen Erhebung natürlich mit ihnen gemeinsame

Sache machen werden. Seit der Gründung des deutschen Schutzgebietes im Jahr 1884 hat es schon blutige Kämpfe genug gegeben. Der bedeutendste Unruhestifter im ganzen Gebiet war in den neunziger Jahren der Hottentottenhäuptling Witboi im Namaland, der trotz wiederholter Niederlagen stets neue Raubzüge unternahm. Nach vielen Bemühungen des Majors v. François gelang es erst Major Leutwein, Witbois Macht zu brechen. 1896 mußte eine Empörung der Hereros und Hottentotten blutig niedergeschlagen werden; seit dem Feldzug gegen die Zwartbooi-Hottentotten 1897/98 war jedoch Ruhe im ganzen Gebiet, mit der es nun wieder vorbei ist. Die Hereros haben sich in den letzten Jahren eine gewisse Halbkultur angeeignet und zeigen weniger den krassen Negertypus als die unter ihnen lebenden Bergdamara. Ein Typus des Hererostammes ist der Grootmann Banjo, den unsere Abbildung zeigt. Fast völlig nackt, mit Ketten und Zaubermitteln behängt, sitzt er da und läßt sich bewundern, denn für den Kaffern ist der Begriff des Reichtums nur mit körperlicher Fülle verbunden, die für wenig Arbeit und viel Essen spricht. Die Hererofrauen tragen geschmeidig gegerbte Felle; die Verheirateten sind durch einen fledermausartigen Kopfputz kenntlich, der aus Lederstücken zusammengesetzt ist.

Ein Transport gefangener Hereros mit der Eisenbahn durch das Khangebirge.

Elegante Toilette aus schwarz-weiß-kariertem Tuch
in weich gezogener, moderner Form. Modell Gerson.

NEUE MODEN

Weitbauschig und faltig und geradezu überladen mit Garnierungen, präsentiert sich die Mode dieser Saison, unter deren Stoffülle die Linien der Figur fast ganz verschwinden. Sie ist eigentlich ein Wiederaufleben längst vergangener Epochen mit mehr oder weniger glücklichen Variationen. Die malerischen Moden Ludwigs XVI. und der Directoire-Zeit kommen heute wieder zu neuen Ehren, und an Stelle der schlanken Silhouette, an die wir seit einigen Jahren gewöhnt waren, treten andere breitere Formen. Die schleppenden, weichen, schmiegsamen Gewänder, welche die Mode noch bis vor kurzem bevorzugte, haben sich plötzlich in das grade Gegenteil verwandelt. Alles ist steif und starr – verschnörkelt und verkünstelt; der Grundstoff des Kleides weist kaum eine glatte Fläche auf, derart ist er mit Plissees, Volants, Rüschen, Krausen und Bauschen überladen. Die Zeit der sanft abfallenden Schulterlinie und der blusigen Taille, die in einem schmalen, graziösen Gürtel endigt, ist endgültig vorbei. Schinkenkeulenärmel, an der Schulter von großer, abstehender, übermäßiger Weite, hohe gefaltete Miedergürtel, die der „Wespentaille“ wieder zu neuen Ehren verhelfen, Wickeltaillen und krausgezogene Bauernröcke triumphieren!

Zugunsten der schlanken Taille scheint auch für die Straße und besonders für ganze Jackettkostüme der lange Redingote oder Paletot Directoire vorzuherrschen, der meist aus Tuch oder Samt, teilweise sogar aus Pelz gearbeitet, einen sehr langen Schoß zeigt. Abend- und Ballmäntel weisen dagegen einen völlig gegenteiligen Schnitt auf. Sie sind womöglich noch weiter und faltiger geworden als im Vorjahr und stellen vielfach eine Art doppeltes, zipfelig geschnittenes Cape dar, das die große Armöffnung geschickt verdeckt und die reiche Garnierung der Taillen möglichst schont. Die havelock- und capeartigen Schnitte, mit mehr oder weniger komplizierten Ärmeln und Pelerinen, sind überhaupt die augenblickliche Mode für lange, faltige Mäntel. Seidige Tressen, Stickereien, Applikationen und schöne Knöpfe bilden die Garnierung, weiche Damast- oder Duchesseseide das Futter. Auch aus pelzähnlichen Plüschen hergestellt, chinchilla-, astrachan-, persianer- oder breitschwanzähnlich, wirken diese wärmenden Hüllen sehr elegant. Besonders eine Imitation des Breitschwanz-Pelzes, die unter der Bezeichnung „Caracul“ dem beinahe unbezahlbaren Breitschwanz sehr ähnlich hergestellt wird, verarbeitet man zu ganzen Roben mit langem, weitem, aber glattem Rock, langer Schoßjacke oder kurzem Bolero. Als einzige Garnierung wirken eine gestickte altgrüne Samtweste oder eine aus weißem Leder, bunt appliziert, und einige schön ziselierte Knöpfe sehr apart und hübsch.

Zu eleganten, garnierten Toiletten bevorzugt die Mode ausschließlich schmiegsamen, seidigen Tuchstoff, weichen Velours-Samt und starre Seide, hauptsächlich Taft. Für das eigentliche Straßenkostüm,

„robe trotteuse", wie der Franzose sagt, ist sogar kleinkarierter Samt in Weiß und Mordoré gemustert eine große Neuheit. Große Mengen schöner Spitzen, plissierte Chiffons, reiche Stickereien, Passementerien und kostbare Knöpfe sind zur Garnierung aller modernen Kleider unerläßlich und passen sich den weichen, feinen Farbentönen der modernen Stoffe überaus günstig an. Grün in allen Nuancen und Braun in allen nur möglichen Tönen, vom sanften Mordoré in ausgesprochenes Gelb übergehend, von der Mode coq de roche getauft, sind die Hauptfarben dieser Saison. Phantastisch wie unsere ganze heutige Mode mit den faltigen Mänteln und bauschenden Kleidern sind auch unsere modernen Hüte. Himmelanstürmende Formen mit aufgeschlagener, reichgarnierter Krempe sind neben den ebenfalls sehr modernen Directoirehüten mit hohem, etwas spitzem Kopf und langen Bindebändern die bevorzugtesten winterlichen Kopfbedeckungen. Federn, ganze Vögel und lang wallende Paradiesreiher bilden die kleidsame Garnierung.

Alice Cuno

Elegante Besuchs- und Gesellschaftstoilette.

Straßenkleid schwarz-weiß-kariert in Wolle.

Der Zar bei einer Truppenmusterung.

„Lang lebe der Zar!“ Morgengruß der Mannschaft.
Nach einer Photographie von K. O. Bulla, St. Petersburg.

Der große Frauenkongreß in Berlin

vom 13.—18. Juni 1904.

Von Adele Schreiber.

Der gegenwärtig in Berlin tagende Weltfrauenbund ist die größte Organisation der Welt. Er vertritt 7 bis 8 Millionen Frauen des ganzen Erdkreises, von Kanada bis Schweden, von Holland bis Neuseeland, von Finnland bis Argentinien. Er wurde anläßlich des Internationalen Frauenkongresses in Chicago 1893 begründet, und es ist sein Zweck, die nationalen Frauenverbände der ganzen Welt in einer Zentralorganisation zusammenzufassen, die alle fünf Jahre ihre Generalversammlung abhält. An der Spitze des Weltbundes steht gegenwärtig Mrs. Wright-Sewall, die augenblickliche Schatzmeisterin ist Frl. Helene Lange, Berlin. Selbstverständlich kann der Weltfrauenbund nur solche Programmpunkte aufstellen, die allgemein Menschliches betreffen und für alle Länder in Betracht kommen, gleichviel welchen Stand die Gesamtkultur und speziell die Kultur der Frau in den verschiedenen Ländern

Lady Aberdeen,
die Frauenrechtlerin aus London.

Lady Battersea, London. Ihr Thema
auf dem Kongreß: „Gefangenenfürsorge“.

Bertha Baronin von Suttner, Berlin.
Vorkämpferin für die Weltfriedensidee.

erreicht hat. So sind denn die Hauptpunkte die Ausgestaltung der rechtlichen Stellung der Frau als Gattin und Mutter und das Eintreten für die Friedensbestrebungen. Die einzelnen Nationalverbände aber, die dem Bund angehören, haben natürlich ihrerseits die verschiedensten, den Bedürfnissen ihrer Länder angepaßten Arbeitsgebiete. Der Berliner Internationale Frauenkongreß ist keine direkt vom Frauenweltbund ausgehende Veranstaltung, es steht vielmehr dem National-Bund jenes Landes, wo die Generalversammlung stattfindet, frei, aus diesem Anlaß einen Internationalen Kongreß einzuberufen. Selbstverständlich aber wird die Anwesenheit so vieler interessanter Gäste benützt, um auch dem großen Publikum ein Bild vom Frauenstreben der ganzen Erde zu geben, und so berief der Bund deutscher Frauen-Vereine, an dessen Spitze Frau Marie Stritt, Dresden, steht, diesen Kongreß ein. Das komplizierte lokale Arrangement hat ein vielgliedriges Lokal-Komitee unter dem Vorsitz von Frau Hedwig Hehyl übernommen. Das überreiche Programm der Veranstaltung enthält ohne die unvorhergesehenen Diskussionsrednerinnen 274 Referate und Korreferate für eine sechstägige Tagesordnung. Kein wichtiges Gebiet, zu dem die Frauen in irgendeiner Beziehung stehen, sollte vernachlässigt werden, aber da solch eine Materialfülle sonst einen vollen Monat beanspruchen würde, sind 4 gleichzeitig tagende Sektionen gebildet worden. Die erste Sektion, unter dem Vorsitz von Helene Lange und Gertrud Bäumer, behandelt die Frauenbildung vom Kindergarten bis zum Universitätsstudium; von den Referaten können unter anderen als besonders interessant bezeichnet werden das der Lady Aberdeen, der Vorsitzenden des letzten Londoner Kongresses über die Frau als soziale Erzieherin, und von Mrs. Wright-Sewall über die körperliche Erziehung der Mädchen in den Vereinigten Staaten. Die zweite Sektion unter dem Vorsitz von Alice Salomon und Else Lüders ist dem Frauenerwerb und Frauenberufen gewidmet. Über die Frau in der Landwirtschaft spricht daselbst die Gräfin Warwick, die Vorsitzende der Londoner landwirtschaftlichen Gesellschaft, von besonderer Eigenart dürfte der Vortrag einer Negerin Mrs. Mary Church-Terrell, der Ehrenpräsidentin des Nationalvereins farbiger Frauen, über die farbigen Dienstboten sein. Mrs. Terrell ist Professorin an einer Mädchenschule und eine ausgezeichnete Rednerin. Erwähnt seien noch Mrs. Smith Merrill Horne, eine Mormonin aus Salt Lake City, die im Reichstag von Utah Abgeordnete war, und die ausgezeichnete Predigerin Reverend Anna Shaw, die auch wohl als erste Frau in

Deutschland auf der Kanzel erscheinen wird, um in der englischen Kirche am Nollendorfplatz zu predigen. In der dritten Sektion für soziale Einrichtungen und Bestrebungen (Vorsitzende Frau Anna Edinger und Frau Katharina Scheven) sei besonders verwiesen auf die Verhandlungen über Armen-, Kranken- und Kinderfürsorge und auf die Bestrebungen zur Hebung der Sittlichkeit, zu welch letzteren Anna Pappritz nebst vielen bemerkenswerten Ausländerinnen das Wort ergreifen wird. Über Gefangenenfürsorge wird unter anderen Lady Battersea, London, über Alkoholbekämpfung Frau Alli Trigg-Helenius, Finnland, über Arbeiterinnenorganisation Frau Marie Lang, Wien, über Settlements Mrs. Alfred Booth, Liverpool, sprechen. In der vierten Sektion für die rechtliche Stellung der Frau, geleitet von Olga von Beschwitz, Dresden, und Dr. Elisabeth Gottheiner, Berlin, werden mehrere in- und ausländische Juristinnen zu Worte kommen. Die Verhandlungstage sind dem Eherecht, dem Elternrecht, der Stellung der unehelichen Mutter und der Vormundschaft, dem Arbeiterinnenschutz, der Alters- und Invalidenversicherung, den Frauen in kommunalen Ämtern und schließlich dem kommunalen, kirchlichen und politischen Wahlrecht der Frau gewidmet. Neben diesen Sektionssitzungen finden große Abendversammlungen statt, deren Themata sind: der Stand der Frauenbewegung in den

Lady Warwick, London. Ihr Anliegen: „Die Frau in der Landwirtschaft.“

Kulturländern; Frauenlöhne; das Verhältnis der Frauenbewegung zu den politischen und konfessionellen Parteien; Frauenstimmrecht, Grundlagen und Ziele der Frauenbewegung. An diesem letzten Abend spricht die Amerikanerin Charlotte Perkins Gilman, eine der interessantesten Frauen der ganzen Bewegung. Sie hat in ihrem bekannten Buch „Women and Economics" eine neue Theorie aufgestellt, deren Grundlage lautet: Die Menschen sind die einzige tierische Spezies, in welcher das Weib in bezug auf seine Ernährung auf den Mann angewiesen, also durch ihre geschlechtlichen Beziehungen auch wirtschaftlich abhängig ist. In ihrem Vortrag wird Mrs. Perkins-Gilman die Wege zeigen, wie dieses Übel, das nach ihrer Ansicht nicht in der Natur, sondern in willkürlich geschaffenen Zuständen beruht, beseitigt werden kann. Über die Lage der Heimarbeiterinnen wird u. a. Frau Watson-Lister aus Viktoria (Australien) sprechen, über „Die Frau in Handel und Verkehr" Frl. Eva van Roy, Frau Constance Hoster (England) und die Dänin Frau Austrid Paluden-Müller. Zu dem Thema „Die Bahn-, Post- und Telegraphen-Beamtinnen" haben sich Fräulein Karoline Gronemann aus Österreich und Frl. Dr. Käthe Schirmacher (Paris) zu Wort gemeldet. Sehr viele Rednerinnen, in der Mehrzahl Amerikanerinnen, haben sich für das Thema „Kunst, Kunstgewerbe und Literatur" vormerken lassen. An den Debatten über wissenschaftliche Berufe werden teilnehmen: Frl. Dr. med. Agnes Bluhm, Frl. Dr. Emma Mensch, Frau Alphen Salvador (Frankreich), Reverend Anna Shaw (Ver. Staaten), Frau Gordon (Schottland), Frau Dr. Ellen Sandelin (Schweden) und Frl. Dr. Franziska Tiburtius.

Der Kongreß, der sehr verschiedene Richtungen und Anschauungen zur Sprache bringt, wird gewiß oftmals zu bewegten Auseinandersetzungen führen. Die Aufnahme aber, welche den Frauen von allen Seiten, auch von der Stadt Berlin, die sie zu einer besonderen Festlichkeit geladen hat, zuteil wird, und die eingehende Beachtung, die der Kongreß bei der gesamten Presse findet, zeigen, daß die Frauenbewegung als eine ernste, soziale Erscheinung erfaßt worden ist. Die letzten Endziele vermögen wir noch nicht zu erkennen, die Bewegung aber könnte unmöglich eine solche Lebenskraft beweisen, beruhte sie nicht auf einer wirtschaftlichen und moralischen Notwendigkeit, wäre sie nicht unerläßlich für den Kulturfortschritt der Menschheit.

Russische Studenten in Paris

von Karl Eugen Schmidt

Die in Paris lebenden Russen bilden, von den überall verstreuten Leuten abgesehen, drei Gruppen. Da sind erstens die reichen Leute, die alle zum mindesten den Fürstentitel tragen, im Viertel der Champs-Élysées wohnen, im Bois de Boulogne herumkutschieren, keinen festlichen Gottesdienst in der russischen Kirche der Rue Daru versäumen, die großen Ereignisse der Pferderennen, die Premieren und überhaupt alle diese Vergnügungen des Tout Paris mitmachen und von dem Volk von Paris zu den ausländischen „Rastas" gezählt werden. Die zweite Gruppe besteht aus den Künstlern. Früher waren sie zahlreicher als jetzt. Wie es scheint, gibt man in Rußland jetzt keine Stipendien mehr zur Reise und zum Aufenthalt in Paris. Die Freundschaft zwischen beiden Nationen hat sich in den letzten fünf Jahren erheblich abgekühlt, und das mag der Grund sein, daß keine jungen Künstler mehr zum Studium nach Paris geschickt werden, wo sie auf Staatskosten die Akademie Julian besuchten. Sie sind also weniger geworden, aber es gibt immer noch russische Künstler genug in Paris, um das Bestehen einer russischen Künstlervereinigung und das Abhalten einer alljährlichen Ausstellung in den Räumen dieser Vereinigung zu ermöglichen. Die dritte Gruppe endlich wird von den Studenten gebildet.

Die russischen Studenten in Paris sind fast durch die Bank Proletarier. Es gibt Ausnahmen, aber sie verschwinden in der großen Mehrzahl. Die allermeisten Studenten leben ein Jahr von dem, was ein Landsmann von der Rastasorte an einem Abend ausgibt. Sie wohnen zudem in den elendesten Stuben hinter der Montagne St. Geneviève, in Häusern, die außerdem nur von den allerärmsten Leuten bewohnt werden. Das Viertel der russischen Studenten ist zugleich das Viertel der Lumpensammler von Paris, und oft ist der Lumpensammler reicher als sein Nachbar, der Student. Oft wohnt neben einer russischen Studentin eine Dirne der untersten Stufe, und kein Pariser Arbeiter würde sich mit der Kost des russischen

Studenten begnügen. Und auch kein französischer Student würde das tun, sowenig wie eine französische Studentin sich jemals all den Entbehrungen unterziehen würde, die von ihrer russischen Kameradin mit frohem Mut getragen werden. Nirgends kann man den Unterschied zwischen dem slawischen und dem gallischen Charakter besser wahrnehmen als bei den russischen Studenten und besonders bei den Studentinnen in Paris. Die Französin, der es so erbärmlich ginge wie der Russin, würde sich erstens für sehr unglücklich halten und würde zweitens auf dem Wege, der ihr am natürlichsten schiene, eine Erwerbsquelle suchen und finden. Die Stärke der Russin liegt eben darin, daß sie den Mangel an Putz überhaupt nicht verspürt; sie merkt es gar nicht, ob sie nett oder auch nur sauber angekleidet ist. Die Französin aber merkt vor allen Dingen nur dieses und würde lieber, weit lieber hungern, als auf hübsches Aussehen verzichten. Sie sucht eben fast ihr ganzes Vergnügen in äußerlichen Dingen, während die Slawin es in ihrem Innern findet. Den jungen Männern geht es ebenso wie ihren Kameradinnen. Beide Geschlechter leben nebeneinander, als ob es überhaupt keinen Unterschied gäbe. Für den Franzosen ist alles dies ein unlösbares

Typus eines russischen Studenten.

Im russischen Restaurant in der Rue Berthollet.

Rätsel. Der russische Student und ebenso die Studentin kommen ihm wie unheimliche Wesen vor, mit denen er nicht in wärmere Beziehungen kommen kann. Aus diesem Grund verkehren die französischen Studenten durchaus nicht mit ihren russischen Kameraden, und diese bilden einen eignen Staat im Quartier Latin, sie haben ihre eignen Restaurants, wo nur russisch gesprochen, gekocht und gegessen wird, sie wohnen in gewissen Straßen unter sich und sehen von den Franzosen nur dann etwas, wenn sie sie im Spital oder im Kolleg treffen.

Von den dreitausend russischen Studenten in Paris sind wohl zweitausend Juden, und vierhundert sind weiblichen Geschlechts. Die meisten studieren Medizin, andere Rechtswissenschaften oder Philologie. Sie sind nicht etwa alle überzeugte oder tätige Revolutionäre. Dies trifft nur auf eine ganz kleine Minorität zu. Die allermeisten von ihnen wollen nach Beendung ihrer Studien in die Heimat zurückkehren und hüten sich daher ängstlich, sich irgendwie politisch zu kompromittieren. Denn sie wissen sehr gut, daß sie scharf überwacht werden. Sie kennen den Polizeichef, dem diese Aufgabe obliegt, und von Zeit zu Zeit entdecken sie in ihrer Mitte einen Spitzel, der sie aushorcht, um sie zu verraten. Ein Student sagte mir, daß mindestens 10 Prozent seiner Kameraden mit der Polizei in Verbindung ständen. Das Bewußtsein dieser beständigen Überwachung gibt dem russischen Studenten etwas Gedrücktes, Mißtrauisches, Beobachtendes.

Der in Paris studierende russische Proletarier lebt von dem Zuschuß aus der Heimat.

„Ach Gott, Theophil, wir haben ja die beiden Blumentöpfe für Tante Aurelie vergessen." – „Beruhige dich, ich habe daran gedacht, sie stehen unter den Oleanderbüschen auf deinem Hut."
Zeichnung von G. Mühlen-Schulte

Die französische Tänzerin Mata Hari in ihrem Kostüm
einer Hindu-Prinzessin.

Die Krönung in Belgrad.

Kanonenschüsse verkündeten in früher Morgenstunde den Belgradern den Beginn des historischen Ereignisses, der Krönung des ersten serbischen Königs aus der Dynastie Karageorgevies. Die Krönungsfeier verlief ohne Störungen. Die Absperrungen in den Straßen, die der Krönungszug zu passieren hatte, waren aus Furcht vor Attentaten streng, man hatte Soldaten-Spaliere gezogen und die Haus-Eigentümer für die Mieter ihrer Fenster verantwortlich gemacht. Um 8 Uhr früh ritt der König in scharlachroter Generalsuniform auf einem Schimmel vom Konak in die Kathedrale, wo ihn der Metropolit mit der Geistlichkeit, die Minister und Staatswürdenträger und das fremde diplomatische Korps erwarteten. König Peter sah bleich und angegriffen aus. In der Kirche wurden die vorgeschriebenen Zeremonien abgehalten. König Peter setzte sich die vom Metropoliten gereichte Krone selbst aufs Haupt und unterzeichnete dann die Krönungsurkunde. Um 11 Uhr war die Feier beendet, und der Festzug bewegte sich zum königlichen Palais zurück. Der König ritt in vollem Ornat, sein Pferd wurde von zwei Offizieren geführt und der Krönungsmantel von vier Kadetten gehalten. Hinter dem König ritten der Erbprinz Danilo von Montenegro mit den beiden Söhnen Peters, dann folgten Staatswürdenträger und im Wagen Prinzessin Jutta von Montenegro und Prinzessin Helene, die Tochter König Peters. In den Straßen Belgrads staute sich die Menge und brach beim Herannahen des Zuges in laute Zivio-Rufe aus. Unter den Zuschauern konnte man prächtige Bauerntypen in ihren malerischen Kostümen sehen. Das Landvolk war zum Teil von weither herbeigeeilt, denn der Serbe liebt ein farbenreiches Schauspiel. ☛ (s. S. 396)

BILDER VOM TAGE

Vom Russisch-Japanischen Krieg: Auf dem Feld gefundene russische Soldaten werden zur Verbandsstation geführt.

Von der russischen Zensur freigegebenes Photo, welches die Greuel des mandschurischen Feldzuges illustriert.

»Großer Kaiser, verzeiht!«

(General Stössels Worte an Kaiser Nikolaus nach der Übergabe von Port Arthur.)

Großer Kaiser, verzeiht!
Monate haben wir wacker gerungen,
Aufrecht in Sturm und Streit,
Aufrecht und unbezwungen!
Fauchend sausten Granaten hernieder,
Bissen nach Tausenden unserer Brüder,
Ließen den Tod durch die Gassen tanzen –
Aber wir trotzten in Schutt und Schanzen –
Großer Kaiser, verzeiht!

Großer Kaiser, verzeiht!
Nicht aus der Höhe nur sprühte das Feuer,
Auch aus der Tiefe breit
Brach es durch Land und Gemäuer.
Wir Offiziere und wir Soldaten
Schliefen auf Minen und unter Granaten.
Und noch ein anderer war zur Stelle:
Hunger, der würgende, hagre Geselle!
Großer Kaiser, verzeiht!

Großer Kaiser, verzeiht!
Sollten die letzten sich auch noch legen
Leichen an Leichen gereiht? –
Siehe, wir senkten den Degen,
Siehe, wir wollten dem Tode entrinnen,
Aber gelingt es? Wer führt uns von hinnen?
Mors imperator, dem Größten von allen
Bleiben wir Siechen und Wunden verfallen.
Großer Kaiser, verzeiht!

Georg Martell

☞ (s. S. 396)

Vom Einzug der Kronprinzessin in Berlin

Der prunkvolle Galawagen auf dem Wege
durch die Feststraße „Unter den Linden".

Berlin hat eine ebenso schöne wie anstrengende Festwoche hinter sich: die Hochzeitstage des Kronprinzen Wilhelm und der Kronprinzessin Cecilie. Berlins Einwohnerzahl schien verdoppelt und verdreifacht zu sein, im Umkreis der Feststraße Unter den Linden gab es ein tagelanges Drängen und Stauen der hin und her flanierenden Abertausenden von Neugierigen, die im heißen Sonnenschein dieses tropischen Spätfrühlings unermüdlich waren im Anschauen der geschmückten Straßen, der Galawagen mit den hellgekleideten Fürstinnen, Hofdamen, deutschen und fremdländischen Fürsten, französischen, russischen, österreichischen und japanischen Offizieren, von denen die letzteren überall, wo sie sich zeigten, vom Publikum mit Hochrufen begrüßt wurden. Der drangvollste und schönste Tag war der Sonnabend, an dem die Braut des Kronprinzen im goldenen Galawagen eingeholt wurde. Um fünf Uhr nachmittags erfolgte der prunkvolle Einzug, aber schon vom frühesten Morgen an kampierte das Publikum längs des Zuges der Feststraße. Ungefähr um fünf Uhr verließ der Festzug das Schloß Bellevue und passierte die Spaliere von 6000 Schulkindern und allerlei Vereinen. Vierzig Postillone ritten voraus und bliesen „Wir winden Dir den Jungfernkranz", dann kam ein Musikkorps in der alten Tracht der Bayreuther Dragoner und hinter ihnen die Berliner Schlächtermeister zu Pferde. Eine Schwadron des Gardedragonerregiments mit Musik schloß sich daran, dann der Troß der Stallmeister, Hofbeamten, Pikeure und nun erst drei sechsspännige Galakutschen, denen der goldstrotzende, achtspännige Galawagen der Braut folgte. Nach der Begrüßung durch den Oberbürgermeister wurde die Fahrt unter dem Donner der Kanonen ins Schloß fortgesetzt. Am nächsten Morgen, Sonntag, konnten die schaulustigen Berliner den Kirchgang der Fürstlichkeiten bewundern und am Abend den Fackelzug der Studenten vor dem königlichen Schloß.

Aus Theater & Variete.

Die 4½jährige Angelika Walter, die im Berliner Passage-Theater als Sängerin auftritt und das Publikum durch ihre Grazie und ihre schauspielerische Gewandtheit verblüfft.

Ein neues Wunderkind entzückt seit einiger Zeit allabendlich die Besucher des Berliner Passage-Theaters: Es ist ein kleines, zartgebautes, blondes Mädchen, die 4½jährige Angelika Walter, die mit der Grazie und der Sicherheit einer geschulten Soubrette dem Publikum ihre drolligen Liedchen zum besten gibt. Die junge Brettl-Künstlerin entstammt einer Frankfurter Malerfamilie und hat bereits einen gründlichen Gesangsunterricht am Brüsseler Konservatorium genossen. Ihrem Auftreten auf einer Varietébühne wurden anfänglich von der Berliner Polizei Schwierigkeiten in den Weg gelegt, und erst nachdem sich Hofkapellmeister Josef Sucher für die junge Künstlerin verwandt hatte, wurde ihr das Auftreten gestattet.

Mit jedem Tag kommt neues Leben in das Berliner Theaterleben, und bald wird die Saison in vollem Gange sein. Nun hat auch mit der Eröffnung des Wintergartens, zu der die Direktoren aller großen Varietébühnen Deutschlands und Österreichs herbeigeeilt waren, die neue Saison für das Varieté begonnen. Als Glanzpunkt seines Programms hat der Wintergarten die bekannte Phantasietänzerin Loïe Fuller engagiert. Inmitten blendender Lichteffekte, die uns durch ihr immerfort wechselndes farbenbuntes Spiel faszinieren, führt Loïe Fuller eine Reihe von Tänzen auf, die Phantasiebilder vorstellen und durch welche die seelische Stimmung der Tänzerin plastisch zum Ausdruck kommen soll. So tanzt sie z. B., indem sie dem Licht entgegenstrebt, den „Tanz der Furcht", während ringsum die Tänzerin die „wandernden Seelen" einherschreiten, die von weißgekleideten Mädchen, deren Häupter phosphoreszieren, dargestellt werden. Und dann zeigt uns Loïe Fuller ihren „Tanz der Hölle", ihren „Tanz der geistig Blinden", der leuchtende Farbenkreis, in dem sie einherschwebt, wirkt auf uns ein, und die phantastischen Tänze selbst üben einen starken Eindruck. Die meisten Berliner Theater haben schon mit ihren Vorstellungen begonnen, heben aber ihre „Sensationen" für später auf.

Phase aus dem Tanz der Loïe Fuller,
die berühmte Serpentintänzerin,
die gegenwärtig im Berliner Wintergarten
auftritt.

Bilder vom Tage

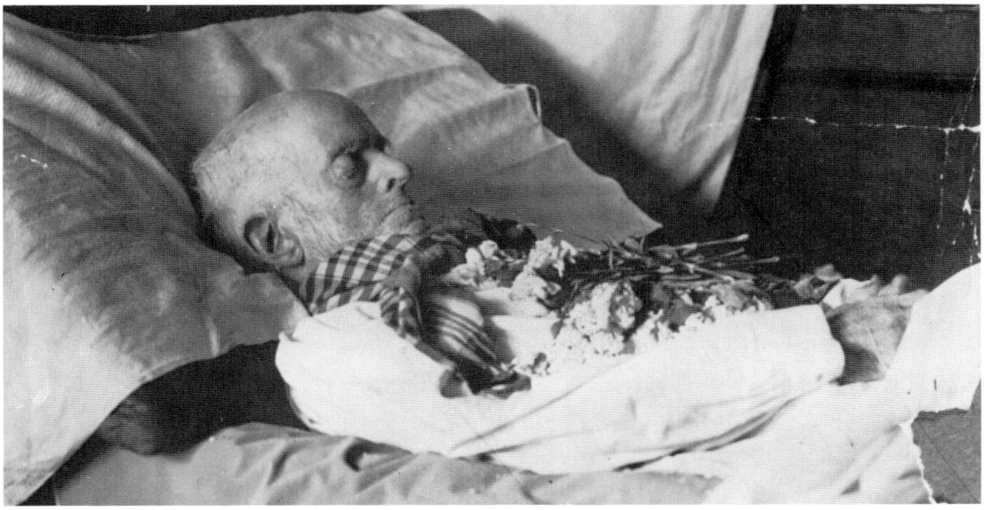

Der Maler und Graphiker Adolph von Menzel auf dem Totenbett.

Die russische Revolution: der Führer der Aufständischen, Matsuschenko, nach der Übergabe des Panzerkreuzers „Potemkin" an die russische Regierung.

Fürstenbegegnung im hohen Norden.

Wilhelm II. begrüßt König Haakon von Norwegen auf dem Dampfer „Hamburg" vor Drontheim.

Die Zusammenkunft des Kaisers mit König Haakon trug, wie man sieht, einen sehr herzlichen Charakter. Man frühstückte zusammen und machte schöne Ausflüge, und wäre nicht der Trinkspruch der offiziellen Prunktafel gewesen, so hätte man dem Besuch nur mühsam eine sogenannte politische Bedeutung beimessen können. Der Aufenthalt in Drontheim verlief auch für die Begleitung des Kaisers sehr angenehm. Für die deutschen Offiziere fand ein großes Festessen statt, 500 deutsche und norwegische Unteroffiziere und Matrosen waren vom Turnverein zu einem Volksfest eingeladen worden. Am nächsten Tag machte der Kaiser, der auf der Nordlandfahrt den bequemeren Zivil-Anzug der Uniform vorzieht, mit König Haakon einen Ausflug nach dem Fjeldstäter Sanatorium, von dem aus der Rundblick herrlich ist. Unser Bild zeigt den Kaiser mit dem Königspaar auf diesem Ausflug. König Haakon ist erst 33 Jahre alt, sieht aber noch jünger aus. Er ist bekanntlich ein Großneffe König Oskars von Schweden, der Schwiegersohn König Eduards von England, ein Cousin des Zaren, also fast mit allen Herrschern Europas verwandt. Mit dem deutschen Kaiser hat er die Liebe zur See gemein. Von früher Jugend an bis zu seiner Verheiratung hatte er sich der Marine gewidmet und war überall unter dem Namen „Der Seemannsprinz" bekannt. Er hat auch weite Seereisen unternommen. Seine Eltern, das dänische Königspaar, gehören zu den reichsten Fürsten Europas, denn seine Mutter erbte ein Vermögen von über 60 Millionen Mark. Königin Maud spricht englisch, deutsch, schwedisch, norwegisch, französisch und russisch, hat eine große Vorliebe für Tiere und hält sich besonders Pferde und Hunde. An dem Ausflug konnte sie noch teilnehmen, mußte aber der darauffolgenden Galatafel an Bord der „Hamburg" fernbleiben, weil sie an den Folgen einer leichten Erkältung litt. Am nächsten Morgen fuhr der Kaiser nach Tromsö weiter.

☛ (s. S. 396)

Im Zeichen der Luftschiffahrt

Der große Ballon-Wettflug in Tegel bei Berlin.

Liebes-Affären.

Miß Marion Draughn.

Marie Sulzer, Baronin Liebenberg.

Zwei Liebesaffären, die in London und Berlin spielten, sind in letzter Zeit in der Presse viel erörtert worden. In beiden Fällen handelt es sich um Schauspielerinnen, die weniger durch ihre Kunst, als durch ihre Schönheit und Eleganz bekannt waren. In die Berliner Affäre war der Name des Prinzen Joachim Albrecht von Preußen verwickelt. Der Prinz, der in Kreisen der Berliner Lebewelt sehr bekannt ist, stand in Beziehungen zu der eleganten Schauspielerin Marie Sulzer, die durch Verheiratung mit einem österreichischen Adligen, Baron Liebenberg, sich den Baroninnentitel verschaffte, um auf diese Weise leichter in die Gesellschaftskreise ihres prinzlichen Freundes Eingang zu finden. Nach Abschluß der Scheinheirat entstanden aber Schwierigkeiten, die den unerquicklichen Handel in die Öffentlichkeit brachten. Prinz Joachim Albrecht wurde plötzlich nach Südwestafrika versetzt, was man mit dieser Affäre in Verbindung gebracht hat. – Die zweite Affäre ist deutsch-englisch. Vor den Londoner Gerichten wurde ein interessanter Prozeß wegen Bruchs des Eheversprechens verhandelt. Die Londoner Schauspielerin Marion Draughn klagte gegen Heinrich Thyssen, den Sohn des bekannten rheinischen Großindustriellen.

Der Vater des Automobilismus.

Die Enthüllung des Mercedes-Denkmals vor der Halensee-Brücke in Berlin-Halensee ist ohne den Pomp vor sich gegangen, den man sonst bei Berliner Denkmalsenthüllungen gewohnt ist. Kein riesiges Militär- und Schutzmann-Aufgebot, nur eine einfache würdige Feier der immer größer werdenden Automobilisten-Gemeinde, die dem „Vater" und Förderer ihres Sports, dem unvergeßlichen Mercedes sen., dieses Denkmal errichtet hat. Der Entwurf des Monuments stammt von dem Bildhauer M. Meyer-Pyritz in Steglitz. Schlicht und einfach und doch wuchtig und monumental in ihrer ruhigen Würde steht die Figur des großen Automobilisten auf dem fast schmucklosen Sockel. Der Künstler hat auf jede Pose verzichtet und den greisen Mercedes so dargestellt, wie ihn jeder Automobilist kannte: in seinen dicken Pelz gehüllt mit Brille und Mütze zur fröhlichen Tourenfahrt gerüstet. Besonders glücklich ist der Platz gewählt; die Halensee-Brücke mit ihrer Eisenkonstruktion bietet einen wirksamen Hintergrund für das Denkmal, von dessen Höhe nun der alte Mercedes auf die vorbeisausenden Autos herabschauen wird. Der Enthüllungsfeier wohnte der Kronprinz bei, ferner fast sämtliche Mitglieder des Kaiserlichen Automobil-Klubs und die zahlreichen Vertreter der deutschen und ausländischen automobilistischen Vereinigungen. Der Sekretär des englischen Automobil-Klubs, Lord Joker, hielt nach der Enthüllung eine Ansprache, und der Herzog von Estragon legte namens des Königs von Spanien einen Kranz nieder. An die Feier schloß sich ein Festmahl im Palais des Kaiserlichen Automobil-Klubs am Leipziger Platz.

Junge Frau: „Meine innere Stimme sagt mir . . .“ – Gatte: „Um Gottes willen, eine innere Stimme hast du auch noch?“

Untersuchungsrichter: „Sie leugnen also, die sechs silbernen Gabeln gestohlen zu haben?“ – Angeklagter (schwerhörig): „Wie?“ – Richter (barsch): „Tun Sie doch Ihre Löffel auf!“ – Angeklagter: „Entschuldigen Sie, es waren Gabeln!“

Redakteur (zum Schriftsteller): „Ihre letzte Liebesgeschichte endet schon wieder am Traualtar; nehmen Sie doch einmal einen weniger tragischen Abschluß!“

Geraldine Farrars Triumph. Die schöne Sängerin inmitten der begeisterten Zuhörer bei ihrem Berliner Abschiedskonzert vor ihrer Reise nach Amerika.
Zeichnung von Ernst Heilemann.

Dichter: „Herr Direktor, mein Stück spielt in Australien.“ – Direktor: „Bitte, lassen Sie es auch dort aufführen!“

A.: „Wegen lumpiger 15 Mark muß ich täglich zu Ihnen kommen!“ – B.: „Na, was kann ich denn dafür, daß Sie mir nicht mehr borgen!“

Schauspieler: „Ich sage dir, wie ich zum ersten Male auftrat, ist die Kasse bald gestürmt worden!“ – Freund: „Die Leute wollten wohl ihr Geld zurückhaben?“

Fräulein: „Sie hatten mir doch bestimmt versprochen, mir für heute ein paar Schweinsohren zu reservieren!“ – Schlächter (grob): „Was nicht geht, geht nicht . . . ich kann sie mir doch nicht selbst vom Kopf schneiden!“

Geck: „Gnädiges Fräulein, wie reizend und anmutsvoll Sie heute wieder sind! Sehen Sie nicht, daß ich ganz weg bin?“ – Dame: „Leider nicht!“

Köchin (zum Gefreiten nach dem Willkommenskuß): „Willem, du betrügst mir; dein Kuß schmeckt nach italienischem Salat – und den haben sie heute drunten bei Geheimrats!“

1. Sonntagsjäger: „Wie können Sie sich über mich lustig machen, Sie haben ja auch einen Treiber angeschossen!“ – 2. Sonntagsjäger: „Allerdings, aber der meine heißt Rehbock!“

Herr X.: „. . . Lieben Sie die Jagd, Herr Wamperl?“ – Rentier Wamperl: „Freilich, freilich, sobald die Hühnerjagd anfängt, eß ich nur noch Rebhühner!“

Schriftsteller: „Denk dir nur, gestern sagt mir der Direktor, daß mein Stück brillant wäre, wenn's nur einen Akt weniger hätte.“ – Kollege: „Ah, ist es ein – Einakter?“

Backfisch (in der Konditorei): „Lieben Sie auch Eis, Herr Leutnant?“ – Leutnant: „Gewiß, wenn Sekt draufsteht!“

Sozialisten-Kongreß in Stuttgart.

Auf der Rednertribüne: Rosa Luxemburg.

Der siebente Internationale Sozialisten-Kongreß hat diesmal in Stuttgart fast vollzählig alle Berühmtheiten der Partei versammelt. Bebel und Singer waren natürlich mit allen ihren Getreuen da, Rosa Luxemburg und Klara Zetkin, dann Jean Jaurès, der berühmte Führer der französischen Sozialisten, und Vaillant, Ferri, der temperamentvolle Italiener, Vandervelde aus Brüssel, Dr. Adler aus Wien, Hyndman und Keir Hardie aus England und viele andere. Sogar Japan und Indien hatten Vertreter entsandt. Vandervelde eröffnete den Kongreß namens des Internationalen Bureaus und erteilte zunächst Bebel das Wort, der von endlosem Beifall begrüßt wurde. Zum Präsidenten des Kongresses wurde dann Singer gewählt. Der Vorstandstisch im großen Saal der Liedertafel und die Rednertribüne waren mit roten Bändern geschmückt. Vor dem Präsidententisch hatte man einen großen Blumenstrauß aus roten Astern und Heckenrosen aufgestellt. Am Sonntagnachmittag wurde ein Massenmeeting auf dem Kannstatter „Wasen“ veranstaltet, das von 40 000–50 000 Personen besucht wurde. Halb Stuttgart war hinausgezogen, die berühmten Sozialistenführer zu sehen und sprechen zu hören. Bei prachtvollem Wetter entwickelte sich auf dem Wiesenplan in der Nähe des Neckarufers ein imposantes Bild. Über dem Festplatz schwebten zwei Fesselballons, in denen die Polizeiwache untergebracht war, die auf diese Weise den ganzen Wiesenplan übersehen konnte. Sechs Rednertribünen, mit rotem Tuch ausgeschlagen und mit den Fahnen der

Vereine und Gewerkschaften drapiert, waren aufgestellt. Einige der Gewerkschaften waren mit Musik angerückt. Franz Mehring fuhr mit einem großen Fotografen-Apparat in einer Droschke von einer Tribüne zur andern und machte Aufnahmen. Während der Rede Jaurès' war sogar ein Kinematograph tätig. Um 6 Uhr war das Riesenmeeting, das in vollster Ruhe verlief, zu Ende, nachdem Jaurès, der Schweizer Greulich, Vandervelde, Ferri, Dr. Viktor Adler, der Russe Rubanowitsch, der temperamentvolle Pole Daszinsky, der Franzose Vaillant und andere gesprochen hatten. Von den ausländischen Rednern hatte Jaurès den größten Erfolg. Sein Temperament, das Feuer seiner Rede, das auch die der französischen Sprache nicht mächtigen Zuhörer an der Kraft seiner Gesten merkten, rissen die Menge mit fort. Jaurès war sofort populär. Als er seine Rede mit einigen deutschen Sätzen schloß, brach die Menge in stürmische Hochrufe aus. Die meisten Ausländer sprachen deutsch, für einige fungierten Karl Kautsky, Eduard Bernstein und Dr. Südekum als Dolmetscher.

Massenmeeting des internationalen Sozialistenkongresses auf den Cannstatter „Wasen" bei Stuttgart. Jean Jaurès, der Führer der französischen Sozialdemokraten.

Ferri, der bekannte italienische Sozialistenführer.

Der König der Könige.

Der Harem des Schahs in Teheran.

Da jeder morgenländische Herrscher in seinem Nachfolger seinen natürlichen Rivalen erblickt, ist Muhammed Ali Mirza, der neue Schah von Persien, während der Regierung seines Vaters wenig hervorgetreten. Er ist 35 Jahre alt. Pierre Lotti hat von ihm einmal eine Schilderung gegeben, in der es heißt: „Muhammed Ali Mirza hat liebenswürdige Manieren, ist zart und fein und spricht mit großer Leichtigkeit französisch. Er hat in Paris gelebt, kleidete sich damals wie ein Pariser, hat sich amüsiert und weiß interessant davon zu erzählen.“ Die Erziehung des neuen Herrschers war eine sehr sorgfältige, europäische Lehrer unterrichteten ihn, und mit der Literatur seines Vaterlandes hat er sich so eingehend beschäftigt, daß er als ihr bester Kenner gilt. Seinem Vater ist er ähnlich durch sein schwerblütiges, nicht besonders energisches Wesen. Vor seinem Regierungsantritt verwaltete er die Provinz Azerbeidjan und residierte in Täbris. Diese Stadt ist der Sitz der einflußreichsten Kaufleute Persiens, die zugleich die Führer der politischen Bewegung sind, die bekanntlich zur Einführung der Verfassung Veranlassung gab. Diese Reformbewegung zielt darauf ab, Persiens Verwaltung zu modernisieren. Der junge Schah wird Gelegenheit finden, zu zeigen, ob er die auf ihn gesetzten Erwartungen erfüllt.

(s. S. 397)

Miss Daisy Irving als Prinzessin in „The Belle of Mayfair“.

LEOPOLD
DER HARTHERZIGE

Eine der seltsamsten Erscheinungen unserer Zeit und unter den gekrönten Häuptern von heute gewiß die eigenartigste ist Leopold II. von Belgien. Das Äußere eines Patriarchen, der Verstand eines amerikanischen Trustmagnaten, das Herz eines mittelalterlichen Despoten. Es scheint, als sei das Selbstgefühl und die Rücksichtslosigkeit des Emporgekommenen, von denen sein Vater ziemlich frei war, der aus einem kleinen Prinzen zum König wurde, erst mit der Verspätung einer Generation im Sohn erwacht. Allerdings hat er das Recht, sich zu beklagen, daß keinem der lebenden Monarchen so wie ihm auf die Finger gesehen wird, daß sein ganzes Tun und Treiben aufgespürt und oft in gehässiger Weise kommentiert werden, daß man ihm mancherlei unterschiebt und vorwirft, was er nie getan hat. Frankreich und England sind ihm feindlich gesinnt, suchen ihn auf jede Weise herabzusetzen und die Fortdauer der Coburger Dynastie in Belgien zu stören. Frankreich rechnet damit, eines Tages das ganze belgische Land einzustekken, das es als einen wertvollen Annex und als eine Sicherung seiner offenen Nordgrenze betrachtet. England aber, das unersättliche, giert schon lange nach dem kostbaren Besitz des Kongogebiets in Afrika, dem König Leopold klug die politische Gestaltung verlieh. Man nimmt es Leopold übel, auch in seinem eigenen Land, daß er Anlehnung und Stütze bei Deutschland sucht, weil in Belgien Sympathie für das republikanische Frankreich herrscht. So überschüttet man den König mit allen möglichen Vorwürfen und verbreitet eine

König Leopold II. von Belgien.

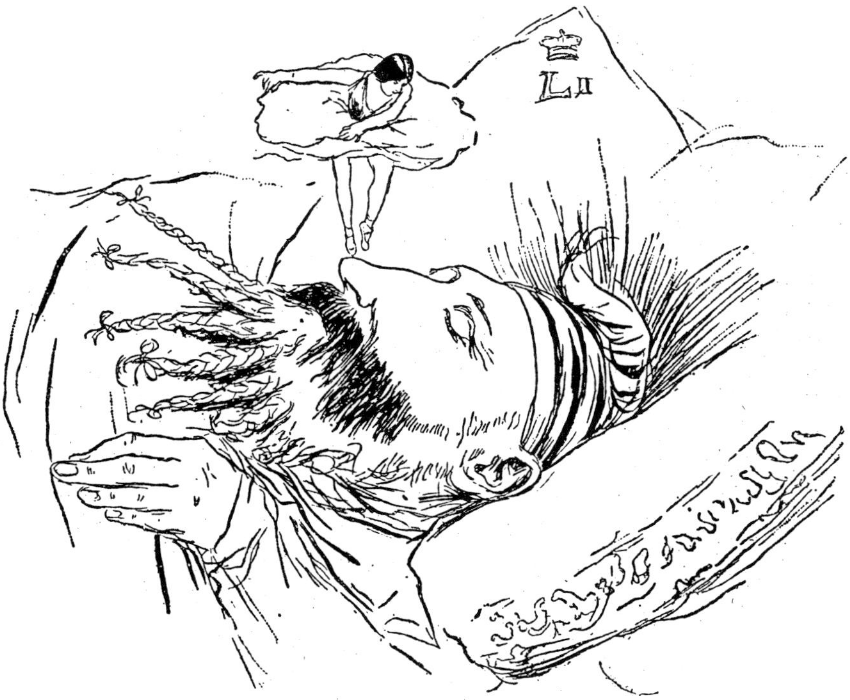

Leopold in der Karikatur: Eines Königs Pariser Wonnetraum.
Zeichnung von Veber, Paris.

unglaubliche Menge Klatsch über seine Person. Dazu gehören seine angeblichen intimen Beziehungen zu der überschlanken Pariser Tänzerin Cleo de Merode, die er in Wirklichkeit nur flüchtig kennengelernt hat. Immerhin hat Leopold viel getan, um sich in der öffentlichen Meinung Europas zu schädigen. Nicht daß er sein Leben in vollen Zügen genießt, nimmt man ihm übel, sondern daß er sich dabei in einer Weise bloßstellt, die der Würde, die er vertritt, ziemlich abträglich ist. Seine hagere Figur mit dem langen, wohlgepflegten weißen Bart ist wohlbekannt auf den Pariser Boulevards, in den Restaurants, die die Lebewelt besucht, er ist Stammgast bei den großen Rennen, in den Spielsälen von Monte Carlo. Das alles wäre noch nicht so schlimm, wenn er nicht mit einer gewissen Gleichgültigkeit auch seine Regierungsgeschäfte dahin verlegte und seine Minister nötigte, die wichtigsten politischen Verhandlungen mit ihm in den Speisezimmern der Boulevardrestaurants zu pflegen. Im übrigen versteht er, sich das Leben auch mit Geschmack zu verschönern, und seine Blumenzüchtereien auf Schloß Laeken bei Brüssel sind mit Recht berühmt, sie enthalten die schönsten und kostbarsten botanischen Seltenheiten. Die sonderbaren Beziehungen zu seinen Töchtern haben ihm viel geschadet. Man nennt ihn ein Gegenstück zum König Lear. Es handelt sich dabei zwar um Familienangelegenheiten, aber die Sachen sind zum Teil so ruchbar, daß die Öffentlichkeit sich mit ihnen beschäftigen mußte. König Leopold hat wenig Freude an seinen Töchtern erlebt, der Sohn starb ihm schon in früher Jugend. Die Ehekonflikte der Prinzessin Luise von Coburg, ihre Entmündigung, ihre Flucht aus dem Zwangssanatorium haben in der ganzen Welt von sich reden gemacht. Hier kann man dem alten Vater und König nicht einmal so unrecht geben, wenn er sich von dieser Tochter abwendet. Denn wenn man von den Großen dieser Erde verlangt, daß sie als Entgelt für die besonderen Ehren, die sie fordern, auch eine würdige, vorbildliche Haltung bewahren mögen, so hat Frau Luise durch ihre Verschwendung und ihre Ausschreitungen die Würde ihres Standes wenig gewahrt. Wenn man dem König den Vorwurf macht, daß er der Übergabe der Erbschaft seiner verstorbenen Frau an die Töchter Schwierigkeiten entgegensetzt, so ist es schon bei bürgerlichen Privatleuten schwierig, für Fernstehende ein richtiges Urteil über solche Familienangelegenheiten zu gewinnen, geschweige denn in den komplizierten Verhältnissen fürstlicher Häuser. Gegen seine zweite Tochter, die Witwe des Kronprinzen Rudolf von Österreich, hat sich der König schon rücksichtsloser benommen; er hat ihr nie die Wiederverheiratung mit einem einfachen ungarischen Grafen verziehen und sie deswegen sogar vom Sterbebett ihrer Mutter weggeschickt. Sogar mit seiner dritten Tochter, Prinzessin Clementine, verfeindete er sich, als er an sie das Verlangen stellte, seine Geliebte zu grüßen. Diese interessante Dame ist die Tochter eines Bukarester, jetzt in Paris lebenden Portiers, die er zur Gräfin Vaughan erhoben hat, nachdem sie den alten Herrn zweimal mit Kindern beschenkt hat. Er hat ihr ein mit dem kostbarsten Luxus ausgestattetes Schloß eingerichtet, in dem sie haust. Leute, die behaupten, unterrichtet zu sein, wollen übrigens wissen, daß die ziemlich ungebildete Dame so viel Güte gar nicht verdiene und daß der angebliche Bruder, der ständig in ihrer Nähe weile, eigentlich ihr Anbeter sei. In weit stärkerem Grade als durch diese Privatvergnügen tritt Leopold in das öffentliche Interesse als Kolonialpolitiker. Die Gründung des gewaltigen Kongostaates in Zentralafrika ist sein Werk. Zunächst schützte er wissenschaftliche Studien vor, erst dann erfolgte die große Gründung. Aus den Krondomänen des Kongostaates bezieht der König Einnahmen von vielen Millionen jährlich. An sich wäre dagegen nichts einzuwenden, wenn nicht die Mißwirtschaft der Beamten fürchterlich und vom König geduldet wäre. Man legt den Negern die Verpflichtung auf, große Mengen Kautschuk zu liefern, und wenn sie dazu nicht imstande sind, haut man ihnen die Hände ab. Freilich darf man auch nicht vergessen, daß die meisten dieser Beschuldigungen von England herstammen. Um nicht eines Tages seinen Besitz an England zu verlieren, hat Leopold ihn dem belgischen Staat zum Geschenk gemacht, aber es wird behauptet, daß er dabei seinen Vorteil sehr wohl gewahrt hat. Man darf indessen nicht vergessen, daß der König der Nation schon früher große Geschenke gemacht hat, z. B. Terrains bei Ostende. Mag zu dieser Großmut in erster Linie der Haß gegen seine Töchter beigetragen haben, ganz verdient Leopold wohl nicht die Schmähungen, mit denen er gerade in seinem eigenen Land so sehr überhäuft wird. Während er sie in seinem Land zu ertragen gezwungen ist, verfolgt er im Ausland Angriffe aufs schärfste – auch deutsche Publizisten haben schon im Gefängnis büßen müssen, daß sie über diesen Monarchen die Wahrheit schrieben.

Conrad Alberti-Sittenfeld

Bilder vom Tage

Deutschlands Sieg im Großen Preis des französischen Automobil-Clubs: Lautenschläger auf dem siegreichen Mercedes-Wagen.

Am 6. und 7. Juli fanden auf der Rundstrecke von Dieppe die Automobilrennen um die Großen Preise des französischen Automobil-Clubs statt. Das Rennen der großen Wagen am 7. Juli gestaltete sich zu einem glänzenden Triumph der deutschen Industrie, denn von den neun gestarteten deutschen Wagen erreichten sieben das Ziel, sechs davon unter den ersten sieben. Lautenschläger auf Mercedes errang den Sieg, er durchfuhr die 770 Kilometer lange Strecke in 6 Stunden 55 Minuten 43⁴/₅ Sekunden und erreichte damit einen Stundendurchschnitt von über 111 Kilometern. An zweiter Stelle folgte Hémery auf Benz, dann kam Hanriot, ebenfalls auf Benz. Dann folgte als vierter der erste französische Wagen, ein von Rigal gesteuerter Bayard-Clément. An fünfter Stelle kam Poege auf Mercedes, dann Joerns auf Opel und der dritte Benz mit Erle, dem Sieger der Prinz-Heinrich-Fahrt, am Steuer. Der Sieg der deutschen Industrie ist um so bemerkenswerter, als gegen sie die beste ausländische Konkurrenz im Felde stand, sowohl was Fahrer als auch Wagen anbetrifft. Der vorhergehende Tag war für die kleinen Wagen reserviert, erregte aber weniger Interesse als das Rennen der großen Wagen, da fast nur französische Voituretten starteten. Den Sieg errang Guyot auf Delage, ihm folgten Naudin auf Sizaire et

Naudin und Goux auf Lion Peugeot. Leider gingen die beiden Rennen wieder nicht ohne eine Reihe von mehr oder weniger schweren Unfällen vorüber. Im Rennen der großen Wagen überschlug sich der bekannte Rennfahrer Cissac mit seinem Panhard-et-Levassor-Wagen in der neunten Runde. Er und sein Mechaniker Schaube waren sofort tot. Auch Nazzaro, der Sieger des Vorjahres auf Fiat, und Harrison auf einem englischen Weigel-Wagen stürzten, wurden aber nur leicht verletzt. Im Voituretten-Rennen schlug der Führer des Trufault-Wagens Nr. 23, Charlas, bei Pont Ancourt um und brach sich mehrere Rippen. Auch sein Mechaniker wurde verletzt. Auch Demeester, Guillemin und Sonvico stürzten, ohne sich indessen schwere Verletzungen zuzuziehen. Es ist sehr bedauerlich, daß diese Unfälle bei den Automobilrennen immer wieder vorkommen. Die Schuld daran tragen nicht die Veranstaltungen selbst, nur ein wüstes Draufgängertum einzelner Fahrer und die Zulassung von Fahrern, deren Qualität noch nicht genügend erprobt ist.

Prinz Eitel Friedrich beim Leichenbegräbnis des Königs von Portugal in Lissabon.

Prinz Eitel Friedrich, der Vertreter des deutschen Kaisers bei den Trauerfeierlichkeiten, fuhr mit dem Prinzen Arthur von Connaught als Vertreter des Königs von England, dem Grafen von Turin als Vertreter des Königs von Italien und dem Prinzen Ferdinand von Bourbon.

Zeichnungen vom Tage

„Wirklich famos! Sehr ähnlich, Herr Professor! Da wird mein Mann sich riesig freuen!"

Der Kronprinz beim Fußballspiel auf dem Truppenübungsplatz Döberitz.
Zeichnungen von Rolf Niczky.

Prozeß Eulenburg.

Fürst Eulenburg, der Untersuchungsgefangene, verläßt im Auto das Gerichtsgebäude, um im Tiergarten spazierenzufahren.

Das Interesse, das die Welt an dem Prozeß des Fürsten Eulenburg nimmt, hat sich von der Person des Fürsten, von den sattsam bekannten Tatsachen abgewendet und wird ganz von den äußeren Begleitumständen gefangengenommen. Es ist aufgefallen, daß dem wegen Meineids angeklagten Fürsten erlaubt worden ist, nach den Verhandlungen wiederholt Spazierfahrten im Automobil zu unternehmen. Der Fürst durfte nach der Verhandlung in den Tiergarten oder die Döberitzer Heerstraße entlangfahren. Ferner wurde mit Erstaunen die Freiheit bemerkt, die dem Fürsten den ungehinderten Verkehr mit seinen Angehörigen erlaubte, die doch in seiner Strafsache als Zeugen dienen sollen. Dieser Verkehr mit den Angehörigen, die den Fürsten bis in den Sitzungssaal begleiteten, wurde gestattet, obwohl drei Instanzen, obenan das preußische Kammergericht, den Haftentlassungsantrag des Fürsten, trotz ungewöhnlich hoher Kaution, abgelehnt hatten, weil nach Lage der Sache die Gefahr der Tatbestandsverdunkelung zu fürchten sei. Man erfuhr, daß der Fürst schon in der Charité als Untersuchungsgefangener einen Diener bei sich habe und seine Familie zu langen Besuchen empfange, und sah jetzt im Prozeß, daß die Angehörigen des Fürsten ihn stets begleiten und nach Belieben mit ihm verkehren konnten. Die auffallend milde Handhabung der sonst so strengen Bestimmungen ist der Beurteilung des Prozesses Eulenburg, wie immer auch die Entscheidung über den Fürsten ausfallen

Fürstin Eulenburg mit ihren Söhnen vor dem Kriminalgericht.

mag, keineswegs günstig, weil sie die Meinung hat aufkommen lassen, daß dem Fürsten gegenüber ein anderer Ton angeschlagen wird, als es sonst in den Prozessen gegen einen Menschen üblich ist, der wegen Meineids oder wegen eines anderen mit Zuchthausstrafe bedrohten Verbrechens angeklagt ist. Bisher waren Untersuchungsgefangene von der Außenwelt gänzlich abgeschlossen und durften mit ihr nur durch Organe der Gefängnisverwaltung verkehren. Besuche auch der nächsten Angehörigen wurden selten gestattet. Jede Möglichkeit zu unbewachten Gesprächen, zu Kollusionsversuchen irgendwelcher Art, wird mit Recht sonst äußerst sorgfältig vermieden. Zur Hauptverhandlung pflegt der Angeklagte sonst vom Gerichtsdiener vorgeführt zu werden. Er muß in dem ihm zugewiesenen, abgeschlossenen Raum sitzen und darf auch unter Bewachung im Sitzungssaal höchstens einmal wenige Minuten mit seiner Frau oder seinen Kindern sprechen.

Vergleicht man diese bisher geltenden Vorschriften mit der Art der Behandlung, wie sie Fürst Eulenburg erfährt, ist es nicht verwunderlich, daß scharfe Stimmen gegen die Verantwortlichen der Prozeßführung laut werden. ☞ (s. S. 397)

Nach der Katastrophe.

Zerstörte Gebäude am Hafen von Messina.

In den letzten Jahren ist die Menschheit recht oft erinnert worden, daß der Planet, den wir bewohnen, noch kein toter, erstorbener Weltkörper ist wie der Mond, der über uns dahinrollt, sondern daß die gebirgsbildenden Kräfte, die unserer Mutter Erde so markante Züge ins Antlitz gruben, auch heute noch am Werke sind. So furchtbar die Katastrophe in Süditalien ist, so sehr ihre Folgen das Herz der ganzen Welt den unglücklichen Kindern des Südens zuwandten, die geologische Veränderung ist so gering, daß sie am Erdball selbst gemessen verschwindet. Wir müssen uns eigentlich wundern, daß nicht öfter derartige Ereignisse unser Leben und Eigentum bedrohen. Bedenken wir doch, daß auf einem Erdglobus von zwei Meter Durchmesser selbst die höchsten, über acht Kilometer emporragenden Berge eben die Größe eines Stecknadelknopfes haben würden. Wenn sich eine mikroskopisch winzige Falte in der steinernen Haut dieses Globus um eine mikroskopisch winzige Größe verändert, verzieht, so bedeutet das schon eine Katastrophe, wie wir sie eben erlebt haben. Und nun bedenke man, daß dieser Erdball, von der Kälte des Weltenraumes umgeben, sich ständig abkühlt, daß mit dieser seit Jahrmillionen währenden und noch Jahrmillionen fortdauernden Abkühlung des Erdinnern eine Zusammenziehung des Erdkernes, eine Volumenverminderung verbunden ist, wie wir sie – um ein populäres Bild zu geben – bei einem langsam vertrocknenden Apfel bemerken können. Wie aber die Schale des Apfels, die nun für den schrumpfenden Kern zu groß geworden ist und die sich an diesen anlegt, runzlig und faltig wird, so entstehen auch Runzeln und Falten in der Erdrinde, in der Haut unseres Planeten, die sich auf den schrumpfenden Kern senkt. Die Gebirge und Täler, durch die wir, das Herz voll Wanderlust, bewundernd schreiten, sie sind nichts anderes als Runzeln und Falten im Antlitz der Mutter Erde. Durch die erwähnte Abkühlung und Zusammenziehung der inneren Erdschichten und den damit zusammenhängenden Veränderungen in der Erdrinde ist zweifellos auch das jüngste große Beben entstanden. Die Haut unseres Planeten vermag in ihrer Starrheit sich nicht so ohne weiteres dem schrumpfenden Kern anzupassen; es entstehen Spannungen, Zerrungen, Druckverschiebungen in der Erdrinde, die eines Tages ausgelöst werden und zu Erschütterungen der Erdoberfläche führen, wenn sich drunten die Schollen verschieben, Lageveränderungen der Gesteinmassen stattfinden. Oft genügen starke Luftdruckänderungen über dem kritischen Gebiet, um die vorhandene Spannung auszulösen; ich persönlich bin auch der Ansicht, daß die veränderliche Stellung und Einwirkung des Mondes auf den Erdball hier ebenfalls in Rechnung zu ziehen ist und daß an Tagen, an denen die Attraktionswirkung des nachbarlichen Gestirns am größten ist, sie genügt, um solche schon vorhandenen Spannungen in der Erdrinde auszulösen. Deshalb gebe ich seit dem Tode Falbs solche „kritischen Tage", Erdbebentage, an, und ich glaube, daß – wenn noch Spannungen in den Erdschollen Süditaliens vorhanden sind – diese am 20. Januar, sodann am 18. Februar oder spätestens am 19. März zu einer neuen, starke Erdbeben erzeugenden Auslösung kommen müssen.

Bruno H. Bürgel

In Kalabrien nach dem Erdbeben.

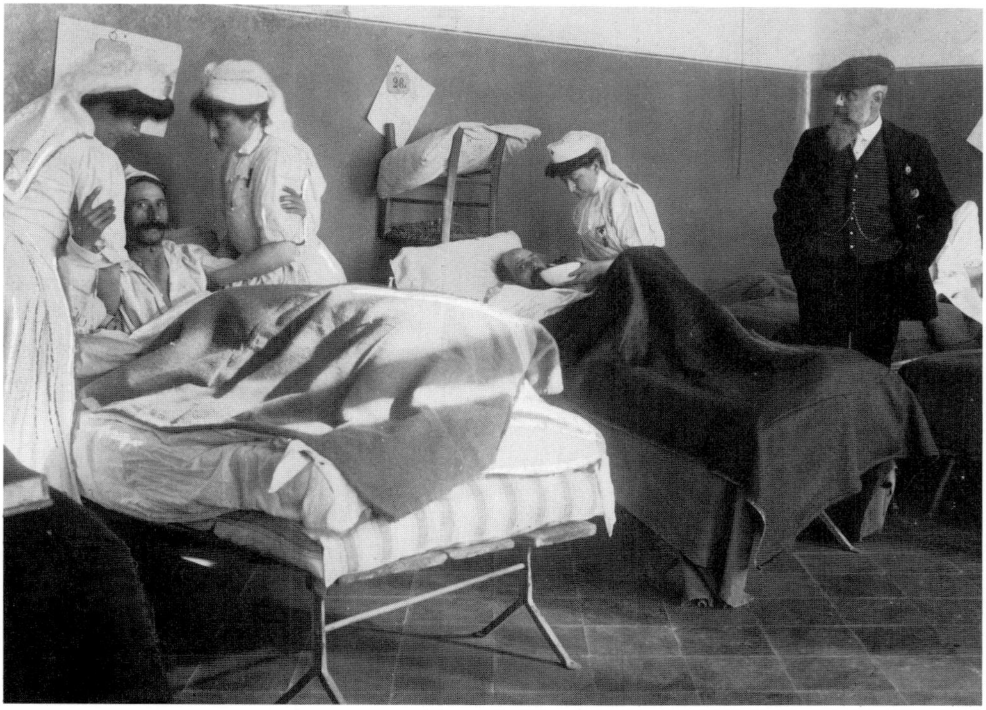

Damen vom Roten Kreuz im Krankenhaus in Neapel bei der Pflege Verwundeter aus Messina.

Britische Matrosen bergen Verwundete.

☞ (s. S. 397)

Frau von Bethmann-Hollweg.

Die Familie Bethmann-Hollweg.

Herr von Bethmann-Hollweg, der neue Reichskanzler, entstammt einer Familie, die, ohne dem Adel anzugehören, doch ihren Ursprung weiter zurückverfolgen kann als manches Adelsgeschlecht. Schon der Doppelname Bethmann-Hollweg deutet an, daß die Familie des Kanzlers aus der Verbindung zweier Familien hervorgegangen ist. Die Hollwegs sind der väterliche, die Bethmanns der mütterliche Stamm. Johannes Jakob Hollweg, Bürger und Schuhmachermeister, lebte in Gießen, in der zweiten Hälfte des 16. Jahrhunderts. Sein Urenkel Georg Philipp übersiedelte nach Frankfurt und vermählte sich mit Anna Elisabeth Bengerath. Aus dieser Verbindung entsproß am 7. Januar 1748 des jetzigen Reichskanzlers Urgroßvater, Johann Jakob Hollweg. Der Name Bethmann findet sich bereits in mehreren Ortschaften in der Nähe des Harz erwähnt, so z. B. in Halberstadt. Als Urahne der Familie Bethmann gilt Heinrich Bethmann, der im Jahre 1416 in einem Verzeichnis der Kirchenangehörigen von Goslar genannt wird. Ferner finden wir in Nassau an der Lahn einen im Jahre 1795 verstorbenen Amtmann dieses Namens, den Abkömmling einer wegen ihrer Religion im siebzehnten Jahrhundert aus den Niederlanden vertriebenen Familie. Dieser hinterließ drei Söhne, Johann Philipp, Johann, Jakob und Simon Moritz. Johann Jakob wanderte nach Bordeaux aus, die beiden anderen aber erwarben 1746 das Frankfurter Bürgerrecht und gründeten das Bankhaus Gebrüder Bethmann, das schnell emporblühte, heute noch besteht und sich eines hochangesehenen Namens erfreut. Simon Moritz blieb kinderlos, Johann Philipp dagegen hinterließ einen Sohn, der nach seinem Oheim Simon Moritz hieß und von Kaiser Franz

Freiherr von Bethmann-Hollweg, der Nachfolger des Reichskanzlers Fürst von Bülow.

Die Kinder des Reichskanzlers von Bethmann-Hollweg.

den österreichischen Adel erhielt. Der oben bereits erwähnte Urgroßvater des Reichskanzlers heiratete nun im Jahre 1780 Susanne Elisabeth Bethmann, eine nahe Verwandte von Simon Moritz. Er setzte seinen Namen Hollweg den Namen Bethmann vor und trat gleichzeitig in das Bethmannsche Geschäft ein. Von seinen vier Kindern war das jüngste der nachmalige preußische Kultusminister Moritz August von Bethmann-Hollweg, der Großvater des neuen Kanzlers. Sein Sohn wurde märkischer Grundbesitzer und Landrat, dessen Sohn Theobald ist der gegenwärtige Reichskanzler. Eine Schwester des Simon Moritz Bethmann, des Urgroßvaters des Kanzlers, heiratete den französischen Emigranten Vicomte de Flavigny und übersiedelte mit ihm nach Paris. Dieser Ehe entsproß eine Tochter, die unter dem Namen Daniel Stern eine berühmte Schriftstellerin wurde. Sie lebte mit dem Klaviervirtuosen Franz Liszt in wilder Ehe, der zwei Töchter entsprossen. Die ältere Blandine heiratete den nachmaligen französischen Ministerpräsidenten Emile Olivier, die jüngere Cosima wurde die Gattin von Hans von Bülow und dann von Richard Wagner. Die Gemahlin des Reichskanzlers, Frau Martha von Bethmann-Hollweg, ist eine Tochter des Hauptritterschaftsdirektors Gustav von Pfuel aus dessen erster Ehe mit der Gräfin Luise von Reventlow. Der Ehe entsprossen drei Kinder, Friedrich, der jetzt 19 Jahre zählt, die nun fünfzehnjährige Isa und der elfjährige Felix.

Wunder des Willens.

Einiges über indische Büßer von Alexander Claudius.

Unser Denken, durch Jahrtausende in bestimmte Bahnen gelenkt, vermag schwer und erst nach langem Prüfen Phänomene zu begreifen, deren Erklärung nach den herrschenden Naturgesetzen unmöglich ist. Und doch gelingt es von Zeit zu Zeit, gewissen hartnäckig angezweifelten Erscheinungen aufgrund exakter wissenschaftlicher Untersuchung Glauben zu verschaffen. Vor wenigen Jahren noch wäre die Möglichkeit des „Fernsehens“ verlacht worden; heute weiß man, daß auch das Problem der Bilderübertragung gelöst werden kann und daß wir bald vielleicht eine Opernvorstellung nicht nur durch das Telefon hören, sondern auch an der Wand in Art der Kinematographenbilder sehen werden können. Man denke nur an die Entwicklung, die die Entdeckung der Röntgenstrahlen und die Erfindung der Telegrafie ohne Draht genommen haben. Unter all den als Wunder – so bezeichnet, weil jede hinreichende wissenschaftliche Erklärung fehlt – geschilderten Begebnissen verblüffen die von den indischen Fakiren vollführten Bußübungen am meisten. Die indische Religion, der Buddhismus und alle seine Sekten – predigen die Fleischesabtötung, die Askese, die die Seele schon bei Lebzeiten von den Hemmungen des Körpers befreien soll. Der indische Büßer hofft, durch Abtötung seines Leibes und durch Erweckung des „inneren“ Lebens seiner Gottheit näherzukommen. Was nun alles von den Anhängern dieses Glaubens an Willenstaten geleistet wird, grenzt nach unseren Anschauungen an das Wunderbare, weil wir diese gesteigerte, ungeheure Willensenergie nicht begreifen können. Die meisten, halbwegs glaubwürdigen Berichte über indische Fakire stammen von englischen Militärärzten, die sich während ihrer Dienstzeit in der indischen Armee aus wissenschaftlichem Interesse mit der Beobachtung dieser „sonderbaren Heiligen“ befaßt haben – und da diese Beobachtungen von einer großen Zahl von Forschern bestätigt werden, können wir sie als immerhin wahrscheinlich hinstellen, wenn uns auch jede wissenschaftliche Erklärung für ihre Möglichkeit bis heute fehlt. Die indischen Büßer werden gewöhnlich in zwei Klassen eingeteilt, je nachdem sie durch Auferlegen schwerer Gelübde ihren Körper peinigen oder durch Hervorrufen verzückter Zustände, durch Insichselbstversenken ihre Religiosität betätigen. Die erste Klasse – die Fakire – sieht man zumeist längs der Ufer des Ganges oder an den Straßen, die zu den Tempeln führen, in den sonderbarsten Stellungen ihr Leben lang an einem Platz unbeweglich stehen, oft auf einem Bein, die Hände krampfhaft gen Himmel gestreckt – bis die Gelenke derart erstarren, daß der Körper nie mehr eine andere Stellung anzunehmen vermag. Einige hängen ihren Körper, den Kopf nach unten, auf und beladen sich mit schweren Ketten; andere wiederum vergraben sich bis zum Hals stehend in die Erde und setzen sich so den Angriffen der Tiere aus, die sie mit heiligen Liedern zu verscheuchen trachten. Man erzählt, daß in den wirren langen Haaren dieser Büßer

Indische Fakire am Ufer des Ganges in Erwartung der Stunde des heiligen Bades.

die Vögel ihre Nester bauen, was für einen besonderen Grad der Heiligkeit angesehen wird. Zu den besonders qualvollen Stellungen gehört das Liegen oder Sitzen auf Brettern, die mit spitzen Nägeln besät sind. Alle diese Fakire werden von den zufällig vorbeiziehenden Pilgern mit Wurzeln und Reiskörnern ernährt. Es gibt aber auch Fakire, die – im Gegensatz zu den vorhin erwähnten – ihren einmal gewählten Platz nie mehr ändern, Büßer, die das Gelübde geleistet haben, ihrem Körper keine Ruhe und keinen Schlaf zu gönnen. Diese ziehen dann, schwer mit Ketten beladen, im Land umher, an den Füßen Schuhe, deren Sohlen noch scharfe Nägel tragen, so daß jeder Schritt unerträgliche Schmerzen verursacht. Außer diesen Fakiren, die ihr Glück im Erleiden von Schmerzen finden und durch ungeheure Willensanstrengung den höchsten Grad der Selbstpeinigung erreicht haben, gibt es eine viel höher stehende Sekte der indischen Büßer, die der „Yoghi", deren Streben dahin geht, durch vollkommenes Abschließen gegen alle Sinneseindrücke sich in einen seltsamen Zustand von Verzückung zu bringen. Diese Büßer suchen einen ganz einsamen Ort auf, nehmen zwischen fünf Feuern Platz und überlassen sich dann ihren Meditationen. Nicht selten starrt der Yoghi mit ungeheurer Willensanstrengung so lange in die Sonne, bis er erblindet. Am unfaßlichsten erscheint das Wunder des „Lebendigbegrabens". Unter großen Zeremonien wird der Fakir von seinen Jüngern in die Erde vergraben, nachdem vorher alle Öffnungen seines Körpers mit Wachs verstopft wurden. Sechs Wochen bleibt er im Grabe, dann wird er hervorgeholt, heißer Teig wird auf seinen Scheitel gelegt, und in wenigen Stunden schon beginnt das Herz wieder zu schlagen und der Büßer erwacht zu neuem Leben. Nur im Winterschlaf der Tiere kann man eine Parallele zu dieser Lebensunterbrechung finden, die oft von Zeugen beobachtet worden ist. Zur Erklärung werden wir erst gelangen können, bis wir mehr von der geheimnisvollen Kraft des menschlichen Willens wissen.

Königin Viktora von Schweden

Königin Viktoria von Schweden in Stettin bei der Besichtigung des Füsilierregiments Nr. 34, das ihr im vorigen Jahr verliehen worden ist.
Rechts Prinz Adalbert von Preußen.

DER MUT ZUM GLÜCK

ROMAN VON

WILHELM HEGELER

Es war an einem regnerischen Nachmittag gegen Ende Mai. An einem jener Tage, die so kühl und grau wie der November sind, an denen der Regen in so beharrlichen Güssen vom Himmel rauscht, als wollte er alle frische Farbe von den Häusern und alles junge Grün von den Bäumen waschen. Da saß in einem Abteil zweiter Klasse der Nebenbahn, die bei dem westfälischen Städtchen Finnentrop von der Hauptbahn abzweigt, eine sehr buntgemischte Gesellschaft.

Sie bestand aus Herrn Dr.-Ing. Heinrich Volkers, seiner Gattin Tilly, dem quecksilbrigen Töchterchen Annemarie, der erst vor kurzem in Berlin engagierten französischen Bonne, dem Waschbären Purzel und drei steifgliedrigen Wesen, von denen das eine einen Porzellan-, das andere einen Wachs- und das dritte gar keinen Kopf mehr hatte.

Die hübsche Frau Tilly tat, was sie seit der Abfahrt am Morgen getan hatte: Sie zeigte eine beleidigte Miene und las. Die Mademoiselle gähnte, seufzte, reckte sich und trat von Zeit zu Zeit ans Fenster, als wenn sie die Gegend betrachten wollte. In Wirklichkeit aber rieb sie ihr etwas gelbliches Gesicht mit einem Stückchen Puderpapier ab. Dann nahm sie wieder Platz und machte dem ihr gegenübersitzenden Herrn Volkers schöne Augen. Dieser schien nichts davon zu bemerken. Annemarie aber streckte ihr jedesmal, so weit sie konnte, die Zunge heraus. Sie hatte dafür schon einmal Klapse bekommen, ohne daß es jedoch etwas geholfen hatte.

Herr Volkers beschäftigte sich mit seinem Töchterchen, wobei er sich ganz prächtig unterhielt. Und doch war es ein so einfaches Spiel, was die beiden trieben. Sie legten umschichtig die Hände aufeinander, zogen die unterste fort und legten sie zuoberst, immer schneller und schneller, bis schließlich die Hände durcheinanderwirbelten wie zwei große und zwei kleine Windmühlenflügel. Und dann brach dieser ernste Mann, dessen straffe Schultern, dessen biegsam gerader Rücken noch den ehemaligen Offizier verrieten, in ein so herzhaftes, tief sonores Lachen aus, daß auf seinen Wangen die ganze frische Röte ehemaliger Jahre wieder erschien, die ihnen durch das lange Stubenhocken über Reißbrett und Büchern abhanden gekommen war. Was aber Annemarie betraf, so konnte sie lachen, wie es eben nur Kinder können. Mit voller Vehe *[Ende des Exzerpts]*

XIX. Jahrgang
Nr. 14

Berliner Illustrirte Zeitung

1. April 1910
Einzelpreis 10 Pfg. oder 15 Heller.

Verlag Ullstein & Co., Berlin SW. 68.

Auf Osterferien in Rom: Fürst Bülow mit seinem Gast, dem Reichskanzler Bethmann-Hollweg, am Rande des Parks der Villa Malta im Tiberfluß badend. Von links: der Reichskanzler, Privatsekretär des Fürsten Bülow, Conte de Menti, und Fürst Bülow. (s. S. 397)

Der Prozeß gegen die Gräfin Tarnowska.

Die Gräfin Tarnowska vor dem Eingang zum Gerichtsgebäude beim Verlassen der Gondel.

Ganz Venedig steht gegenwärtig unter dem Eindruck des Prozesses gegen die Gräfin Tarnowska und ihre Mitangeklagten Naumoff, Prilukoff und die Kammerfrau Perrier, der dort vor den Geschworenen verhandelt wird. Seit Jahrzehnten hatte sich in Venedig kein so großer Gerichtsfall abgespielt, und die Anteilnahme der Bevölkerung an den Vorgängen im Verhandlungssaal, der von Zeugen, Verteidigern und ausländischen Zeitungsberichterstattern so dicht gefüllt ist, daß nur etwa ein Dutzend Neugieriger aus dem Publikum darin Platz finden können, beweist das lebhafte Interesse der breiten Massen an dem Fortgang der Verhandlung. Die leichtentzündlichen Italiener haben auch schon, lange bevor noch die Zeugen gehört, die Angeklagten vernommen waren, Partei ergriffen, und die Volksstimme kommt in Mißfallensäußerungen gegen die Tarnowska und in Mitleidsbezeugungen für Naumoff zum Ausdruck, die bei dem täglichen Transport der Gefangenen nach dem Verhandlungssaal in der Menge laut werden. Hunderte von Neugierigen bilden täglich längs des Weges Spalier, den die Gräfin Tarnowska zurücklegen muß; man drängt sich dazu, das dämonische Weib zu sehen, das es verstanden hat, alle Männer, mit denen es in Berührung kam, durch eine seltsame suggestive Macht seinem Willen untertan und zu willenlosen Werkzeugen seiner verbrecherischen Instinkte zu machen. Und immer, wenn die Tarnowska zur Verhandlung fährt, und jedesmal, wenn sie nach Schluß der Sitzung nach dem Gefängnis zurückgebracht wird, empfangen sie in den Straßen die Pfuirufe der angesammelten Menge, die kein Mitleid mit der schönen Frau hat.

Die Angeklagten Naumoff, Prilukoff und die Zofe Perrier werden täglich mit der gewöhnlichen Eskorte von Polizisten vom Gerichtsgefängnis des Ponte della Paglia in das Gerichtsgebäude geführt, die Tarnowska dagegen erhielt die Erlaubnis, von dem Gefängnis der Giudecca mittels einer von ihr für zwei Monate gemieteten Gondel in Begleitung zweier Carabinieri zu den Verhandlungen zu fahren. Die beiden Eingänge zum Gerichtssaal werden von Militär bewacht, das Mühe hat, das andrängende Volk von den Toren des Gerichtsgebäudes zurückzudrängen. Die Furcht vor dem zwingenden Einfluß der Tarnowska auf die Männerwelt ist sogar bis in den Verhandlungssaal gedrungen, und als sie einmal während der Einvernahme Naumoffs den dichten Schleier zurückschlug, der ihre Züge verhüllt, ersuchte sie der Vorsitzende, den Schleier wieder vorzuziehen, damit die Geschworenen nicht durch die Blicke der schönen Frau fasziniert würden. Den Vorgängen des Prozesses folgt die Tarnowska mit steinerner Ruhe, keine Regung zeigt sich auf ihrem Antlitz, das die Haft noch bleicher gemacht hat. Nur einmal, während des Geständnisses Naumoffs, befiel sie eine kurze Ohnmacht.

Samoanerinnen im Hamburger Zoologischen Garten.

Winter in Garmisch.
Zeichnung von E. Thöny.

Pracht-Bäder.

Der neueste Luxus für den Großstädter.

„Wiltu ein Tag fröhlich sein? Geh ins Bad", sagt ein mittelalterliches Sprichwort. Der moderne Mensch ist jedoch nachts meist fröhlicher als am Tage, und deshalb schuf er das Luxusbad mit Nachtbädern. In Amerika gibt es Banken, die nachts nicht schließen – weshalb soll man nicht eine Stätte haben, an der man auch wirklich zwischen Souper und Frühstück eingeseift und nachher aufs trockene gesetzt wird? Zum Nachtleben gehört das Nachtbaden – es ist verwunderlich, daß es

Im Luxusbad: die Bassins mit kaltem und warmem Wasser in dem neuen Tag und Nacht geöffneten Admiralsbad in Berlin.

der modernsten Zeit erst vorbehalten blieb, dieser antiken Genießersitte wieder Geltung zu verschaffen. Die Idee, in Großstädten prunkvolle Bäder, und zwar im Vergnügungszentrum, zu errichten und sie auch während der Nachtstunden zugänglich zu erhalten, ist zweifellos gut. In einem eleganten Rahmen wird Gelegenheit geboten, den Leib auf hunderterlei Arten zu erfrischen: durch kaltes und warmes Wasser, durch Dampf und Heißluft, durch Duschen und Massagen und heilgymnastische Apparate. Die modernen Luxusbäder bezeichnen sich gewöhnlich als russisch-römische Bäder, haben aber mit den russischen Anstalten nur den Dampf gemein. Ein echt russisches Dampfbad ist gerade das Gegenteil von Luxus; eine primitive Holzhütte oder auch nur eine Kammer, in der sich einige übereinander gelagerte Pritschen befinden. Je heißer es der Badende haben will, desto höher klettert er hinauf. Die Erzeugung des Dampfes geht sehr einfach vor sich: In einem gemauerten Herd oder gar in einem Loch werden Steine glühend gemacht und mit einigen Kübeln Wasser begossen – das Dampfbad ist fertig. Für den Russen bildet es einen unentbehrlichen Lebensfaktor, auf den er weniger verzichten kann als auf andere Genüsse. Wenn möglich noch weiter in der Verehrung des Dampfbades gehen die Finnen, bei denen das Badehaus beinahe als Heiligtum angesehen wird. Im Badehaus werden die Kinder geboren, im Badehaus werden die ernsthaftesten Angelegenheiten besprochen. Gerät man dabei in Hitze, so macht das nicht viel aus: Die Temperatur im Baderaum beträgt ohnehin zuweilen 70 bis 75 Grad Celsius. Eine Trennung nach Geschlechtern gibt es nicht – die Dampfstube ist Familienbad im engsten Sinne des Wortes, und Geschwister, Eltern, Großeltern finden sich harmonisch vereinigt. Allerdings darf dabei nicht vergessen werden, daß in den finnischen Badehäusern fast vollständige Dunkelheit herrscht. Man bezeichnet die russischen Dampf- oder die römischen Heißluftbäder auch öfter als römisch- oder russisch-irische. Der Name rührt daher, daß im Jahre 1856 ein irischer Arzt, Dr. Richard Barther, in St. Anns Hill bei Cerk in Irland das erste „römische Bad" errichtete und von dorther diese Institution wieder in Aufnahme kam. Auch „türkisches Bad" werden diese modernen Heißbäder gerne genannt, und nicht mit Unrecht, denn besonders die dem eigentlichen Bade folgende Massage ist orientalisch. Moltke rühmt in seinen „Briefen aus der Türkei" wiederholt die angenehme Wirkung der türkischen Bäder. Diese Massage- und Abreibungs-Prozeduren, die römischen Heißluft- und die finnisch-russischen Dampfbäder werden nun in den reichausgestatteten Luxusbädern kombiniert mit schwedischer Heilgymnastik, deutschen Schwimmbädern usw. Das kalte Schwimmbad ist altgermanische Sitte. So sehr waren die alten Germanen dem Schwimmsport ergeben, daß die Markomannen und Quaden, die von Marc Aurel in den Städten angesiedelt wurden, es dort nicht aushalten wollten, weil sie zuwenig Gelegenheit hatten, in Flüssen und Seen zu schwimmen. Die üppigen römischen Bäder boten ihnen keinen Ersatz für das frische Naturbad. Römisches Raffinement ging auch ein wenig zuweit. Neros Gemahlin Popäa Sabina badete in Eselsmilch, und zu diesem Zweck wurde eine Herde von 500 Eselinnen gehalten. Kostbare Essenzen waren den Römerinnen als Badezusätze nicht fremd, ebensowenig Weinbäder. Das Wahnwitzigste leistete sich bekanntlich die berüchtigte Gräfin Elisabeth Báthory, die junge Mädchen schlachten ließ, um sich in deren Blut schön zu erhalten. Im Mittelalter war das Baden weniger eine Sache der Hygiene als eine der Unterhaltung. Die Badehäuser waren Stätten schlimmer Gelage. In mächtigen Wannen saßen Männlein und Weiblein einträchtig zusammen. Zwischen ihnen schwamm gewöhnlich ein Brett, auf dem Speisen und Getränke standen, und während des Badens wurden vier bis fünf Kännlein Wein getrunken. Eine Zeitlang ließ dann die Reinlichkeit sehr zu wünschen übrig. Man badete wenig; von einem Luxus konnte im Badewesen keine Rede sein. Erst zu Beginn des 19. Jahrhunderts machte sich wieder – angeregt durch Hufeland – eine Bewegung zugunsten öffentlicher Badeanstalten bemerkbar.

Das Damenbad.

VORNEHMSTER TAFEL-LIKÖR
JACOBINER
JACOB JACOBI STUTTGART
GEGR-1880
O u. X Beine
beseitigt schnell u. bequem Orthopäg
hochinteressante, reichillustr.
Prospekte umsonst.
Orthopäg-Verlag
Magdeburg 412
Schließfach 125
STOEWER
PERSONEN- u. LASTKRAFTWAGEN
FLUGMOTOREN - MOTORPFLÜGE
STOEWER-WERKE AKTIENGESELLSCHAFT
STETTIN
Informieren Sie sich gründlich über Auswanderung
NACH ARGENTINIEN
durch die neue erschöpfend aufklärende Broschüre. Preis M. 3,50 exkl. Porto bei Henry Althoff Verlag, Abt. 21, Dresden-N. 6, Postscheckkonto Berlin 60511 oder allen Buchhandlungen.
Bei Anfragen und Bestellungen beziehe man sich auf diese Zeitschrift.
Aurcol-Haarfarbe
seit 23 Jahren anerkannt beste
Haarfarbe
färbt echt und natürlich blond, braun, schwarz etc.
12 Mark, Probe 4 Mark
J. F. Schwarzlose Söhne
Berlin, Markgrafenst. 26
Überall erhältlich
TOLA
Zahnpulver
Bewährtes Vorbeugungsmittel geg. d. Hohlwerden d. Zähne u. geg. Zahnweh.
In Schachteln zu 20 u. 40 Pf.
Zu hab. in den Niederlagen von Tola-Puder.
Fabrik: Heinr. Mack, Ulm a. D.
Heilanstalt „Lindenhof"
Coswig bei Dresden 10.
Für Nerven- und Gemütskranke, Entziehungskuren (Morphinismus, Schlaflosigkeit etc.). Pensionäre auf Lebenszeit. Herrliche Lage, gr. Park, eig. Obst- u. Gemüseplant. Illustrierte Prospekte kostenlos.
Licht 150 Std. brennende elektrische Hauslampe, betriebsfertig, nur M. 22 frei Nachn. P. Holfter, Breslau L 70
Selbstrasierer Abz. - Schleifmasch. f. Ras.-Klingen, Rasierapp. „Weltall". Vertriebsg. Leipzig, Postf. 186, Prsp. D fr.
Ein Triumph der Wissenschaft!
Eine sensationelle Erfindung
Tausende dankbarer Damen und Herren!
Nur Dr. Hentschel's Wikö-Apparat D. R. G. M. beseitigt schnell und sicher alle Hautunreinheiten, wie Mitesser, Pickel, Pusteln, fleckige Haut, Hautgrieß, blassen, grauen Teint, ferner Runzeln, Falten, Krähenfüße, Doppelkinn. Die Haut wird zart und sammetweich, der Teint rein, blütenweiß und von schimmernder Durchsichtigkeit. Hohle Wangen, magere Körperteile erhalten Fülle, Form und Festigkeit. Alle Unreinheiten des Blutes und der Haut werden durch atmosphärischen Druck herausgesaugt, u. ein starker beständiger Strom frischer Lebenssäfte und neuen Blutes wird nach den Zellen der Haut gezogen.
Diese glänzende Methode geht direkt auf die Ursache des Uebels, erweckt frisches Leben in der entkräfteten Haut, in den verfallenden Zellen, pflegt die Haut sowohl innerlich wie äusserlich, spornt die erschlafften Hautgefässe zu neuer Tätigkeit an, saugt die Poren aus, entzieht ihnen alle die darin angesammelten Unreinheiten, Staub usw., erhöht die Blut- und Säftezirkulation, verhindert dadurch das Ergrauen und Altern der Haut und füllt alle hohlen Stellen (hohle Wangen) aus, so dass ein müde und alt erscheinendes Gesicht durch sachgemässe Anwendung von Dr. Hentschel's Wikö-Apparat unbedingt wieder frisch, voll und jugendlich aussehen muss. Nicht zu verwechseln mit wertlosen Nachahmungen. Dr. Hentschel's Wikö-Apparat ist der modernste und beste Apparat zur Erlangung und Erhaltung von Schönheit, Jugend und Eleganz. Er ist ein auf wissenschaftl. Basis beruhender Apparat, der die von ihm behaupteten Eigenschaften tatsächlich besitzt. Fix u. fertig zum Gebrauch. Absolut unschädlich.
Preis: Einfache Ausstattung 12.- M., elegante Ausstattung 20.- M. Porto 30 Pf. extra, Nachnahme 60 Pf. — Zusendung diskret.
Wikö-Werke Dr. Hentschel, Abt. Ab. 13, Dresden.
Sigurd-Platten
gewöhnlich ortho u. orthochromatisch lichthoffrei
gleiche Empfindlichkeit
RICHARD JAHR
TROCKENPLATTENFABRIK
DRESDEN-A 18
Bezug durch alle bess. Photohandlgn.
Formen
zum Selbstgießen von Bleisoldaten etc.
mit unserer durch D. R. P. geschützten Gießform kann jeder seine Bleisoldaten, Indianer, Büffel, Schiffe, Matrosen, Jagden usw. selbst gießen. Garantie für jede Form. Verlangen Sie mittels Postkarte Katalog mit Abbildungen aller Waffengattungen kostenlos. Preis für die Gießform Mark 5.90—10.90. Lieferung an Private.
Auch in jedem Spielwarengeschäft und Eisenwarenhandlungen zu haben.
Gebr. Schneider,
Leipzig-Go 59
Äußere Hallische Str. Nr. 119-121.
Gießformenfabrik.
CREME ELCAYA
nicht fettend
von köstlichem Wohlgeruch
macht die Haut weich wie Sammet
ein Versuch überzeugt auch bei höchsten Ansprüchen
Jünger & Gebhardt, Berlin S. 14
Technikum Hainichen (Sa.)
Ing.-, Technik.- u. Werkmstr.-Ausbild. f. Maschinenbau- u. Elektrotechnik
Prosp. frei d. Direktion
Carl Gottlob Schuster jun.
Markneukirchen Sa. No. 342
gegr. 1824. — Spezialität: Feine Streichinstr., Bogen, Etuis und Saiten. Liste frei.
26. 27. Nov.
Frankfurter
Lotterie für Ausbau der Marienkirche
100000 Lose, 4154 Gewinne, 1 Pr.
Gesamt- u. Höchstgew. W. i. M.:
Bar Geld
100 000
60 000
50 000
10 000
usw.
Lose 3 M. Porto und Liste 50 Pfennig mehr.
10 sort. Lose, Porto u. Liste 30 M.
Emil Haase & Co.
Berlin 21, Bredowstr. 9
Filialen: Leipziger Straße 104, Wallstraße 1, Rosenthaler Str. 71, Müllerstraße 3b, Königstraße 55, Tabak, Zigarren.
O u. X Beine
heilt
auch bei älteren Personen
der Beinkorrektions-Apparat
Ärztlich im Gebrauch!
Verlangen Sie gegen Einsendung v. 1 Mk. (Betrag wird bei Bestellung d. Apparats gutgeschrieben) unsere physiologisch-anatomische Broschüre!
Wissenschaftl. orthop. Spezialhaus
„OSSALE"
Arno Hildner, Chemnitz 5b
Sanguinal-Krewel
in Pillenform
vorzügliches Mittel
gegen Blutarmut und Bleichsucht
Zu haben in allen Apotheken
Man achte auf die Originalmarke Krewel!
Hauptdepot für Berlin u. Umgegend: A. Rosenberger, Berlin N. 28, Arcona-Apotheke, Arconaplatz 5.
Schnell nachhaltig und appetitanregendes wohlbekömmliches Mittel zur Unterstützung der Genesung nach Blutverlusten und Schwächezuständen
Preisliste frei!
Musikinstrumente
aller Art in bester Beschaffenheit.
Jul. Heinr. Zimmermann
Leipzig 2
Querstr. 26/28
DEUTSCHER EDELLIKÖR
Rückforth 1790
RÜCKFORTH, A.G. STETTIN

Richard Skowronnek, der Autor unseres neuen Romans, mit seiner Gattin und seinen Kindern.

Bruder Leichtfuß und Stein am Bein

Roman von Richard Skowronnek

„Draußen bleiben, Kalinski!“

„Aber meine Herren, der Fisch wird schlecht, läßt die Köchin sagen, und wenn’s noch länger dauert, kann sie auch für den Braten nicht garantieren.“

„Ist egal, raus! Und kommen Sie hier nicht alle Nas’ lang reingeschettert, um zu horchen! Wenn wir essen wollen, werden wir’s schon sagen!“

„Na schön, meinetwegen! Wenn aber nachher das Diner nicht auf der sonstigen Höhe ist, ich hab’ keine Schuld!“

Herr Kalinski, Oberkellner des Grand Hotel de Russie in dem ostpreußischen Landstädtchen Stradaunen, zog sich gekränkt von der Tür zurück, hinter der die Tischgesellschaft Masovia eine geheime Sitzung abhielt, und nahm vor seinem Stift Louis eine würdevolle Haltung an.

„Horchen! Ich und horchen! Hast du so was schon mal an mir erlebt, Louis?"

„An Ihnen? Gott steh mir bei, nein, Herr Kalinski! Aber das sind immer diese gemeinen Erfindungen von dem Herrn Provisor Kellmigkeit. Wo er unsereinen zu sehen kriegt, hängt er einem 'ne Grobheit an."

Herr Kalinski hob geringschätzig die glattrasierte Oberlippe.

„Keine Klasse! Und merk dir das für deine zukünftige Laufbahn, mein Jungchen: Wie sich einer gegenüber 'nem Kellner benimmt, danach kannst du ihn gleich eintaxieren, was er ist. Der gemeine Powel schimpft, der Mittelstand ist freundlich, für die ganz vornehmen Herrschaften aber ist der Kellner Luft. Einfach Luft!"

Das pfiffige Jungengesicht des Stiftes verzog sich zu einem Grinsen.

„Der Herr Provisor schimpft! Und neulich hat er mich an den Ohren gerissen, ich soll in dem kleinen Schränkchen gekramt haben, wo die Herren des *[Ende des Exzerpts]*

Bilder vom Tage

Die Siegerin in einer großen Schauspielkonkurrenz, Wanda Lottero, eine italienische Soubrette, die sich jetzt mit dem Prinzen Hermann von Sachsen-Weimar verheiratet hat. Der 33jährige Prinz hat auf die Zugehörigkeit zum großherzoglichen Hause verzichtet und den Namen eines Grafen von Ostheim angenommen.

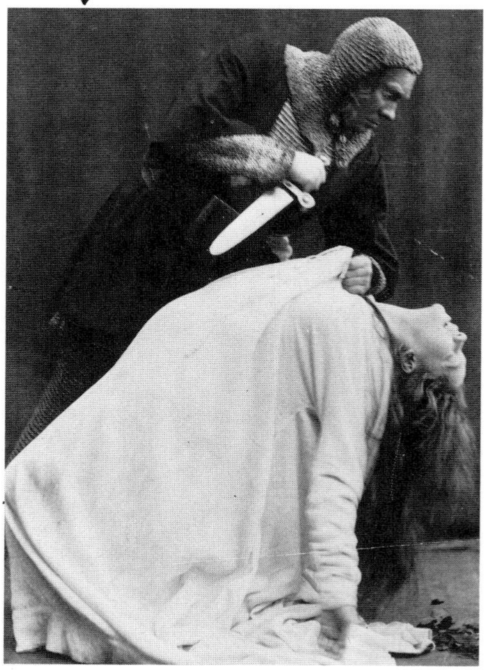

Wiedererwachen der Romantik in der modernen Literatur: Szene aus dem Drama „Der Graf von Gleichen" von Wilhelm Schmidt-Bonn, das mit großem Erfolg in den Berliner Kammerspielen aufgeführt wurde (Paul Wegener und Tilla Durieux).

Die Frau der Zukunft*

Ha, die Strahlensonne der Freiheit scheint! – Wie sie jauchzen die lange Verkürzten! – Ist's ein Wunder, wenn sie den Bedränger, den Feind – Wenn voll Hohn von dem Thron sie ihn stürzten? – Herrlich ist ja das Weib trotz dem Joche gereift, – Während er auf dem letzten Loche schon pfeift – Wie so lieblich und zärtlich und mollig zuvor – Schien die blond- und die bräunlich Gelockte – Als sie noch nicht den spitzigen Dollich erkor – Und nur Flirt kannte und five-o'clock-Tee. – Heut bewegt und benimmt sie im neuen Milieu – Sich schon avec la plus grande facilité. – Nichts mehr hemmt jetzt und stört ihren Siegeslauf, – (Hieß es wirklich einst: Er soll dein Herr sein?) – Ganze Weltenweiten tun strahlend sich auf, – Seit das neue Weib darf M. d. R. sein. – Mit dem spürenden Sinn hört sie wachsen das Gras, – Und die Männer, die können ihr sonst wohl was. – So mit Würd' angetan, tritt sie hin auf den Plan, – Die Frau, die gebildet im Staats-Jus, – Rechnet ab Aug' um Auge und Zahn um Zahn – Mit dem Racker, dem Sankt Bürokratius, – Der so lange sie rasten und rosten ließ.

Als Bonner Borusse, stud. jur. oder med. – Siehst du sie beim Bock und beim Echten – in Nächten, durchzechten, mit Schmissen besät, – Flotte Burschen-Idole verfechten, – Wobei sie nur kräftige Worte gebraucht – Und feste die dicken Importe raucht. – Doch wehe dir, stehst du als Inkulpat – Vor des Fräulein Strafrichters Forum. – Dich rettet kein Gott, dich rettet kein Rat. – Sie verdonnert dich so rum und so rum. – Es verurteilt dich gnade- und mitleidslos – Ein jeder der weiblichen Salomos. – Die die Kräfte so rührt, die Geschäfte so führt, Ist ein Weib, das nichts von Liebelei weiß. – Und es geht wie geschmiert, wo sie stolz präsidiert, – Und die Feindespartei'n fallen reihweis'. – Und die rauhen Sitten im Hause des Reiches – Bekommen was Weiches und Zephirgleiches. – So hat sie den Mann jetzt zur Strecke gebracht – Zum Lohne erlittener Frone. – Hat sie ihn erst ganz um die Ecke gebracht, – Beweist sie euch: Es geht auch „ohne". – Und hätt' er nicht noch einen einzigen Zweck – sie spräche das Machtwort: Man stelle ihn weg!

Hedwig Neumann

Die Frau als Jockey: Start zum Hamburger Derby im Jahre 1950.

Das neue starke Geschlecht.

Welchen Umfang das Frauenstudium in Amerika angenommen hat, zeigte sich jüngst bei Eröffnung der neuen Klinik der Frauen-Universität von Pennsylvania. Der Fotograf, der die Räume der neuen Klinik aufnahm, konnte Bilder auf die Platte bringen, auf denen kein Mann zu sehen ist. Man hat nicht etwa für den Fotografen möglichst viele Studentinnen und Ärztinnen herbeigeholt, sondern diese Aufnahmen zeigen das Bild, das tatsächlich in der Klinik zu sehen ist: Frauen überall, als Professoren, als Chirurgen, als Assistenten und als Studenten. Die männlichen Kollegen sind natürlich nicht ausgeschlossen, aber sie sind in verschwindender Minderzahl. Die Medizinische Fakultät der Frauen-Universität von Pennsylvania hat einen guten Ruf und eine Hörerinnenschar, die sich aus allen Nationalitäten zusammensetzt, unter denen auch Chinesinnen und Japanerinnen zu finden sind. Viele Ärztinnen, die hier studiert haben, lassen sich später im Orient nieder, andere treiben das Medizinstudium, um sich später dem Missionsdienst zur Verfügung zu stellen.

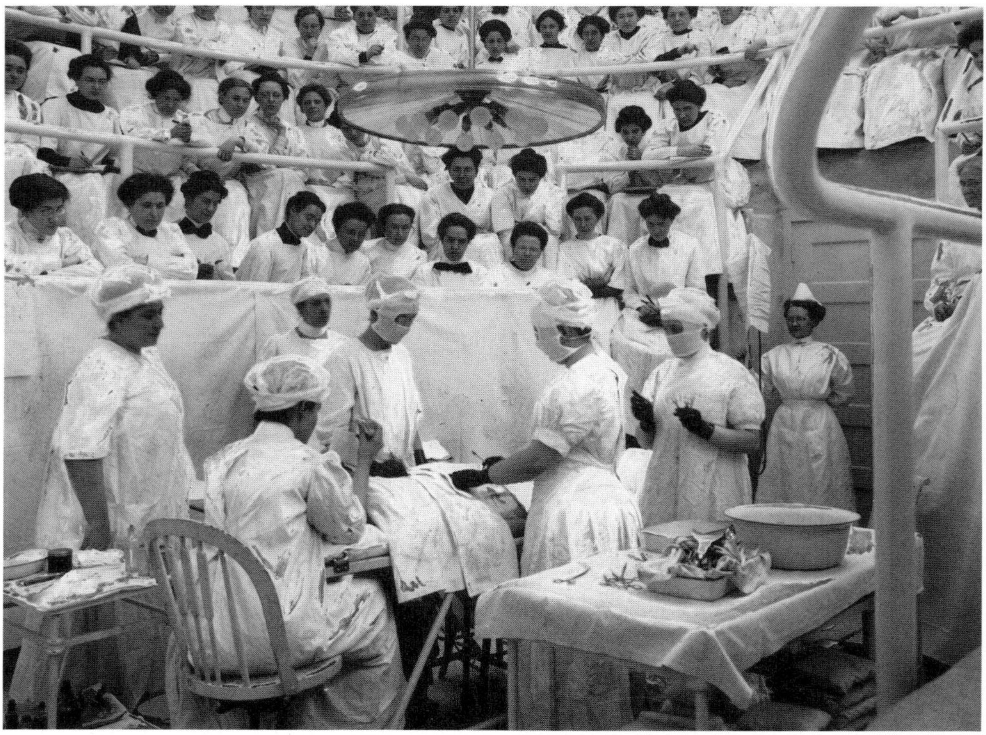

Chirurginnen bei Ausführung einer Operation vor Studentinnen in der neueröffneten Klinik der Frauen-Universität von Pennsylvania.

XXI. Jahrgang
Nr. 17

Berliner
Illustrirte Zeitung

28. April 1912
Einzelpreis
10 Pfg.
oder 15 Heller.

Verlag Ullstein & Co., Berlin SW. 68.

(s. S. 397) ☛

Der Eisberg.

Allegorische Zeichnung
von Fritz Koch-Gotha.

Bilder vom Tage

Kapitän Smith,
der Führer der „Titanic".

Benjamin Guggenheim, New Yorker
Bankier und Multimillionär,
der mit der „Titanic" unterging.

Der 600fache Millionär Oberst Astor mit seiner Gattin,
mit der er auf der „Titanic" von der Hochzeitsreise heimkehrte.
Oberst Astor ging unter, seine Frau wurde gerettet.

Die »Titanic«-Katastrophe.

Die furchtbare Katastrophe, die den Untergang des Riesendampfers „Titanic" zur Folge hatte, hat in der ganzen Welt Schrekken und Aufregung verursacht. Aber nur spärlich trafen die Einzelheiten über das Unglück ein, tagelang blieben die Angehörigen der „Titanic"-Passagiere in Ungewißheit, bis endlich das rettende Schiff, die alte, langsam fahrende „Carpathia", in New York eintraf und man sich aus den oft verschiedenartigsten Erzählungen der Geretteten ungefähr ein Bild des Ereignisses kombinieren konnte. Denn inzwischen hatten in New York gewisse Bestrebungen eingesetzt, um alles, was an Nachrichten einlief, zu unterdrücken und zu beschönigen. Morgan, der an der White Star Linie, der Eigentümerin des Unglücksschiffes, finanziell beteiligt ist, versuchte, durch Aussperrung der Presse und ähnliche Maßnahmen das gefährdete Renommee seiner Gesellschaft zu retten, und wurde dabei durch Herrn Bruce Ismay, den Direktor der White Star Linie, unterstützt. Dieser hatte an der „Titanic"-Fahrt teilgenommen und sich nach der Aussage der Überlebenden unter den ersten in Sicherheit gebracht. Aber das ganze Vertuschungssystem hat schließlich nichts geholfen. Es stellte sich bald heraus, daß vom menschlichen und vom schiffstechnischen Standpunkt aus die schwersten Fehler gemacht worden sind. Die Leitung der „Titanic" hat gewußt, daß sie durch die gefährlichste Strecke der Eisdrift fuhr, man hat vom Schiff aus selbst Eisberge gesichtet; trotzdem lief der Dampfer mit einer Geschwindigkeit von 23 Seemeilen, d. h. 42 Kilometer in der Stunde. Das Wetter war sichtig und klar, also muß der Ausguck, dieser ungeheuer wichtige Posten, schlecht besetzt gewesen sein, sonst hätte man das Nahen des Eisberges bemerken müssen. Der schwerste Fehler aber war die ungenügende Zahl der Rettungsboote, die kaum ein Drittel der Passagiere fassen konnten. Und diese Boote sind oft halbleer abgefahren, was nicht für die angebliche Ruhe bei der Ausbootung spricht. Die amerikanische Regierung hat eine Untersuchungs-Kommission von Senatoren eingesetzt, die Herrn Ismay vernommen hat. Direktor Ismay, der sich ständig von Detektiven bewachen läßt, leugnet, den Kapitän zu einer Rekordfahrt veranlaßt zu haben. Wie auch das Verfahren endigen wird, den Schuldigen, den ungesunden Konkurrenz-Ehrgeiz der Schiffahrtsgesellschaften, wird man kaum treffen – und 1635 Menschen und viele Millionen Werte liegen vernichtet auf dem Meeresgrund.

PORTRÄTS VOM TAGE

Ludwig Ganghofer,
der bekannte Romanschriftsteller,
vor seinem Jagdhaus in Tirol.

Ludwig Thoma, der erfolgreiche Lustspieldichter und Satiriker, auf seinem Landsitz in Rottach am Tegernsee.

Das größte Schiff der Welt

Der neue Riesendampfer „Imperator“ der „Hamburg-Amerika-Linie“

Auf der Hamburger Werft des „Vulkan“ wuchs der Riesenbau des neuen Hapag-Dampfers „Imperator“ empor, der in den nächsten Tagen in Gegenwart des Kaisers vom Stapel laufen wird. Alle andern Schiffe sind durch den neuen Riesen mit seinen 269 Metern Länge und seiner Tonnage von 50 000 Tons übertroffen. Was das heißt: Ein Schiff, das über einen Viertelkilometer lang ist, ermißt man bei der Vorstellung, daß die Türme des Kölner Doms nur 156 Meter hoch sind, also zusammen mit dem Niederwalddenkmal und dem Hamburger Bismarckdenkmal der Länge nach in dem Rumpfe des „Imperators“ verpackt werden könnten. Stellte man das Schiff auf eine Straße, so würden seine Masten die Höhe der Berliner Siegessäule erreichen, seine waagerecht gelegten Schornsteine aber einen Tunnel von annähernd 8 Metern Höhe vorstellen, durch den ein Eisenbahnzug bequem fahren kann. Der Dampfer hat einen Doppelboden als Sicherheit gegen Leckwerden, der in Einzelräume eingeteilt ist, die mehreren hundert Zimmern gleichen. Die Nieten, mit denen die Kielplatten befestigt sind, wiegen 2½ Kilo pro Stück. Das Gesamtgewicht der Anker beträgt 700 Zentner. Die vier Schraubenwellen sind über 300 Meter lang und 80 Zentimeter dick, die Schrauben selbst über 5 Meter hoch. Das Gesamtgewicht des Riesendampfers im Rohbau, also ohne Kessel, Maschinenanlage und Einrichtung, beträgt 680 000 Zentner, d. h. 180 000 Zentner mehr als ein vollständig armierter moderner Panzer. Die Zahl der Menschen, die im „Imperator" fahren werden, entspricht natürlich diesen gigantischen Ausmaßen. Der größte deutsche Dampfer konnte bisher nur 3277 Personen aufnehmen. Der „Imperator" aber wird außer 1100 Mann Besatzung 4100 Passagiere befördern. Natürlich ist es nicht der Ehrgeiz, das größte Schiff der Welt zu besitzen, der eine Schiffahrtsgesellschaft veranlaßt, solche Dimensionen anzustreben, sondern die Rentabilitätsberechnung. Der vorhandene Raum ermöglicht eine Steigerung des Reisekomforts, die alle bisherigen Leistungen überbietet. Festsäle von 30 Meter Breite werden zur Verfügung stehen, im großen Speisesaal können 700 Personen auf einmal an kleinen Tischen speisen. Ein elegantes Schwimmbad von imposanter Höhe, Massageräume, Turnhalle und Wintergarten sind vorhanden. Außerdem wird aber noch genügend Raum für Rettungsvorrichtungen aller Art freigehalten, wobei die traurigen Lehren der „Titanic"-Katastrophe beherzigt werden. Die riesenhaften Dimensionen ermöglichten auch manche technische Neuerung, die der Mannschaft und vor allem den Maschinisten und Heizern zugute kommen. So war es möglich, durch einen 2 Meter hohen gewölbten Gang eine direkte Notverbindung der Maschinenräume unter Kohle und Ladung hindurch ins Freie zu schaffen. Aber ein Jahr wird wohl noch vergehen, ehe das neue Schiff zur ersten Fahrt bereit sein wird.

Alexander Zinn

Der Wintergarten an Bord des „Imperators".

Bilder vom Tage

Die russische Primaballerina Karsawina, die augenblicklich in Berlin Triumphe feiert.

Die berühmte französische Serpentintänzerin Loïe Fuller mit den Zöglingen ihrer Tanzschule auf einem Ausflug zu einer Tanzübung im Freien.

Grosse Strapazen
auf Reisen, Touren, Märschen, Rennen, Wettfahrten, -kämpfen, -spielen usw. leicht zu überwinden und sich dauernd genussfähig zu erhalten durch die
Echten KOLA-
Pastillen
Marke: Dallmann
empfiehlt der gewaltige und begeisterte Freundeskreis, den sich diese Pastillen seit mehr als 20 Jahren erworben haben. — In Apotheken (Schachtel 1 Mark) ausdrücklich die Marke „DALLMANN“ verlangen! DALLMANN & Co., Schierstein am Rhein, bei Wiesbaden.
Peru-Tannin-Wasser
zur
Haar-Pflege.
reinigt und erfrischt, befördert den Haarwuchs, beugt dem Ausfallen vor, ist ärztlich empfohlen, und seit 24 Jahren bewährt. Flasche M. 2.—. Doppelfl. M. 3.75.
Ueberall zu haben.
Adam's Präzisions-Uhr
Die Beste!
Reich illustr. Kataloge über Wand- u. Taschenuhren Gold- u. Silberwaren, Ketten, Ringe, Brillanten etc. gratis!
Soliden Personen überall hin gegen bequemste Monats-Raten ohne Preisaufschlag!
Vertreter gesucht!
Otto Jacob, sen.
Friedenstr. 8
Berlin 155.
Cannstatter Misch- u. Knet-Maschinen- u. Dampf-Backofen-Fabrik
Werner & Pfleiderer
WP
CANNSTATT-STUTTGART
Berlin, Köln, Hamburg, Frankfurt a. M., Dresden, Wien, Haag, Mailand, Zürich, Paris, Moskau, London, Saginaw U.S.A.
Complete Einrichtungen für Lebensmittel u. Chemie.
Patente überall.
165 höchste Auszeichnungen.
Zur Probe
NEU! 80 Stücke auf einmal zugleich m. Apparat
mit Rücksendungsrecht bei Nichtgefallen, also ohne jede Kaufverpflichtung und ohne Anzahlung lediglich gegen Monats-Raten von 2 Mark an liefern wir: Sprech-Apparate mit Pathé-Platten, Musik-Instrumente aller Art, photographische Apparate, Waffen etc.
Kaufen Sie niemals ohne mehrtägige Probe! Kaufen Sie nur unsere nadellosen Pathé-Platten. Alle anderen Platten werden durch den ständigen Nadelwechsel angegriffen u. schließlich völlig zerstört. Lieferung z. Original-Fabrikpreis.
Gratis
und franko senden wir an jedermann unseren illustriert. Katalog mit der Broschüre „Das Unwesen im Plattenhandel.“ Postkarte genügt.
BIAL & FREUND
Breslau Postfach 172 b
Kotillon- u. Karneval-Artikel
Kotillonpreisliste frei!
Maskenkostüme. Ulkkostüme.
Unerreichte Auswahl. Kostümpreisliste frei.
Thalia, Ratgeber für Vortragsliteratur gratis,
E. Neumann & Co.,
Hoflieferanten, Dresden-N. 17/3.
+ Bandwurm
mit Kopf (Spul- und Madenwürmer) beseitigt meist binnen 2 Stunden leicht und vollständig gefahrlos ohne Berufsstörung das erfolgsichere echte
Arekanuss-Bandwurmmittel
Keine unangenehm. Nachwirkungen, keine Hungerkur, nicht angreif. u. unschädl., auch wenn Bandwurm nur vermutet wird. Einfachste Anwendung! Nur echt m. Marke „Medico“ f. Erwachs. 2.—, Kinder 1.25 Otto Reichel, Berlin 28, Eisenbahnstr. 4.
Marke.
Gegr. 1824.
Carl Gottlob Schuster jun.
Markneukirchen No. 342.
Bedeut. Instr.-Fabrik. Kataloge grat.
75 Couplets ff. Zugnummern 30 Seit. Klavierbegleit., Soloszenen, Parodien etc. Kolossal. Erfolg selbst für Talentlose. Urkom. Sammlung. frko. n. r 1,10 (Nachn. 1,60). Reichhalt. Katalog. spottbill. Theaterstücke, Couplets, Theaterrequisit., Masken, Ball-, Cotillon-, Perücken, Scherz-Artik. illustr. grat. u. frko. A. Lindner, München, Häberlstr.
Gewebte Gummi-Strümpfe
Preisliste gratis. Friedr. Schmitt, Frankfurt a. M., Gr. Eschenheimerstr. 27.
Schluss der Inseratenannahme 18 Tage vor Erscheinen Mittwochs.
4,500,000 Mark
sind für neue Erfindungen und Verbesserungen in allen Branchen zum internat. Wettbewerb ausgeschrieben. Unterlagen M. 1.—. Wiesbaden 4. Chr. Lehmann, Albrechtst. 6, Patentverwert.
Bei Bestellungen bitten wir, sich auf die Berliner Illustrirte Zeitung zu berufen
Verlangen Sie gratis und portofrei Prospekt über
Rheinschatz
Idealer Haartrocken-Apparat
D. R. P.
Trocknet das stärkste Haar nach dem Waschen
In 15 Minuten
Stück Mark 5.—
Viele anerkennende Gutachten.
Schmidt & Könemann
Berlin O. 27
288000 Apparate
Haarbold (ges. gesch.)
Kraftwasser von eminent stärkender, reinigender u. erhaltender Wirkung, welches die Haarwurzeln u. Neuwuchs in befriedig. Weise anregt, Ausfallen u. Schinnen beseitigt, ein prachtv. Haar gibt. Abends gebraucht, folgt ruhiger Schlaf. Fl. 3 Mk. Nur in Berlin, Franz Schwarzlose, Leipzigerstr. 56, neben den Kolonnaden.
Leberecht Fischer
Markneukirchen
Eig. Fabr. u. directer Versand von Musikinstrumenten u. Saiten. Katal. gratis!
Meinel & Herold,
Harmonikafabrik
Musikinstrumenten-Versand
Klingenthal (Sachs.) 435
Cotillon
Ball-
Scherz-
Artikel
Haupt-Katalog an Jedermann frei.
Echte Briefmarken
40 altdeutsche 1.75, 100 Übersee 1.50
40 deutsche Kol. 3.—, 200 engl. Kol. 4.50.
Albert Friedemann
Briefmarkenhandlung LEIPZIG-H
DEINHARD & Co. COBLENZ
DEINHARD CABINET
Otto Putz Erfurt
Beschreibendes Verzeichnis neuester, schönster, grossblumigster Sorten im
Preisbuch für 1911
über
Garten-, Feld- u. Blumensamen
auf direkte Anfrage kostenlos und postfrei erhältlich von
Otto Putz in Erfurt 28
(Mitglied der „National Sweet Pea Society“ in London)
Samenbau und Samenhandlung.

Einzug in Saloniki.

Mit der Eroberung der Stadt Saloniki, deren Einnahme für den Besitz Mazedoniens von ausschlaggebender Bedeutung ist, haben die Griechen den auf sie entfallenden Teil des Feldzugsplanes gelöst. Am 9. November unterzeichnete der Kommandant von Saloniki die Kapitulation und ergab sich mit 25 000 türkischen Soldaten dem griechischen Kronprinzen, der bekanntlich als Divisionsgeneral einen Teil der Armee führt. Drei Tage später zog König Georg von Griechenland mit dem Kronprinzen als Triumphator in Saloniki ein. In seinem Gefolge befand sich der Generalstab, Prinzessin Alice und der Metropolit von Athen. Die griechischen Truppen sowie die in Saloniki ansässigen Griechen bildeten Spalier, die Frauen standen auf den Balkonen und bewarfen die siegreichen Truppen mit Blumen. Nach den Griechen marschierten die vom Prinzen Boris von Bulgarien geführten Truppen ein, die mit ihrem Siegesrausch bald die ganze Stadt erfüllten. Wie aber gerüchtweise verlautet, soll vorher zwischen den beiden siegreichen Prinzen heftiger Zank ausgebrochen sein, da man den Griechen vorwarf, sie hätten den Türken nur deshalb so leichte Kapitulations-Bedingungen gestellt, um als erste einziehen zu können, und Prinz Boris soll sogar gedroht haben, seine Kanonen auf Saloniki zu richten. ☛ (s. S. 397)

Kriegsgreuel: Exekution zweier zum Tod durch den Strang verurteilter türkischer Spione in Mustafa-Pascha.

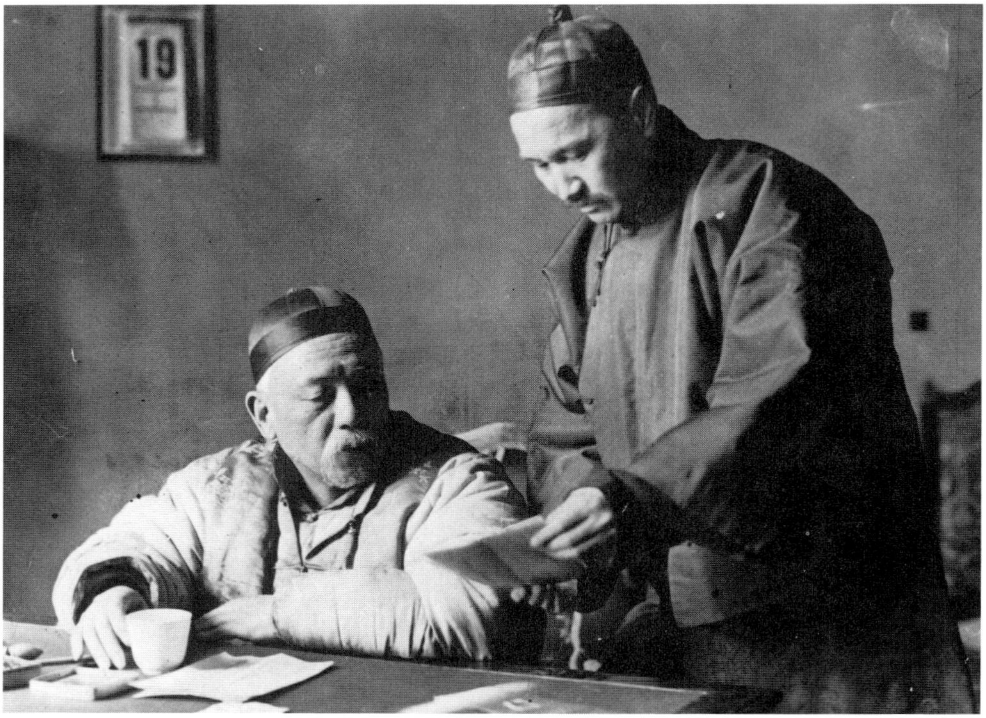

Yuan Schi-kai, der Präsident der Republik China, in seinem Arbeitszimmer.

Die Töchter des russischen Zarenpaares: die 17jährige Großfürstin Olga, Regimentschef der Elisabethgrader Husaren, und die 15jährige Großfürstin Tatjana in der Uniform ihres Ulanen-Regiments.

Die Hundertjahrfeier des Hauses Krupp.

Alfred Krupp (1812–1887), der den Weltruf des Hauses Krupp begründete.

Gustav Krupp von Bohlen und Halbach, der jetzt als Vorsitzender des Aufsichtsrats Leiter der Firma ist.

Das Jubiläum, das die Firma Krupp in diesen Tagen begeht, gilt dem hundertsten Geburtstag Alfred Krupps, dem die Krupp-Werke ihre heutige Größe verdanken. Am 26. April 1812 wurde Alfred Krupp geboren als Sohn des Essener Kaufmanns Friedrich Krupp, der gerade ein Jahr vorher die erste deutsche Fabrik zur Verfertigung des englischen Gußstahls gegründet hatte. Die ersten Jahre brachten Krupp nicht die erwünschten Erfolge, er konnte gegen die übermäßige Konkurrenz des englischen Metalls nur schwer Boden gewinnen. Erst mit dem Jahre 1818, als der Bau einer neuen, größeren Fabrik beschlossen wurde, hob sich das Kruppsche Werk zusehends. Es kam dann wieder ein Rückschlag, der seinen Höhepunkt mit dem Tode Friedrich Krupps im Jahre 1826 hatte. Alfred Krupp war kaum 14 Jahre alt, als er das väterliche Werk übernahm, und wie es ihm ums Herz gewesen ist, zeigt eine Stelle aus einem später erlassenen Aufruf an seine Arbeiter. „Ich stand", so sagt er, „an den ursprünglichen Trümmern dieser Fabrik, dem väterlichen Erbe, mit wenigen Arbeitern in einer Reihe. Fünfzehn Jahre lang habe ich gerade so viel erworben, um die Arbeiter ausbezahlen zu können, für meine eigene Arbeit und Sorgen hatte ich nichts weiter als das Bewußtsein der Pflichterfüllung." In langsamer, aber steter Entwicklung blühte dann sein Unternehmen auf. Amüsant und charakteristisch für vormärzliche Zustände in der preußischen Militärverwaltung ist eine Episode aus dem Jahre 1843, dem Jahre, in dem Krupp als neuen Fabrikationszweig die Herstellung von Büchsen- und Pistolenläufen aus Gußstahl aufnehmen konnte. Eine Sendung von zwei Gußstahl-Gewehrläufen, dem Kriegsminister zur Prüfung eingereicht, kam uneröffnet zurück mit dem Bemerken, „die preußische Waffe sei so vollkommen, daß sie keiner Verbesserung mehr bedarf". Erst als die französischen Behörden mit diesen Läufen glänzende Resultate erzielten, entschloß man sich auch in Preußen, einen Versuch mit ihnen zu machen, der dann natürlich auch ein sehr günstiges Resultat zeitigte. Heute gehören zu den Kruppschen Werken außer der Gußstahlfabrik drei Schießplätze, drei Kohlengruben, zahlreiche Eisensteingruben, drei mittelrheinische Hüttenwerke und eine Reederei. An Zweigniederlassungen besitzt die Firma, die heute 70000 Arbeiter beschäftigt, die Friedrich-Alfred-Hütte in Rheinhausen, das Stahlwerk Annen bei Witten in Westfalen, das Grusonwerk in Magdeburg und die Germaniawerft in Kiel. Nach dem Tode Alfred Krupps, der am 14. Juli 1887 starb, übernahm sein Sohn Fritz das Erbe, das sich unter seiner Leitung zu machtvoller Blüte entfaltete. Da er keine männlichen Erben hatte, ging das Werk nach seinem Tod im Jahre 1902 in den Besitz der älteren seiner beiden Töchter, Bertha, über und wurde dann, der Verfügung des Testaments entsprechend, in eine Aktien-Gesellschaft mit 180 Millionen Mark Kapital umgewandelt. 1906 vermählte sich Bertha Krupp mit Gustav von Bohlen und Halbach, dem bekanntlich vom Kaiser die Genehmigung erteilt wurde, seinem eigenen Namen den Namen Krupp vorzusetzen. Herr Krupp von Bohlen und Halbach übernahm dann das Direktorium der Werke. Er hat zwei Söhne im Alter von 5 und 3 Jahren.

Bertha Krupp von Bohlen und Halbach, die Enkelin Alfred Krupps und Erbin der Krupp-Werke, mit ihren Söhnen Alfried und Klaus.

Porträt vom Tage

Riccarda Huch, die berühmte Dichterin, die ihren 50. Geburtstag feiert.

Oberstleutnant von Schleinitz, Kommandeur der Schutztruppe in Deutsch-Ostafrika, bei einer Verhandlung mit Mzinga, dem mächtigsten Sultan Deutsch-Ostafrikas.

Beim Sultan Mzinga.

Die Westecke Deutsch-Ostafrikas wird von dem noch wenig erforschten Bergland Ruanda eingenommen, in dem der Sultan Mzinga, der mächtigste Negerfürst unserer Kolonie, herrscht. Die Bevölkerung wird auf über 1½ Millionen geschätzt, die von der Oberkaste der Watussi regiert werden. Diese Watussi gehören zu den körperlich größten und tüchtigsten Negerstämmen, Leute von zwei Meter Größe sind eine häufige Erscheinung. Auch der Sultan Mzinga selbst ist so groß. Infolge seiner Machtstellung, die trotz der Oberhoheit des Deutschen Reichs für die politischen Zustände in diesem Landesteil ausschlaggebend ist, wird Mzinga von allen Beamten des Schutzgebiets und Forschern aufgesucht, die ihm ihre „Reverenz" erweisen. Auch Herzog Friedrich Adolf von Mecklenburg, der bekannte Afrikaforscher, hat ihn besucht und wurde von der schwarzen „Durchlaucht" mit allem negerhaften Pomp empfangen und mit Massen von Kühen, Ziegen, Honig, Butter und Bananen beschenkt. Als Gegengeschenk verehrte ihm der Herzog die üblichen Gaben von buntem Stoff und Perlen sowie eine Weckeruhr, die den allerhöchsten Beifall fand. Aber geradezu königlich freute sich der Sultan, als er noch eine kleine Säge bekam, mit der er sofort alle erreichbaren Stuhlbeine höchstselbst absägte! Sultan Mzinga ist ein intelligenter, aber ziemlich träger Herr, der friedlich in seiner Residenz Niansa lebt, was kein Schaden für das Gedeihen unserer Kolonie ist, steht doch seinen etwa 300 000 waffenfähigen Kriegern nur eine Kompanie der Schutztruppe gegenüber.

* *

Von den Olympischen Spielen in Stockholm: König Gustaf bei der Verleihung der Eichenkränze an die Sieger. Der König bekränzt den Engländer Jackson, der im 1500-Meter-Lauf mit 3 Minuten 56 Sekunden einen neuen Weltrekord aufstellte.
Zeichnung von Rolf Niczky.

König Georg von England in Berlin: der König mit dem Kaiser (in englischer Uniform) auf der Fahrt zum Schloß.

XXIII. Jahrgang
Nr. 33

Berliner

Illustrirte Zeitung

16. August 1914
Einzelpreis
10 Pfg.
oder 15 Heller.

Verlag Ullstein & Co., Berlin SW. 68

Drauf!

Zeichnung von Fritz Koch-Gotha.

Kriegs-Tagebuch

Dekorierung der Tapfersten eines Regiments mit dem Eisernen Kreuz durch den Oberst.

Flieger-Abteilung auf dem Marsch im Westen.

In Feindesland

Von der Eroberung Belgiens.

Mit lautem, weithin schallendem Hurra wurde die Grenze überschritten, am Grenzpfahl vorbei ging der Marsch in das feindliche Land hinein. Wohin, war der Truppe unbekannt, vielleicht wußten es nicht einmal die an der Spitze reitenden Offiziere, denn das militärische Geheimnis wird streng gewahrt und jedem, sei er Offizier oder Soldat, nur so viel mitgeteilt, als er unbedingt wissen muß. Unsicherheit und Ungewißheit ist das charakteristische Moment in Feindesland. Die Truppe marschiert, marschiert, ein Kilometerstein nach dem andern wird überholt, und niemand weiß, wie lange noch der Marsch dauern soll, welcher Ort das Ziel sein wird, in dem die Unterkunft bezogen werden soll. Endlich ist dieses erreicht. Ein langgestrecktes Bauerndorf, das einen wohlhabenden Eindruck macht und eine gute Unterkunft in Aussicht stellt. Die letzten Nächte hatte die Truppe im Biwak zugebracht. Da wird die Unterkunft unter Dach und Fach mit besonderer Freude empfunden, denn noch immer gilt der alte Satz, daß das schlechteste Quartier dem besten Biwak vorzuziehen ist. Ganz anders gestaltet sich aber die Unterkunft im Krieg als im Frieden. In großen Zügen werden die einzelnen Dorfabschnitte auf die Truppenteile verteilt. Rechts von der Chaussee das I. – links von der Chaussee das II. Bataillon – die Windmühle und die dort gelegenen einzelnen Gehöfte dem III. Bataillon – und nun teilt jedes Bataillon in ähnlicher Weise schnell Reviere für die Kompanien ab, je schneller dies alles geschieht, desto besser, damit jeder möglichst bald sein Quartier erhält. Eng ist die Unterkunft, es ist aber wunderbar, wieviel Leute in einem Gehöft, in einer Scheuer unterkommen können. Hat der Soldat das schützende Obdach erreicht, kommt die wichtige Essensfrage an die Reihe. Die Bewohner können nicht viel liefern, der Feind, der vorher in diesem Ort gelegen hatte, hat schon alles aufgebraucht. Aber da kommen auch schon die Feldküchen heran, die immer am Ende des Bataillons fahren, damit sie jederzeit zur Hand sind. In ihnen kocht das Essen während des Marsches und kann sofort nach der Ankunft im Quartier ausgegeben werden. So erhalten die Leute gleich einen Teller warmer Suppe, brauchen sich um die Zubereitung selbst nicht zu kümmern und kommen zeitiger zur Ruhe. Die Truppe ist in der Nähe des Feindes, und auch auf die Einwohner ist kein Verlaß. Aus verschiedenen Dörfern ist auf die Truppen geschossen worden. So muß für die Sicherheit der ruhenden Truppen gesorgt werden. Innen- und Außenwachen werden gestellt, und den Kompanien ist die äußerste Wachsamkeit zur Pflicht gemacht. In jedem Gehöft und Hause werden die Bewohner in einem Zimmer zusammengebracht und eingeschlossen, der Bürgermeister, Pfarrer und einige der wohlhabenden Bauern werden als Geiseln für das Wohlverhalten der Einwohner in der Kirche gefangengehalten. Sie werden rücksichtslos erschossen werden, wenn den Truppen in dem Orte irgend etwas geschehen sollte. Hart und rücksichtslos muß die Militärbehörde vorgehen, abschreckend muß sie wirken, nur so ist es möglich, den Volkskrieg im

Entstehen zu unterdrücken. All dieses ganze Elend, der große Jammer fällt auf die zurück, die ihn entfesselt haben. Es wird dunkel, die Schatten der Nacht senken sich auf die Gegend herab. Noch ist aber kein Befehl eingetroffen, wann und wohin der Marsch am nächsten Tag fortgesetzt wird. Die Mannschaften können aber nicht darauf warten, bis der Adjutant mit den Befehlen zurückgekommen ist. Sie sollen schlafen und neue Kräfte für den nächsten Tag sammeln. So werden nur von jeder Kompanie Befehlsempfänger zum Regimentsstab entsendet, und auch für diese ist ein Strohlager bereitet. Spät erst in der Nacht werden die Befehle ausgegeben, die die Befehlsempfänger ihren Kompanien übermitteln. Der Hauptmann und der Feldwebel werden geweckt, und bald darauf ist die Truppe alarmiert. Sie steht marschbereit auf den Alarmplätzen, und noch in der Dämmerung wird der Marsch angetreten. Von neuem wird marschiert, marschiert, marschiert! Während des Marsches entsteht plötzlich eine gewisse Unruhe; woher sie gekommen, worauf sie beruht, kann niemand sagen. Es ist, als ob eine gewisse Spannung und Erwartung in der Luft läge. Einzelne Meldereiter jagen an der Truppe vorbei, Adjutanten erscheinen, die berittenen Offiziere werden nach vorn gerufen. Der Marsch stockt häufiger. Es treten längere Pausen ein. Der Feind soll in der Nähe sein. Die Artillerie wird vorgezogen. Sie trabt an der Infanterie vorbei. Da – der erste Schuß. Alles atmet erleichtert auf, die bange Spannung ist gewichen. Man weiß jetzt, der Kampf hat begonnen. So spielt sich das Leben ab in Feindesland. Immer weiter geht der Marsch in das Innere des Landes. Nur selten hat die Truppe Gelegenheit zum Kämpfen, der Hauptteil der Tätigkeit besteht im Marschieren. Gar viele der Kameraden, die die Grenze unter fröhlichem Gesange und mit donnerndem Hurra überschritten haben, sind dahingerafft oder als krank und verwundet zurückgeschickt, immer kleiner wird der alte Stamm, dem weder das tödliche Blei des Feindes noch die Hinterlist der Bewohner, noch schleichende Krankheiten etwas anzuhaben vermochten. Aber endlich schlägt die Friedensstunde, und wieder wird die Grenze überschritten, aber diesmal zurück in das geliebte Heimatland.

* *

Aus dem Kriegs-Tagebuch 1914.

Im Feldhospital in Galizien.

Zurückgekehrte Einwohner in einer Straße von Ortelsburg.

Unsere tapferen Flieger.

In diesem Krieg hat die neueste Waffe, das Luftfahrzeug, zum erstenmal praktische Verwendung gefunden und – wenigstens soweit die deutsche Luftschiffahrt in Betracht kommt – die Feuerprobe glänzend bestanden. Selbst auswärtige Zeitungen, sogar französische, die doch gewiß nicht uns zuliebe etwas zugeben, erklären, daß nach übereinstimmenden Berichten der durch die deutschen Flieger geleistete Aufklärungsdienst hervorragend sei. Die tapferen deutschen Flieger sind aber auch schon zum selbständigen Angriff geschritten. Leutnant v. Hiddesen ist mehrmals über Paris geflogen und warf Bomben ab, die großen Schrecken in der Stadt verbreiteten. Außer den Militärfliegern sind fast alle Zivilpiloten freiwillig zum Kriegsdienst eingetreten. Sehr viele, wie Ingold, Hellmuth Hirth usw., erhielten auch schon das Eiserne Kreuz, das sie für ihre kühnen, Mut und Klugheit in höchstem Maß erfordernden Fahrten errungen haben. Von ihren erstaunlichen Taten wird man nach Beendigung des Krieges vielerlei erzählen können.

Gruppe von Fliegern, die sämtlich das Eiserne Kreuz erhalten haben. Von links: Oblt. Saenger, Lt. Baas, Oblt. Hahn, Ingold, Lt. Hug, Oblt. Bremer, Vize-Feldw. Reichert.

Vom Krieg im Westen.

Ein zerstörter Stadtteil von Reims mit der Kathedrale.

UNSERE TOTEN

VON WALTER BLOEM

Der Dichter, der als Hauptmann ins Feld zog und verwundet wurde,
sendet uns von seinem Krankenlager dieses Gedicht.

Euch, die ich fallen sah auf Belgiens Auen,
Euch, die ihr sankt in Frankreichs Saatgetreid,
In euren Augen noch des Todes Grauen,
Um eure Stirnen schon Unsterblichkeit –
Euch, Kameraden, Gruß! Die Waffe rostet
In eurer starren Faust, die nie gebebt –
Gruß euch von einem, der das Blei gekostet,
Doch lebt, und fast sich schämt, daß er noch lebt.

Ihr, die ich half ins kühle Dunkel betten,
Ihr, die ihr modert einsam, unentdeckt,
Ihr, die ihr welktet in den Lazaretten,
Ihr, die das tücksche Mörderblei gestreckt,
Ihr, die des Schrapnells Bluterguß zerwettert,
Daß ihr des Kampfes heiße Lust gebüßt,
Und ihr, die der Granate Sprung zerschmettert –
Ihr eil'gen Toten, seid gegrüßt – gegrüßt!

Nun ist um euch daheim ein jähes Klagen,
Und schwarze Trauer deckt, die euch geliebt,
Doch eure Seelen sind hinaufgetragen,
Dorthin, wo's nicht mehr Krieg noch Wunden gibt.
Oh, ihr könnt ruhn! Um unsere Stirnen hangen
Der Sorge Schleier und der herben Not,
Und auch des Kühnsten Seele faßt ein Bangen:
O Herr, wann dämmert uns dein Morgenrot?

Doch – Friede? Nein! Es schauen unsere Toten
Von droben ernst herab auf unsern Kampf –
Sturm! Sturm! Dem Feind aufs neu die Brust geboten!
Granaten! Schrapnells! Eisen! Pulverdampf!
Noch lange Züge müssen todwärts wallen!
Die Schar da droben ist noch viel zu klein!
Auf! In den Feind! Was fallen soll, mag fallen!
Erst muß das Vaterland erhöhet sein!

DER SIEG BEI TANNENBERG

Die Schlacht bei Tannenberg, in der unter dem Generalobersten von Hindenburg eine ganze russische Armee, bestehend aus fünf Armeekorps, vernichtet wurde, ist eine der glänzendsten Waffentaten aller Zeiten. Vom Abtransport der riesigen Gefangenenmenge wird folgende lustige Episode erzählt. In einem überfüllten Eisenbahnzug konnten mehrere höhere russische Offiziere nicht anders als in einem Wagen 4. Klasse untergebracht werden. Die russischen Offiziere protestierten heftig, worauf ihnen der Leiter des Gefangenentransports trocken entgegnete: „Ja, meine Herren, Sie müssen schon entschuldigen, auf einen derartigen Andrang waren wir nicht vorbereitet!“

Kriegs-Tagebuch

Beschießung eines russischen Fliegers aus einem Motorboot während der Fahrt auf dem Njemen.

Straßenbild aus einer Stadt in Frankreich.

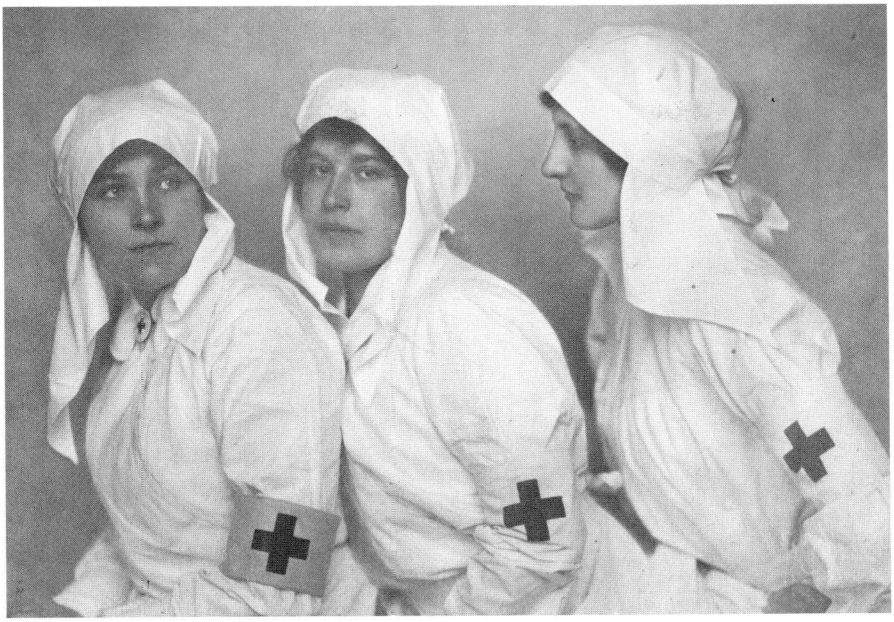

Wiener Aristokratinnen im Dienst des Roten Kreuzes.
Von links: Gräfin Mangnitz-Szecheny, Gräfin Anna zu Khevenhüller-Metsch und Comtesse Cholnwiewska. Foto Atelier d'Ora.

Deutsche freiwillige Ärztinnen in feldgrauer Uniform.

Unterstand in der Champagne, zwei Meter unter der Erde, genannt „Villa Augusta".

Aus dem Kriegs-Tagebuch 1915.

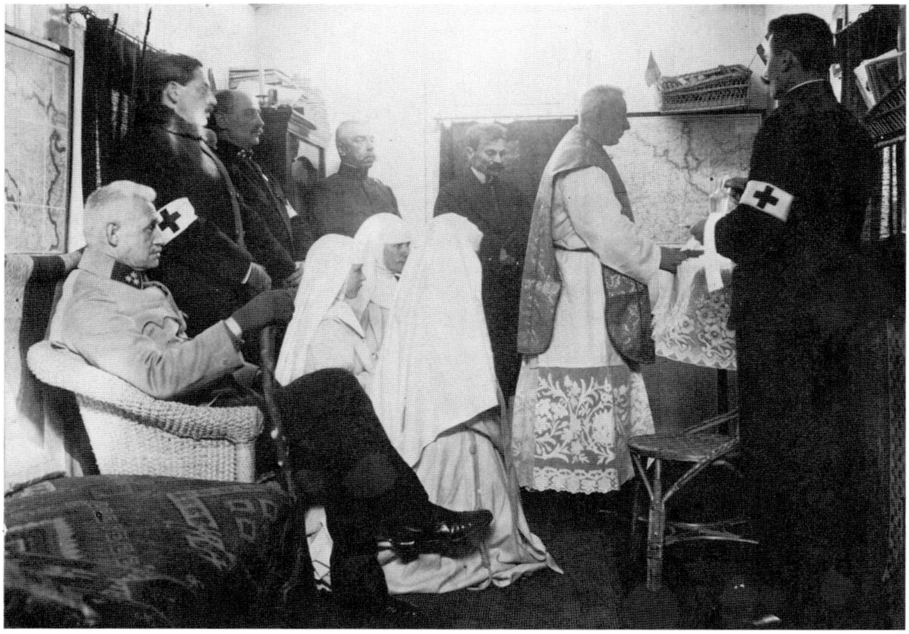

Kapelle in einem Lazarettzug, der von dem ungarischen Grafen Karoly ausgerüstet und nach Rußland geleitet wurde.

Deutsches Flugzeug in einer Feldfliegerstation vor dem Abflug.

Sozialdemokratische Reichstagsabgeordnete in Blankenberghe auf einer Besichtigungsfahrt durch das besetzte Gebiet. Von links: Scheidemann, Dr. David, Ebert und Schöpflin.

Vom Seegefecht bei der schwedischen Insel Gotland: das deutsche Minenlegeschiff „Albatros", das nach heldenmütigem Kampf auf den Sand gesetzt wurde.

Aus dem Kriegs-Tagebuch 1915.

Die Vertriebenen: flüchtende polnische Bauernfamilie.

Rastende jüdische Familien, die von den Russen bei der Räumung einer Stadt mitgeschleppt wurden.

Goldene Kuppel, gleichzeitig Beobachtungsstand der Russen, bei Brest-Litowsk.

Von der Vermählung des Kapitänleutnants von Mücke mit Fräulein Carla Fincke, Tochter des Großindustriellen H. C. Fincke in Bremen. Das neuvermählte Paar mit der „Ayescha"-Mannschaft, die zur Hochzeit geladen war.

Frauen im Krieg: Fahrstuhl-Führerin.

Straßenbahn-Führerin.

Zum Thronwechsel in der österreich-ungarischen Monarchie.

Kaiser Carl von Österreich, König von Ungarn, mit dem Kronprinzen Franz Joseph Otto.

Der neue Kaiser von Österreich und König von Ungarn ist noch nicht 30 Jahre alt. Er wurde als Sohn des Erzherzogs Otto, des jüngeren Bruders des ermordeten Thronfolgers Franz Ferdinand, und der Erzherzogin Maria Josefa, einer Schwester des Königs von Sachsen, am 17. August 1887 geboren. Damals lebte Kronprinz Rudolf noch, der Thronerbe der Habsburger, und nach menschlicher Voraussicht war zu jener Zeit nicht daran zu denken, daß der kleine Erzherzog Carl Franz Josef jemals für die Thronfolge der österreichisch-ungarischen Monarchie in Frage kommen könnte. Nach dem Ableben des Kronprinzen Rudolf, der ohne männliche Erben starb, ging die Thronfolge auf dessen Vetter Erzherzog Franz Ferdinand d'Este über, der damals noch unverheiratet war. Die Erziehung des jungen Carl Franz Josef unterschied sich daher nicht von der, die sonst für die Prinzen des österreichischen Kaiserhauses üblich ist. Erst als ein Jahr später der Erzherzog-Thronfolger eine morganatische Ehe mit Gräfin Sofie Chotek einging und für seine Nachkommen auf die Thronfolge Verzicht leistete, wendete sich das Schicksal, das Erzherzog Carl Franz Josef nach dem früh erfolgten Ableben seines Vaters und nach der Mordtat von Serajewo, der sein Oheim zum Opfer fiel, plötzlich zum nächsten thronberechtigten Erben seines Großoheims, des Kaisers Franz Josef, machte. Im Jahre 1911 vermählte sich Carl Franz Josef mit der Prinzessin Zita von Parma, deren Name im Elternhause „Sita" ausgesprochen wurde. Die neue Kaiserin von Österreich ist in der italienischen Provinz Lucca geboren, sie ist als Tochter des Herzogspaares von Parma der Abstammung nach Bourbonin, muß aber doch als wienerische Prinzessin gelten, da sie seit ihrer frühesten Kindheit in der Umgebung Wiens lebte. Im Sommer 1909 lernte Prinzessin Zita ihren späteren Gemahl kennen, als beide bei einer Tante des Erzherzogs in Franzensbad zu Besuch weilten. Der unmittelbare Anlaß zur Verlobung soll, wie man in Wiener Hofkreisen erzählt, ein Hofball gewesen sein. Unter den jungen Prinzessinnen fiel eine ganz besonders graziöse Tänzerin auf, und als man den Erzherzog auf sie aufmerksam machte, äußerte er lebhaft: „Oh, die gefällt mir schon lange ausgezeichnet!" Im Oktober desselben Jahres fand die Vermählung statt. Die Flitterwochen verbrachte das junge Paar auf Schloß Brandeis an der Elbe, und als das Regiment des Erzherzogs nach Kolomea tief in Galizien versetzt wurde, begleitete Erzherzogin Zita das Regiment auf dem Etappenritt von Brandeis

Die Beisetzung Kaiser Franz Josephs in Wien: der Leichenzug beim Denkmal der Kaiserin Maria Theresia.

nach der neuen Garnison. Für den ältesten Sohn des neuen Kaiserpaares hatte der verstorbene Kaiser Franz Josef eine besonders zärtliche Zuneigung, die der sonst in der Öffentlichkeit so zurückhaltende Monarch gern und oft zeigte. Der neue, jetzt vierjährige Kronprinz hat noch drei Geschwister, die zwei Jahre alte Erzherzogin Adelheid, den einjährigen Erzherzog Robert Karl Ludwig und den Erzherzog Felix Friedrich August, der Ende Mai dieses Jahres zur Welt kam. Zum ersten Mal seit dem tragischen Tode der Kaiserin Elisabeth wird nun in die Wiener Hofburg wieder eine Kaiserin einziehen, und die puritanisch einfachen Privatgemächer des alten Kaisers mit der sprichwörtlich gewordenen eisernen Bettstelle werden wieder einen jungen Kaiser aufnehmen. 68 Jahre hindurch hat hier einer der reichsten Monarchen der Erde die Lebensweise des bescheidensten seiner Offiziere geführt, ein Leben unermüdlicher Arbeit und Sparsamkeit, die Franz Josef auch forderte, wenn es sich um Ausgaben von Staatsgeldern handelte. Ein Beweis für diese ökonomische Denkart des verstorbenen Kaisers ist folgendes Vorkommnis, das seinerzeit in Wiener Hofkreisen viel besprochen wurde: Der ehemalige österreich-ungarische Botschafter in der Türkei, Graf Franz Zichy, schilderte in einem Bericht den Empfang, den er dem neuernannten russischen Botschafter bereitet hatte.

Als Kaiser Franz Josef bei einer Stelle des Schriftstückes angelangt war, die eine Meerfahrt auf einem staatlichen Dampfer schilderte, schrieb er mit Blaustift an den Rand des Aktes: „Wer zahlt die Kohlen?"

Karl Singer

Aus dem Kriegs-Tagebuch 1916.

Die erste Aufnahme eines Luftkampfes, von einem mitkämpfenden Flugzeug aus fotografiert. In der Wolke rechts: ein deutsches und ein russisches Flugzeug im Kampf; unten: brennende Gehöfte.

Aus dem Kriegs=Tagebuch 1916.

Ein britischer „Tank“ auf dem Schlachtfeld bei Beaucourt.

An der flandrischen Kriegsfront: Begegnung zweier Torpedoboote auf hoher See.

Neueste Aufnahme des Kaisers.

Briefkasten.

K. W. Der normal gebaute Mensch soll als Brustmaß die halbe Körperlänge haben. Auch Gewicht und Länge stehen in einem gewissen Zusammenhang. Wer 180 Zentimeter groß ist, soll 80 Kilo wiegen, wer 160 Zentimeter in der Länge mißt, müßte demnach 60 Kilo = 120 Pfund schwer sein. Dieses feste Verhältnis läßt sich aber nur für den Mann annehmen, für Frauen mit ihrem zarteren Knochenbau müßten die Zahlen etwas niedriger angenommen werden.

Ein Kriegsspiel für 6- bis 15jährige Jungen ist „Artilla", keines der vielen Würfelspiele, keine Festung mit Bleisoldaten. Es handelt sich nicht um ein Rücken von Figuren, sondern um einen Kampf mit Kanonen, bei dem es auf zielsicheres und doch gefahrloses Schießen ankommt. Mit Flankenangriffen, Durchbrüchen und Sturmangriffen wie auf dem Schlachtfelde fesselt es auch Erwachsene. Man verlange kostenlos das Artilla-Büchlein A von der Kunstanstalt Artilla in Dresden-Laubegast.

Die Flucht der Beate Hoyermann.

Roman von Thea von Harbou.

Wer sind Sie, und wer bin ich?" sagte Kyrill Fedorowitsch weiter. „Ich kenne nicht einmal Ihren Namen. Denn Sie sind nicht die Kate Mathew, für die Sie sich ausgeben, daraus haben Sie mir gegenüber nie ein Hehl gemacht, und das danke ich Ihnen. Und ich möchte doch gern wissen, wie Sie eigentlich heißen, damit ich Sie manchmal bei Namen nennen kann, wenn ich Sie selber rufe, und nicht irgendeine fremde Frau ... Ah, ich möchte, daß Sie ein wenig Russisch könnten, um mir dieses oder jenes Wort zu sagen, das nur in der Muttersprache einen Sinn hat ..."

„Um Russisch zu lernen", meinte Beate, „werde ich wohl kaum genügend Zeit haben, Kyrill Fedorowitsch ... Aber bei Namen will ich Sie gerne nennen, wenn Sie es wollen. Vielleicht kommt auch einmal eine Stunde, in der ich Ihnen meinen Namen sagen werde ... Aber dann müßte es Frieden sein, oder wir müßten einander in meiner Heimat wiedersehen, was ich schwerlich glauben kann, solange es Krieg ist. Können Sie sich nicht an Miß Kate gewöhnen?"

„Nein", sagte der Russe kopfschüttelnd. „Miß Kate ist irgend jemand, nur nicht Sie ... Ich hatte eine kleine Schwester, die Mascha hieß. Sie ist als Kind gestorben; meine Mutter liebte sie nicht sehr. Meine Mutter liebte nur Jewgenij, der ein schöner und starker Mensch war und immer lachte ... Meine kleine Schwester war kein heiteres Kind, aber wir liebten uns sehr. Und sie war ein schönes Kind, trotzdem sie immer vor irgend etwas zu zittern schien und sich in sich selbst verkroch. Als sie starb und begraben werden sollte, versteckte ich mich auf dem Friedhof in ihrem Grab. Aber sie entdeckten mich, wie sie den Sarg hinunterließen, und zogen mich herauf, und meine Mutter war ganz verstört, weil sie sich vor allen Menschen meiner schämen mußte. Ich habe meine Schwester nie vergessen. Sie ist mit mir gewachsen und nun groß geworden. Aber nun weiß ich nicht mehr, wie sie aussieht, und manchmal quält mich das ... „Wenn ich Ihren Namen nicht wissen soll, so möchte ich Sie Mascha nennen. Und der Name ist sehr schwer von trauriger und inniger Verehrung ..." Kyrill Fedorowitsch lächelte ein wenig. „Das mag daher kommen, daß ich als Knabe glaubte – und heute noch nicht ganz sicher bin, ob ich mich in meinem Glauben getäuscht habe –, daß meine kleine Schwester nun viel klüger und stärker sei als ich, weil sie das Leben und den Tod gleichermaßen überwunden hatte und bei Gott war, der sie liebte ..."

Kyrill Fedorowitsch schwieg. Beate hatte den Arm aufs Knie gestemmt und ihr Kinn in die Hand gelegt. Sie sah mit ganz verträumten Augen in den grenzenlosen Schatten des „Meeres ohne Wasser" hinab.

„Soll ich nun sprechen?" fragte der Mann behutsam.

„Ja ... ja ..."

„Ich glaube, Sie lieben Ihr Vaterland sehr, Miß Kate, nicht wahr ..."

„Ja, weiß Gott ..."

„Sie lieben es, weil Sie an seine Zukunft glauben – ist es das?" *[Ende des Exzerpts]*

Aus dem Kriegs-Tagebuch 1917.

Englisches Großkampfflugzeug, das bei Laon in unsere Hände fiel.
Flügelspannweite 30 Meter; Besatzung 5 Mann; 3 Maschinengewehre.

Abgeschossenes italienisches Luftschiff im Augenblick des Absturzes ins Meer. Das Luftschiff ist wolkenartig bemalt, damit es in der Luft weniger auffällt.

Durch ein deutsches U-Boot in Brand geschossener bewaffneter feindlicher Öltankdampfer.

Bilder aus den Revolutionstagen in St. Petersburg.

Nach jetzt eingetroffenen Momentphotographien gezeichnet von Fritz Koch-Gotha.

Die Berichte in den englischen Blättern über die Revolutionstage in Petersburg und die Erzählungen von Reisenden, die aus der russischen Hauptstadt in neutralen Ländern eingetroffen sind, lassen erst allmählich ein genaueres Bild der kritischen Tage des Umsturzes erkennen. Am Sonntag, dem 10. März, kam es zu den ersten Kämpfen. Der Newski-Prospekt war schon morgens ungewöhnlich belebt, am Nachmittag füllten schon Hunderttausende die breite Hauptstraße der Stadt. Die Straßenbahn und die meisten Kutscher streikten. Gegen 3 Uhr ordnete die Regierung die Räumung der Straße an. Zuerst gab eine Abteilung Garde-Infanterie eine Salve ab, die etwa hundert Opfer gefordert haben soll. Die Menge wich aber nicht. Gleichzeitig wurde auch in anderen Stadtteilen gekämpft; besonders beim Nikolajbahnhof, wo die Gendarmerie auf den Dächern Maschinengewehre aufgestellt hatte und nicht nur auf die Demonstranten schoß, sondern auch auf Truppen und Schutzleute, die offenbar zum Kampf gegen die Menge provoziert werden sollten, zu dem sie schon

Soldaten auf dem Trittbrett eines Autos mit roten Fahnen auf ihren Bajonetten.

Szene auf dem Newski-Prospekt. Aus einem Fenster ist ein Schuß gefallen, die Vorübergehenden flüchten.

damals anscheinend wenig Neigung zeigten. Am Montagmorgen wurde zugleich mit der Nachricht von der Vertagung der Duma bekannt, daß sich drei Garde- und mehrere Linienregimenter empört hatten. Im Laufe des Vormittags nahmen die Aufständischen das Arsenal und verteilten sofort Waffen und Munition an die Menge. Dann breiteten sich die Kämpfe rasch über die ganze Stadt aus. Die Revolutionäre requirierten Lastautos, stellten Maschinengewehre darauf und fuhren damit vor die Kasernen, Postämter, Polizeireviere usw. Das große Gerichtsgebäude wurde erstürmt, das Untersuchungsgefängnis geöffnet und in Brand gesteckt, nachdem die Gefangenen befreit worden waren. Bald darauf bemächtigten sich die Revolutionäre des Ministeriums des Innern und der Stadthauptmannschaft. Nach einer Beratung in der Duma telegrafierte Rodzianko an den Zaren, er müsse sofort eine neue Regierung einsetzen. Gleichzeitig wurde der Exekutivausschuß eingesetzt. Erst als eine zweite Depesche an den Zaren unbeantwortet blieb, beschloß die Duma die Einsetzung einer provisorischen Regierung. Sofort nach ihrer ersten Sitzung wurde die Verhaftung der alten Regierung angeordnet, aber als die Leute der Duma im Palast des Reichsrates eintrafen, waren die früheren Minister verschwunden. Am Dienstag, dem 13. März, ist die Revolution auf ihrem Höhepunkt angelangt. Die alte Regierung war an diesem Tage noch Herrin eines engen Gebietes im Herzen Petersburgs, das von den Revolutionären regelrecht belagert wurde. Auf dem Turm der

Admiralität waren Maschinengewehre postiert, ebenso auf den Straßen des Stadtzentrums. Allmählich wurden sie von den bewaffneten Lastautos der Aufständischen niedergekämpft. Um 3 Uhr nachmittags fiel die Admiralität in die Hände der Revolutionäre. Tags darauf, am 14. März, ist die Revolution so volkstümlich geworden, daß alle Welt rote Fahnen trägt. Nach Tagen erscheint jetzt die erste Zeitung, ein Blatt, das von freiwilligen Kräften hergestellt und in den Straßen umsonst verteilt wurde. Die meisten alten Minister sind bereits verhaftet. Der Justizminister Dobrowolsky flieht auf die italienische Botschaft und bittet von dort aus telegrafisch Rodzianko um seine Festnahme, um auf diese Weise sein Leben zu retten. Am Abend erschien ein vom Umherirren ermüdeter Mann vor dem Taurischen Palast und sagte: „Ich bin der ehemalige Minister des Innern Protopopoff und bin gekommen, mich den Händen der provisorischen Regierung zu übergeben."

Am Mittwoch wurden zum ersten Mal auch wieder die Geschäfte geöffnet. Eine vom Stadtrat rasch organisierte Miliz, in die sich viele Studenten aufnehmen ließen, sorgte für die Ordnung und entwaffnete die Verbrecher und die jungen Burschen, die sich während der Unruhen allmählich Revolver und Gewehre verschafft hatten und nun die Stadt unsicher machten. Nach und nach kehrte die Ordnung wieder zurück.

Soldat und Student als Straßenpatrouille

Humoristisches.

Professor (zu einem Schüler während einer Klassenarbeit): „Bitte schreiben Sie die Zeile bis zum Rand voll, das Papier ist jetzt sehr knapp!" – Nach wenigen Minuten tritt er wieder an den Schüler heran: „Zum Donnerwetter, ich hab' Ihnen doch eben erst gesagt, Sie sollen bis zum Rand schreiben, können Sie denn nicht hören? – So, jetzt schreiben Sie die Arbeit noch mal ab!" und streicht die ganze Arbeit durch.

*

Zuversicht. Der schönen, der gereimten und ungereimten, der ernsten und heitern Aufschriften auf den Bahnwagen habe ich viel gelesen, als die deutschen Truppen nach Galizien anrollten. Aber keine gefiel mir so gut wie die auf dem Wagen eines süddeutschen Regiments: „Rußland muß badisch werden."

*

Lauste sich da eines Tages ein Kanonier, und man fragte ihn teilnehmend, ob er viele habe. – „Eine einzige", sprach er, „eine eigene, die andern sind nur zu Besuch bei ihr." *Roda Roda*

Fritze Schlau hat seine ganze Löhnung für Luftballons ausgegeben.
Zeichnung von Paul Simmel.

Bildnisse vom Tage

Neueste Aufnahme unseres gegenwärtig erfolgreichsten Fliegers: Oberleutnant Udet (60 Siege) mit seiner Braut Frl. Lolo Zink, der Tochter des Kommerzienrats Zink in München.

Aus dem Kriegs-Tagebuch 1918.

Vom Schlachtfeld im Westen: Rückzugstraßen der Engländer, vernichtete Trainkolonne vor Albert.

Über Freund und Feind hinaus
Bist du oft durch den Himmel gezogen;
Nun bist du durch deinen Triumphbogen,
Richthofen, über dich selbst hinaus
In Gottes Schooß geflogen.

Dehmel.

Trauerspruch auf Richthofen von Richard Dehmel.

Helgoland im Kriege: angeschwemmte englische Minen, aus denen der Sprengstoff (100 kg Schießbaumwolle) entfernt wird.

1. Dezember
1 9 1 8
Nr. 48
27. Jahrgang

Einzelpreis
des Heftes
15 Pfg.
oder 24 Heller

Berliner
Illustrirte Zeitung
Verlag Ullstein & Co, Berlin SW 68

Das Wiedersehen
Zeichnung von Prof. Ludwig Fahrenkrog.

Planmäßige Räumung im Westen: Rückverlegung einer Artillerie-Werkstatt.

Frauen im deutschen Heeresdienst: die ersten Frauen, die von der Militärverwaltung als Kraftfahrerinnen einer immobilen Kraftfahrer-Kolonne eingestellt wurden. Frau Fleck geb. von Reichenau (eine Schwägerin des „Möve"-Kommandanten Graf Dohna) und Fräulein Bierbrauer. Vor und nach der Einkleidung.

Berlin am ersten Tag der Revolution.

Aus meinem Skizzenbuch – Zeichnungen von Fritz Koch-Gotha.

Nachmittags auf dem Potsdamer Platz.

Anhalten der Straßenbahn: „Halt! Generalstreik!“ – „Kinder, ich fahre ja bloß nach Hause.“

Auf dem Weg zum Schloß.

Berliner Straßendemonstration.

Der Zug von Kriegsbeschädigten zum Kriegsministerium, wo eine Erhöhung der Rente gefordert wurde. Die Demonstranten trugen Tafeln mit den Inschriften „Des Vaterlandes Dank ist die monatliche Rente von 67,80 M", „Nicht Dank, nur Recht!", „Wo bleibt die Ludendorff-Spende?"

Regierungstruppen bei der Beschlagnahme von Waffen in einem Schlupfwinkel der Spartakusleute. Zeichnung von Koch-Gotha.

Humoristisches.

Eine kleine Straßensensation: eine Dame mit einer jungen Gazelle an der Leine.

„Wer kann mir das vollständige Zitat sagen, das so beginnt: ‚Das ist der Fluch der bösen Tat...' Nun, Else?"

„...daß man vom Liebsten, was man hat, fortzeugend Böses muß gebären."

*

Gestern kaufte ich mir einen Rasierhobel. Er trug sauber ins Metall die Worte eingeprägt: „Noch Friedensware."

*

Unruhige Tage in Berlin. Schaffner: „Ihr Billett ist schon achtmal durchlocht!"

„Tatsächlich? Na, det haben sie mir dann in der Weinmeisterstraße reingeschossen!"

*

„Die Erde ist rund. Richtig. Aber woher weißt du das?"

„Sie haben es selbst in der vorigen Stunde gesagt, Herr Lehrer."

Ich lese ein bißchen Weltgeschichte.

Meine kleine Tochter guckt mir über die Schulter und sieht da geschrieben:

Alfred der Große (880–901).

„Was 'ne hohe Telefonnummer!" sagt sie. *Erbis*

*

Fritz und Karl sind auf Besuch bei der Großmutter. Als sie abends im Bett ihr Gebet sprechen, fügt Fritz mit lauter Stimme hinzu:

„Und dann, lieber Gott, schicke mir übermorgen zu meinem Geburtstag ein großes Schaukelpferd und ein dickes Bilderbuch!"

„Warum schreist du denn so?" fragt Karl. „Der liebe Gott ist doch nicht schwerhörig."

„Nein, aber Großmutter."

24. August
1919
Nr. 34
28. Jahrgang

Einzelpreis
des Heftes
25 Pfg.

Berliner Illustrirte Zeitung

Verlag Ullstein & Co, Berlin SW 68

Ebert und Noske in der Sommerfrische.
Aufgenommen während eines Besuchs des Seebads Haffkrug bei Travemünde.

Szene aus Kokoschkas „Hiob“ in der Aufführung des Deutschen Theaters in Berlin (mit Valeska Gert und Paul Graetz).

Neue Wege der Bühnenkunst.

Der neue Stil in den Dekorationen.

Die neue „Andeutungsbühne", die mit den kargsten Mitteln die Illusion erzeugen will. Szene aus Georg Kaisers „Hölle, Weg, Erde" in der Aufführung des Frankfurter „Neuen Theaters".

Eine Geschichte der Theaterdekoration ist noch nicht geschrieben. Sie würde, wenn sie von der mittelalterlichen Mysterienbühne bis zum Großstadttheater von heute geführt würde, unzweifelhaft ergeben, daß die Dekoration um so unnötiger und karger war, je natürlicher und naturnäher das Leben der Zuschauer gewesen ist. Den Zuschauern der englischen Wandertheater, die von Dorf zu Dorf zogen, genügte das Vorhandensein einer großen Tafel, auf der das Wort „Wald" stand, um sofort in allen Phantasien die entsprechende Vorstellung zu erwecken. Wer im Wald heimisch ist, der braucht nur mit einem Wort an diesen Vorstellungskreis erinnert zu werden. Der Großstädter von heute, der auf asphaltenen Straßen, zwischen vierstöckigen Häuserreihen dahinlebt, fern von Wald, Fluß, Wiese, von Sonnenauf- und -untergang, von verschneiter Halde und zugefrorener Bucht, der braucht plastische Bäume, einen festgemauerten blau beleuchteten Rundhorizont, echte schwere Holzhütten und imitierte dicke Felsblöcke. Womöglich auch echtes Wasser mit wirklichen Wellen, wie es auf amerikanischen Bühnen zuweilen gezeigt wird. Je naturfremder der Zuschauer, desto schärfere Naturimitationen auf der Bühne.

Diese Entwicklung war in den Jahren vor dem Krieg auf ihrem Höhepunkt angelangt. Beerbohm Tree in London, Reinhardt in Berlin belasteten die Bühne mit ungemein plastischen Nachahmungen der Wirklichkeit. Im „Sommernachtstraum" standen zwanzig richtige Baumstämme auf der Bühne, hundert elektrische Glühwürmer tanzten im Dunkel, und es fehlte nur noch, daß mit großen Spritzen Tannenduft in den Zuschauerraum gestäubt wurde.

Die letzten Jahre haben eine Abkehr von dieser Nachahmung der Natur auf dem Theater gebracht. Der Ausstattungskünstler will nicht mehr mit dem lieben Gott konkurrieren, er bescheidet sich und begnügt sich wieder mit Andeutung der Wirklichkeit, freilich nicht im primitiven Stil der Shakespeare-Bühne, sondern indem er immerhin bestimmte Vorstellungskreise farbig-lebendig wiedergibt, aber mit Hinweglassung des Nebensächlichen und Unwichtigeren. Dagegen wird die entscheidende Grundstimmung der Szenerie unterstrichen und so doppelt betont. In dieser Hinsicht ist die hier abgebildete Szene aus Georg Kaisers „Koralle" (Kammerspiele, Berlin) besonders lehrreich. Es sollen die absolute Stille und Abgeschlossenheit des Büros eines amerikanischen Milliardärs vorgestellt werden. Dadurch, daß die Bühne im Halbkreis von einer getäfelten Rundwand gleichförmig umschlossen wird, kann dieses Gefühl im Zuschauer hervorgerufen werden. Man achte, wie sehr nun die Aufmerksamkeit nur allein auf die beiden wohlgepolsterten Stühle konzentriert und so die Illusion von Wohlhabenheit bloß durch zwei Fauteuils im Zuschauer erzeugt wird. Hingen hier viel Dinge an der Wand, ständen viel Möbel im Raum, so würde die Aufmerksamkeit des Zuschauers zerstreut, nicht gesammelt werden. Der leere Raum wirkt auch in der Gespensterszene von „Hamlet" im Großen Schauspielhaus besonders. Durch diese einfache blitzende Fläche im Hintergrund wird das Gefühl der nächtlichen Weite erzeugt. Stellte man hier, wie's früher geschah, Bäume oder sonstige Wirklichkeiten dazwischen, so wäre der Eindruck viel weniger phantastisch. Eben darauf kommt es aber dem Bühnenausstatter von heute an. Er will nicht mehr die Wirklichkeit abschreiben, sondern seiner Phantasie Genüge tun. Deshalb erschreckt und befremdet er oft im ersten Augenblick. Töricht der Zuschauer, der vorschnell witzelt. Er tut besser, sich in den Eindruck willig zu vertiefen, selbst wenn er im ersten Moment befremdet ist. Manches, was uns auf den ersten Hieb absurd und willkürlich scheint, offenbart sich dem hingebungsvollen Beschauer allmählich. Auch das Phantastische z. B. in Kokoschkas Bühnenbildern hat wenigstens in der Seele des Malers und Dichters seine Begründung. Und schließlich ist die Kunst nicht dazu da, uns die Wirklichkeit zu ersetzen, sondern uns die Vorgänge in der Seele eines Künstlers nahezubringen.

Zum phantastischen Bild auf der Bühne gehört aber auch das geänderte Aussehen des Darstellers. Die Zeit der naturalistischen Stücke, bei denen nur gewöhnliche Anzüge, Uniformen und Arbeitsblusen nötig waren, ist vorbei. Auch das Kostüm des Darstellers im phantastischen Stück braucht hellere Farben und originelleren Zuschnitt. Auch die Gesichtsmaske muß – siehe das Bild aus dem Kokoschka-Drama – zuweilen ins Überlebensgroße gesteigert werden oder ins Karikaturenhaft-Spitzige. Das klassische Drama im Zirkustheater verlangt eigentlich Kothurn und Maske, übergroß wie der Raum müßten auch die Darsteller scheinen. Alle diese Wege führen weg vom Naturalismus eines kleinen Zeitalters. Stefan Großmann

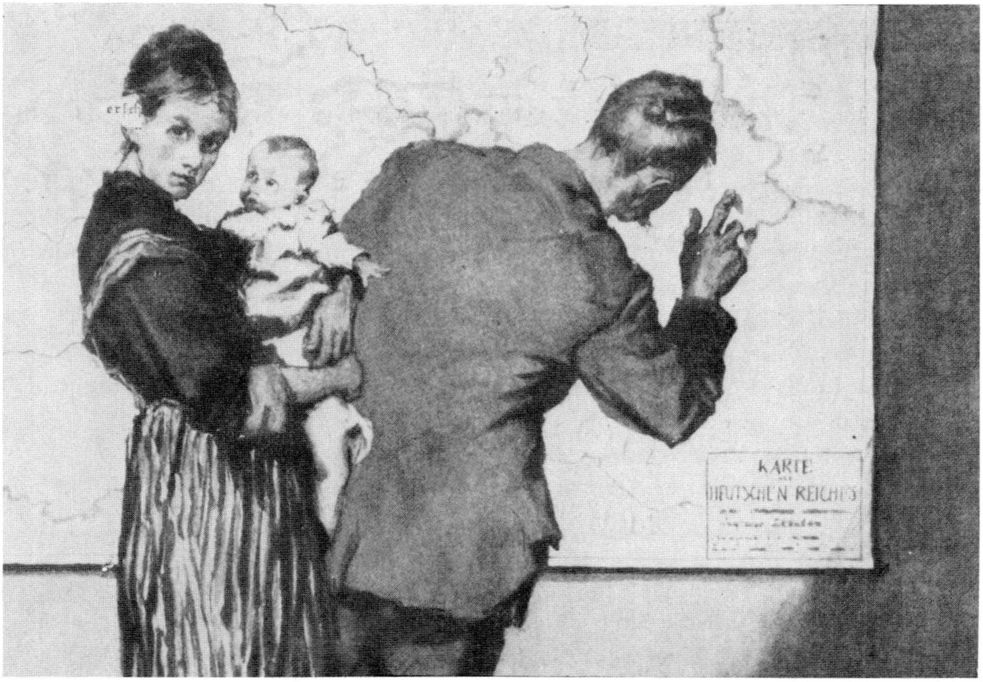

„Denen, die unbemittelt sind, muß die Reise ermöglicht werden.“

Aufruf.

Von Gerhart Hauptmann.

Deutsche, wenn Ihr nicht müßig zusehen wollt, wie Euer blutendes Land noch weiter zerstückelt wird, so verhindert es. Ihr braucht darum nicht zu den Waffen zu greifen, es ist auf friedlichem Wege möglich. Große und lebensnotwendige Gebiete an unserer nördlichen, östlichen und südöstlichen Grenze haben durch Stimmenmehrheit ihrer Eingeborenen zu entscheiden, ob sie beim Reich verbleiben oder sich davon losreißen wollen. Diese Eingeborenen deutscher Nation sind zu Tausenden, zu Hunderttausenden in entfernten Teilen des Reiches, ja außerhalb des Reiches seßhaft, manche sind reich, viele sind weniger begütert, und alle müssen sie persönlich an die Wahlurne ihres Geburtsortes treten, wenn ihre Stimmen gezählt werden sollen. Wir nehmen nicht an, daß Weib oder Mann, deren Vermögen es ihnen erlaubt zu reisen, die Fahrt nach ihrer Heimat unterlassen werden; unterlassen werden, ihre heilige Pflicht für Deutschland zu tun. Denen, die unbemittelt sind, muß die Reise ermöglicht werden. Darum, Deutsche, wenn Ihr nicht zusehen wollt, wie Euer blutendes Land noch weiter zerstückelt wird, so sammelt Geld für die Reise sowie den Unterhalt derer, die durch ihre Stimmabgabe in der Heimat das schwerste Unglück verhindern können. Es gibt keinen Deutschen, Mann oder Weib, der diese einfache Sprache der Not nicht versteht. Es darf keinen solchen Deutschen geben. Es ist die Not, die heilige Not, die uns wieder stark, und wenn auch in einem ganz anderen Sinne als früher, wieder groß machen muß. Es kann keinen Deutschen geben, der den Gewinn seiner Hilfeleistung in diesem Falle nicht sehen sollte: die Rettung und Erhaltung einer deutschen Einheit, die kraftvoll und lebensfähig ist.

Gelingt es uns, aus der Friedensmacht nationaler Wesensart eine solche Einheit durchzusetzen, so ist überdies ein moralischer Sieg erkämpft, der erste Sieg nach dem schrecklichsten Niederbruch. Und dies würde nichts weniger als den ersten, deutlichen Schritt nach vorwärts und aufwärts bedeuten.

Wir bitten nicht, wir betteln nicht. Wir sind nur das Sprachrohr der deutschen Not, des deutschen Bewußtseins, des deutschen Herzens. Durch uns spricht unser Volk zu sich selbst: Gib! Schenke her! Erfülle mit klarem Blick und schneller Hand das unbedingte Gebot der Pflicht gegen Dich selbst! (Spenden auf Postscheckkonto Berlin 73 776 Deutscher Schutzbund oder unter „Grenz-Spende" an jede Bank.)

In der Halle des Weimarer Nationaltheaters während der Nationalversammlung: Minister Erzberger und Ministerpräsident Scheidemann im Gespräch mit einer Zeichnerin, die Scheidemann um seine Unterschrift bittet.
Zeichnung von Edmund Fürst.

Bildnisse vom Tage

Tagung der Nationalversammlung in Stuttgart während des Kapp-Putsches.
unten: Photographie eines Amateurs, der den „Fünf-Tage-Reichskanzler“ Kapp in Johannisthal vor der Flucht nach Schweden knipste, ohne ihn zu erkennen.

SUSANNE STRANZKY

Roman von Norbert Falk.

Der Tempelbau war begonnen worden. Mit so viel Arbeitskräften wie erreichbar waren, ging Schmitz ans Werk, denn Ostern schon sollte der Rohbau unter Dach sein, damit Dußmann im Herbst die Einweihung habe. Der Bau und sein Zweck machten großes Aufsehen, die Konzerthaus-Affäre blaßte ab. Fast war es Schmitz lieb, wenn man die Sache ganz fallenließ. Auch Rohrer war schwächer interessiert; als eine Architektenvereinigung ihn drängte, in einer großen Versammlung gegen Stranzky und das Verfahren aufzutreten, das bei den meisten Baugesellschaften üblich war, bat er um Aufschub, Behrisch und Majunke aber machten den Anwalt scharf. An Stranzky erging darum im Namen Rohrers die Aufforderung, binnen acht Tagen die Zusicherung zu geben, daß Rohrers Name als der des Architekten des Konzerthauses an sichtbarer Stelle des Baues angebracht würde. Täte er das nicht, so würde die Klage unverzüglich eingereicht.

Stranzky lehnte noch vor Ablauf der Frist ab. Er betonte, offenbar um sich eine Lücke zu lassen, durch die er einmal entschlüpfen könnte, daß er Rohrers Verdienste um den Bau nicht bestreite, daß der aber nicht der alleinige Urheber der Pläne sei. Dem Chefarchitekten Hermann von Wolffhardt käme mindestens der gleiche Anteil zu. Da aber Herr von Wolffhardt es ablehne, als Mitarchitekt genannt zu werden, da außerdem noch dritte Kräfte am Ganzen teilhätten, sodann die Firma Stranzky u. Neubauer Arbeiten ihrer Ateliers nicht durch einzelne Architekten mit Autornamen zeichnen lasse, so sei die ganze Beschwerde Rohrers hinfällig. Im übrigen würde der Bau vorerst ruhen und die ganze Frage einer späteren Entscheidung vorbehalten bleiben.

Stranzky stellte tatsächlich den Konzerthausbau ein und begann einen großen Hotelbau im Westen. Der Konzertagent Seidl schlug Lärm und meldete Schadenersatzansprüche an, falls der Bau liegenbleibe. Bei persönlichen Verhandlungen schlug Seidl plötzlich als Entschädigung für Verdienstentgang eine Beteiligung Stranzkys an der Konzertagentur vor. Stranzky lachte erst darüber; er wußte, daß Seidls Geschäft faul geworden war. Aber vielleicht konnte es nicht schaden, wenn er es in die Hand bekam. Und so ging er kurzerhand auf die Sache ein, zwar nicht mit hunderttausend Mark, wie Seidl wollte, sondern nur mit dem vierten Teil. Seidl nahm an, denn Lu Ranzenhofer, die kleine Soubrette des Malmaison-Theaters, die ihn vor die Wahl gestellt hatte, ihr entweder das weiße Auto zu kaufen oder sich als verabschiedet zu betrachten, weil ihr dann das weiße Auto vom Filmfabrikanten Gunter Leyserson gekauft würde, mit allen alleinigen Rechten an sie – Lu Ranzenhofer, als künftiger Filmstar vorschußweise „El Fer“ genannt, sollte das Auto haben.

Stranzky, der sich wieder gestärkt fühlte, ließ Schmitz und Rohrer nicht im Zweifel, daß er den Konzerthausbau einfach ein paar Monate ruhen lassen würde. Schmitz verstand ihn; er wollte die Sache verschleppen, sie aus der öffentlichen Besprechung ziehen. So tat er es ja immer; was er nicht seinem Willen sofort *[Ende des Exzerpts]*

1. April-Nummer
Nr. 14
29. Jahrgang

Einzelpreis des Heftes 50 Pfg.

Berliner Illustrirte Zeitung

Verlag Ullstein & Co, Berlin SW 68

Freilegung des Denkmals von Bolschew, dem Begründer des Bolschewismus, in Werchojans
Denkmal war unter der Zaren-Regierung verschüttet worden.

Der Wahnsinn unserer Zeit.

Nicht nur die vollen Kolben, sondern auch Berge von Mais werden als Brennmaterial verwendet.
Unten: Argentinien heizt mit Lebensmitteln!

MAX KLINGER –
der Bildhauer, Maler und Radierer.
Zum Tode des berühmten Künstlers.

„Evocation", Radierung aus dem Zyklus „Brahmsphantasie".

Es ist immer dieselbe Geschichte. Als der einundzwanzigjährige Max Klinger 1878 in einer Schülerausstellung der Berliner Akademie zum ersten Male hervortrat, stand das Publikum vor seinen Federzeichnungen der „Paraphrase auf den Fund eines Handschuhs" und „Zum Thema Christus" genauso ratlos wie heute vor den Arbeiten unserer künstlerischen Jugend. Die Besucher kannten damals nur eine Alternative: War dieser kecke Mensch verrückt, oder wollte er brave Bürger zum Narren halten? Daß in den Träumen des verliebten Jünglings, dessen Blut der geraubte Handschuh seiner Angebeteten in Aufruhr setzt, eine wunderbar in alle Fernen und Tiefen des Gefühls schweifende Phantasie waltete, daß gerade in dem grimmigen Humor, mit dem um den leidenden Heiland die Gemeinheit der Welt gepeitscht wurde, die religiöse Ergriffenheit des Zeichners einen überwältigenden neuen Ausdruck fand – das verstand man nicht. Nur ein paar gleichaltrige Kollegen jubelten dem aufsteigenden Gestirn zu. Dann, ein paar Dezennien später – und das Spiel dreht sich um. Kein Expressionist, der etwas auf sich hält, hätte in den letzten Jahren von Max Klinger ein Stück Brot mehr genommen. Nicht nur der alternde Meister, auch die Werke seiner strahlenden Frühzeit wurden über die Achsel angesehen. Das ist das Schicksal großer Menschen: Bei der einen Unduldsamkeit beginnen sie und bei der andern enden sie. Wir schälen uns aus diesem Wust von Mißverstand das Bild des Mannes heraus, der nun die Augen geschlossen hat. Eine rätselhafte Erscheinung. Im Äußeren die sonderbarste Mischung aus Urweltlichkeit und modernen Zügen. Ein Riese, der scheu und schüchtern sein konnte. Tiefliegende verschleierte Märchenaugen und höchst irdisches, flammend rotes Haar. Die Stirn eines Denkers und der schwellende Mund eines leidenschaftlichen Sinnenmenschen. So stießen sich auch die Gegensätze in Klingers künstlerischem Wesen. Philosophierendes Grübeln und unbekümmerter Jubel des Daseins. Christliches Ethos und hellenischer Schönheitskult. Von Gegenwartsgefühl und Ewigkeitsgedanken war er

Max Klinger. Eine der letzten Aufnahmen.

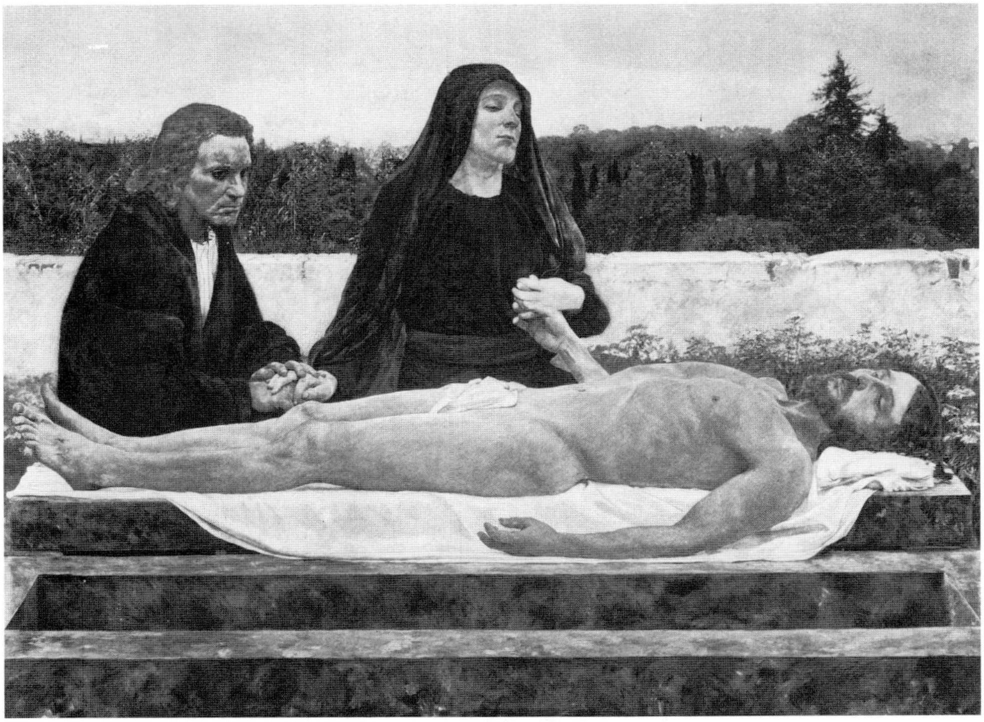

„Pietà."

gleichermaßen erfüllt, gleichermaßen in der modernen Großstadt und in heroischer Vorzeit zu Hause. Was seit Jahrtausenden die Menschheit bewegte, ward ihm zum Erlebnis, suchte er in sich zu pressen und schöpferisch neu zu gestalten. Das blieb ein titanisches Problem, das ganz niemals gelöst werden konnte. Was Klinger suchte, war den Heutigen gar nicht so fern: eine Kunst des im Tiefsten wühlenden Ausdrucks, der machtvollen Lebenssteigerung, die doch alle seelischen Gründe aufrührte. Hier sollte sich das Größte vollziehen: der Ausgleich zwischen der sinnlichen und der geistigen Natur des Menschen, die sich ihm in der christlichen und der antiken Weltanschauung spiegelten. Darum ließ er Christus im Olymp auftreten, wo man sich nicht versteht. Darum steigt auf einem Bronzerelief seines Beethoven-Thrones vor dem Berg der Kreuzigung Aphrodite in herrlicher Nacktheit aus dem Meer, von Johannes mit ungestümer Gebärde fortgewiesen. Das bedeutet: Die beiden Welten sind noch nicht versöhnt. Unausgesprochen bleibt im Hintergrund der sehnsüchtige Ruf nach jenem „dritten Reich", von dem Julian Apostata träumt. Wo ist dies dritte Reich heute schon erfüllt? Die Antwort scheint zu lauten: einzig im Kampf und Sieg der großen schöpferischen Menschen, von denen dieser hier, Beethoven, einer gewesen. Und von denen, wie wir voll Stolz und Trauer heute sagen dürfen, Max Klinger einer war und – bleiben wird.

Max Osborn

Bilder vom Tage

Kurt Stieler, der im Mittelpunkt von Heinrich Manns neuem, jüngst im Münchener Residenztheater aufgeführtem Drama „Der Weg zur Macht" steht, mit dem Dichter.

Volksabstimmung in Oberschlesien: Französische Truppen sichern den Theaterplatz von Kattowitz am Abstimmungstag.
Unten: Besetzung durch französische Infanterie in Duisburg, Düsseldorf und Ruhrort.

Volksabstimmung in Tirol: Kundgebung der auswärtigen Tiroler auf dem Berg Isel vor dem Andreas-Hofer-Denkmal.
Unten: Die Kundgebung für die Republik: Aufmarsch der Massen im Berliner Lustgarten.

10. Juli 1921
Nr. 28
30. Jahrgang

Berliner Illustrirte Zeitung

Ferien-Heft.
75 Pfg.
Verlag Ullstein, Berlin SW 68

Eine Preisfrage für die Ferienzeit.

Kriegsgewinnler Raffke auf Reisen: Besichtigung des Kolosseums in Rom. Was sagt Herr Raffke.

3000 M. für die besten witzigen Lösungen unserer Preisfrage.

☛ (s. S. 397)

Bilderbogen 1921

Eine Jahresrückschau von Walter Trier.

Im neuen Jahr die alte Tour:
Sie leiden weiter an der Ruhr.

Zur Aufruhrszeit in Eisleben
Möcht' ich um keinen Preis leben

Harding.
Ein neuer Stern steigt über See,
Man zog die Hüte, schrie: „Hörreh!"

Er schimpft und schreit Wer ist Besagter?
Natürlich Hölz als Angeklagter.

Einstein kam nach Amerika,
Den Relatiefsinn filmt man da.

Tagore stillt Europas Sehnen —
Es kommt zu turbulenten Szenen

Wo Dempseys Kräfte sinnvoll walten,
Da kann sich Carpentier nicht halten.

Die Gattin-Rolle ist nichts Tristes,
Doch: Henny soit. qui ... Henny ist es.

Der Sommer spendet Tropenwonnen,
Man läßt besonnen sich besonnen.

Carusos Kunst vermißt man schwer —
Still ging er hin und singt nicht mehr.

In Schlesien bleibt nicht lang, Ihr Herrn,
Die „Polonaise" so modern!

Vom hohen Roß stürzt wenig gern
Der Klantewettbanksportkonzern.

Ausverkauf.
Des Michel Habe wird ent fremdet,
Es fehlt nur, daß man ihn enthemdet.

Auf kleinster Insel ist sogar
Raum für ein k. k. liebend Paar.

Kurs bleibt der Kurs durch alle Krisen
Und die Devise bleibt: Devisen.

Abrüstungsredner kleidet fein
Ein Heil'genschein (Scheinheil'gen-schein).

Gloria Swanson, die berühmte amerikanische Diva.

Szenen aus dem Hölz-Prozeß.

Von Willibald Krain.

Der Angeklagte Hölz und die Verteidiger betrachten die von einem Zeugen vorgelegten Photographien der niedergebrannten Häuser.

Das tatsächlich außerordentlich große Interesse des Publikums, das dem Prozeß Hölz in Moabit entgegengebracht wurde, ist nicht auf seine politische Färbung zurückzuführen. Die tolle Ideen- und Theorien-Verwirrung, das merkwürdige Gemisch von Menschheitsbefreiungsschwärmerei und Verbrechertum haben wir in den letzten drei Jahren zu reichlich genossen, um davor etwas anderes als nur noch Ermüdung und Langeweile zu empfinden. Was die Aufmerksamkeit auf die immerhin merkwürdige Persönlichkeit des Hölz hinlenkte, ist die kindliche Romantik seiner Wesensart, die ihn veranlaßte, in völlig aussichtslosen Unternehmungen, mitten in

Hölz verteidigt sich

einem Land höchster technischer Zivilisation und dichtesten Verkehrs, monatelang ein Räuberhauptmannleben zu führen und dem ganzen überlieferten Seelen-Nimbus einer solchen Schundliteraturfigur – Volksfreund, Kinderfreund, Rächer der Armen usw. – nachzustreben. Irgendwie spürt man aber, daß eine so unzeitgemäße Erscheinung zum Teil doch auch nur eine Reaktion gegen die naturverkümmernde Gebundenheit, gegen den Konventionalismus unserer Zeit sein muß. Den Rest der Erklärung liefern dann die Ärzte, die medizinischen Sachverständigen, die Hölz als einen (infolge von Verschüttung im Felde) übererregbaren Hysteriker von „krankhafter Begeisterungsfähigkeit" erklärten.

☛ (s. S. 397)

Die Polizei muß einen Zeugen, der maßlos aufgeregt ist und gegen den Angeklagten tätlich vorgehen will, aus dem Gerichtssaal entfernen.

Die hier abgebildeten fünf Modelle gehören zu den Modeformen, die von den deutschen Frauen im letzten Jahresviertel am häufigsten gewählt wurden. Diese Feststellung konnte dadurch erfolgen, daß die Verkaufsziffern von Schnittmustern ermittelt und miteinander verglichen wurden. Man sieht, daß die deutsche Frau guten Geschmack bewiesen hat; sie wählte Kleiderformen mit schlichter Linienführung und sparsam angebrachtem Aufputz. Die Feststellung erstreckte sich auf das ganze Reich und wurde an Ullstein-Schnittmustern vorgenommen.

HENKELL TROCKEN
IN UNÜBERTROFFENER GÜTE UND PREISWÜRDIGKEIT
BEI VERBÜRGT FÜNFJÄHRIGEM FLASCHENLAGER
WIEDER AUF DEM MARKTE!

Bilder vom Tage

Andrang vor einer Ausgabestelle für verbilligtes Fleisch in Berlin.

Straßenhandel: Verkauf von Schuhen.

Anschläge an einer Litfaßsäule mit Belohnungen für die Wiederbeschaffung von Pelzen und Schmuck.

Die Krankheiten Europas.

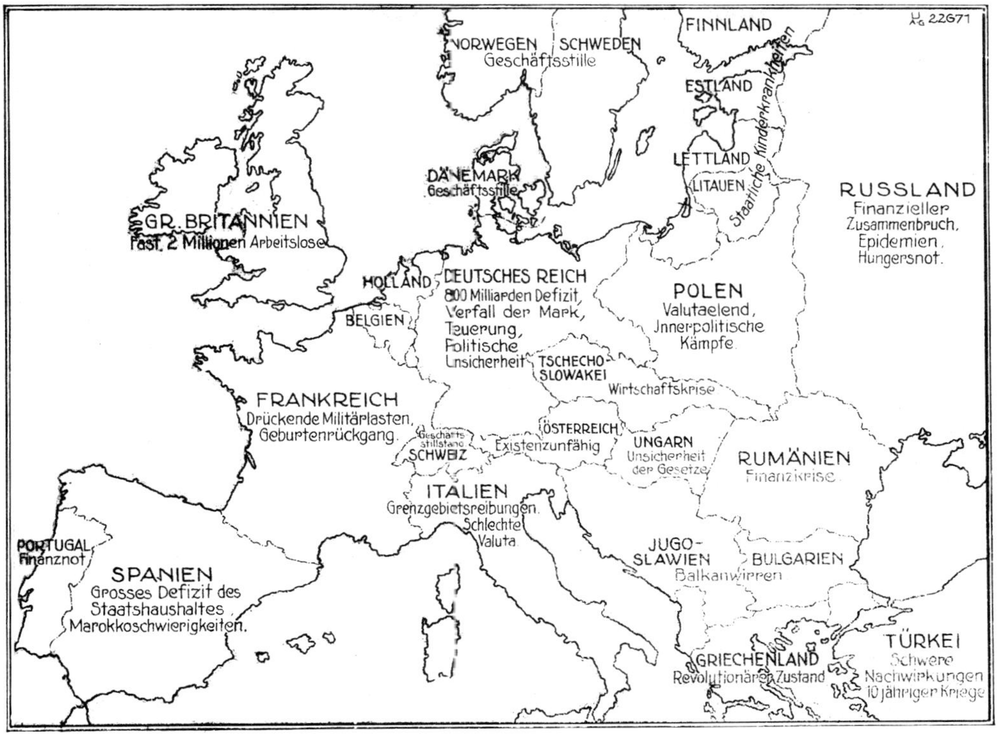

Die politische und wirtschaftliche Lage Ende 1922.

Europa ist seit dem Weltkrieg so oft mit einem Patienten und seine Staatsmänner sind so oft mit Ärzten oder Quacksalbern verglichen worden, daß man das dieser Phrasen und Metaphern müde Europa gar für einen eingebildeten Kranken halten könnte. Daß dem nicht so ist, daß sich auch 1922 trotz aller Konferenzen und Konsilien noch keine einzige Gesundungserscheinung gezeigt hat, erkennt man schnell, wenn man zur Silvesterbilanz die diesjährigen Schicksale der einzelnen Staaten an Hand der Karte sich in die Erinnerung zurückruft. Die ganze Familie ist krank, einer immer vom anderen angesteckt. Die robusten unter ihnen, die Neutralen, siechen an Geld- und Goldverstopfung, an völliger Geschäftsstille, an Konkurrenzunfähigkeit durch zu hohe Löhne und Preise. Die Balkanländer sind schon wieder in die Intrigen der ewigen Balkanbündeleien verstrickt, dazu finanziell sehr schlecht stabilisiert, Griechenland ist in einem übermütigen Krieg gegen die Türken ganz zusammengebrochen und in die Krallen einer Militärrevolution geraten, während die Türken, nahezu ausgeblutet durch 14jährige Kriege, sich in den hysterischen Krämpfen politischer und religiöser Umwälzung winden. Die Ostrandstaaten wissen noch nicht recht, ob ihre neue Selbständigkeit nicht viel eher eine wirtschaftliche Amputation war, und sehen in eine noch durchaus dunkle, weil vom Schicksal Rußlands abhängige politische Zukunft. Von diesem Rußland weiß man nicht, liegt es nur in der rekonvaleszierenden Ohnmacht einer riesenhaften Konstitution, oder ist es nur noch eine durch theoretischen Starrsinn galvanisierte Leiche. Die Krankheiten der Tschechoslowakei, Industriekrise und bitterster Nationalitätenhader, zeigen sich zehnfach verschärft in Polen, wo der Haß eben auch in politischen Mord ausgeartet ist. Dafür, für seine völlig sinnlose, Nachbarhaß erregende Zusammensetzung kann es sich bei Frankreich bedanken, dessen aussterbendes Volk seinen imperialistischen Ehrgeiz durch fremde und miserabel bezahlte Söldner befriedigen lassen will. In der Mitte dieser Epidemien aber liegt der Krankheitsherd: Deutschland (von Österreich ganz zu schweigen).

Dem Lebenszentrum Europas hat man den Pestbazillus des Versailler Vertrages eingeimpft, weigert sich jedoch, das Serum der Revision zu verabreichen, und wundert sich dann, daß noch immer durch ganz Europa ein Todesröcheln zu hören ist.

* *

Der Führer der Nationalsozialistischen Partei

Hitler bei einer Ansprache an seine Leute nach einer feldmäßigen Übung in der Umgebung von München.

Bilder vom Tage

Begrüßung der Reichswehr in Kreuzberg/Oberschlesien. Einzug deutscher Truppen nach der Teilung. (s. S. 397)

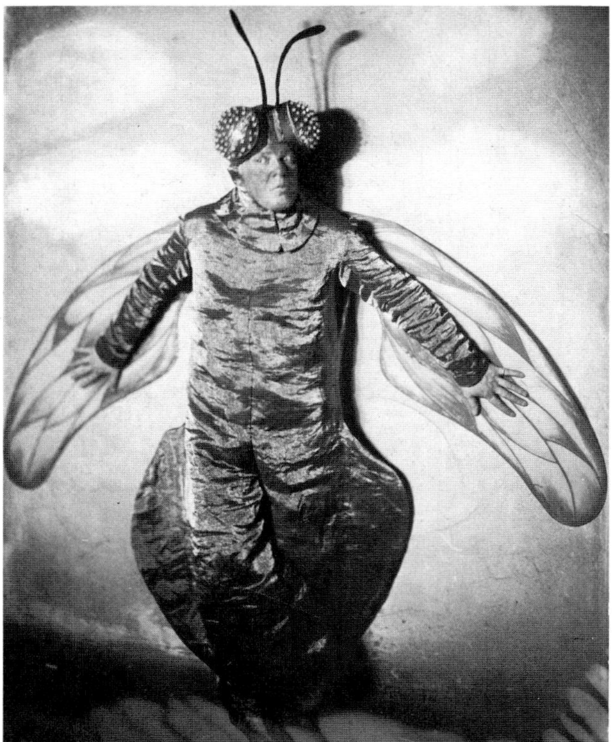

„Kennst nicht ... hast sie nie gesehen ... verleugnest sie. – Feigling!“ Filmszene aus „Kabale und Liebe“ von Friedrich von Schiller, mit Paul Hartmann und Reinhold Schünzel.

Großes Schauspielhaus Berlin: Max Pallenberg – Jupiter als Fliege verkleidet.

Prof. Max Liebermann und Enkelin
in seinem Haus in Wannsee.

HUMOR

Zeichnung von Paul Simmel.

„Was haben Sie da für ein Abzeichen?"
„Ja, Sowjetstern mit Hakenkreuz, man kann doch nie wissen, woher der Putsch kommt!"

„Haben Sie vielleicht jetzt ein Stündchen für mich übrig?"

„Natürlich. Meine Frau hat mir eben gesagt, daß sie in einer Minute fertig ist."

*

Frau Raffke: „Wissen Sie, wenn mein Mann getrunken hat, dann neigt er immer zu Extremitäten."

*

Aus einem Liebesbrief. „Liebste! Ich liebe Dich mehr als je und würde für Dich durch Feuer und Wasser gehen. Morgen wollen wir uns am gewohnten Platz treffen – vorausgesetzt, daß es nicht regnet."

*

„Warum müssen wir unsere Wohnung stets rein und sauber halten?"

„Weil jeden Augenblick Besuch kommen kann, Herr Lehrer."

„Sag selbst, ist dir irgendein brennender Wunsch deiner Kindheit je erfüllt worden?"

„Doch, doch – wenn mir meine Mutter früher das Haar kämmte, wünschte ich immer sehnlichst, keins zu haben, und der Wunsch ist mir glatt erfüllt worden."

*

„Ich habe Ihre Tochter geliebt, seit sie fünfzehn Jahre alt war."

„Nun und, was wünschen Sie?"

„Ich möchte sie heiraten."

„Weiter nichts? Ich dachte schon, Sie wollten eine Pension haben."

*

„Sie haben Shimmy tanzen gelernt?"

„Na, das ist doch keine Kunst! Man braucht sich doch nur einzubilden, daß man einen Floh zwischen den Schultern hat und die Hosen verliert."

Not und Elend.

Lebensmittelmangel in Berlin: Schlangestehen vor einem Buttergeschäft.
unten: Andrang bei der Suppenverteilung durch die Heilsarmee an alte Leute auf offener Straße in Berlin.

Auf der Schattenseite...

Bilder aus der Großstadt von Willibald Krain.

Bilder aus der Großstadt: Ums tägliche Brot.

Berlins Weichbild, früher deutlich erkennbar, ist jetzt fast ganz verwischt, die Verschmelzung mit den Nachbarortschaften vollzogen, nur der Kundige erkennt noch die Übergänge zu den Städten und Dörfern, mit denen die ehemalige Stadt nun das „Groß-Berlin" von heute bildet...

Trotzdem – Übergangsreste der einstigen Peripherie sind überall geblieben, halten sich wie etwas Unausrottbares da und dort. Immer noch stößt man in den alten Verbindungsstraßen plötzlich auf „Stätteplätze", ehemals vor der Stadt gelegen – auf jene riesigen Lagerstellen für unbrauchbar gewordene Eisenteile, deren rostiger Wirrwarr undurchdringlich erscheint, oder auf unbebaut gebliebenes Terrain, das ein langer, von Wind und Wetter schief gewordener Zaun verbirgt. Späht man durch eine Ritze, sieht man – wie zu Studienzwecken erhalten – ein Stück des ehemaligen Grenzlandes: Wiesengrün, auf dem Betten gesonnt oder Teppiche geklopft werden, manchmal ein abgetriebener Großstadt-Gaul weidet und Kinder spielen. Oftmals steht da auch noch ein hohler Weidenstumpf, seitwärts wuchern hohe Nesseln, und ein merkwürdiges menschliches Wesen ist bei einer Hantierung, die man erst errät, wenn man an dem Zaun nachher ein Schild findet, etwa mit der Aufschrift: „Der Topfflicker und Hundescherer wohnt um die Ecke.“ Anderswo gerät man in ein Gewirr von Eisenbahndämmen, Friedhöfen, Kohlenplätzen und verbotenen Müllabladestellen. Ja – ein Schild besagt ausdrücklich, daß hier das Abladen von Müll „bei Strafe verboten“ sei – aber wie zum Hohn beginnen gleich daneben die Ablagerungen von dem, was Berlin hat loswerden wollen: verbeulte Konservenbüchsen, Sprungfedern aus Bettstellen, Bauschutt, Emaillegefäße der Nacht. Die Menschen vegetieren.

Man wundert sich, daß sie noch am Leben sind, wenn man ihnen nach Wochen wieder begegnet. Wer gab ihnen Nahrung, wie kam es, daß sie in belebteren Gegenden nicht unter die Räder der Wagen gerieten, daß sie nicht von der Schutzpolizei aufgegriffen wurden und den Mut und die Widerstandskraft aufbrachten, ihre elende Existenz weiterzufristen!

Sie haben alles verloren, was ein Mensch verlieren kann. Sind sie nicht besser daran als jene, die noch alles zu verlieren haben und mit dem letzten Rest von Hoffnung und Willenskraft um ihre Existenz kämpfen, dabei aber noch gezwungen sind, täglich den Kampf, einen erbitterten und entnervenden Kampf, gegen das Geschöpf „Mitmensch“ zu führen! Denn da gibt es in diesen Gegenden Häuser, vollgestopft vom Keller bis zum Dachgeschoß mit Menschen, die alle in der gleichen verzweifelten Lage sind. Wand an Wand wohnen Not und Armut und Erbitterung gegen das Schicksal. Wie der Arme am ehesten dem Armen hilft, so verfolgt und schädigt er sich auch gegenseitig am schonungslosesten. Und keine Flucht, kein Ausweichen ist möglich, weil man kein anderes Obdach finden kann. So muß man sich eben ertragen, soll nicht alles zugrunde gehen, aber jedes Begegnen auf der Treppe, im Hausflur, in der Waschküche ist Befehdung und Beleidigung, sei es auch nur durch Blicke. Seltsam – unter all diesen Menschen dann oft eine Existenz, die von jedem unangefochten bleibt. Vielleicht, weil sie, ohne daß man den Grund erkennt und gerade weil sie selbst von ihrer Mission nichts ahnt, den Glauben und die Hoffnung auf eine „glückliche Wendung“ in jedes einzelne Dasein täglich wieder neu entfacht. „Arbeiten und nicht verzweifeln“, surrt die Nähmaschine vom frühen Morgen bis in die späte Nacht hinein. Kein wehleidiges Klagen, kein Jammern nach Mitgefühl – und doch weiß man, daß Sorge und Herzeleid dort in der Stube ebenso seßhaft hausen wie in all den anderen Wohnungen. Nur der Sonntag markiert den Einschnitt der Zeit, es kommt eine große Erschlaffung über das ganze Haus: Das ist das Sonntagsglück hier. Der Zaun in jener Gegend wird die Erholungsstätte für die Alten und Schwachen. Da sitzen sie auf kleinen Klappstühlen oder lagern sich „im Grünen“. Und manchen genügt es, vor dem Haustor oder oben am Fenster zu sitzen. Der Straßendamm ist aufgerissen worden, Erdhaufen liegen da und dort, und auf ihnen spielt der Nachwuchs dieser armen, glückslosen Menschen, ihnen selbst aber – den Alten – genügt der Abglanz des Sonnenscheins in den Turmfenstern und das Spiel der Wolken an dem Himmelsstück, das ihnen zwischen den Häusern geblieben ist.

Erdmann Graeser

Steckenpferd-Lilienmilch-Seife

für zarte weiße Haut

allen voran

"DER CENTAUR"

TEE CHAMBARD

Ist das angenehmste und beste Abführmittel. Seit über 50 Jahren in Frankreich als das beliebteste mittel bekannt gegen

VERSTOPFUNG

Preis: Mk. 1, erhältlich in allen apotheken, wo nicht, franco gegen Mk. 1,10 in marken von E. CORNELIUS, Apotheke, 2, Eisernen Mann, Strassburg 20 (Els.)

Man hüte Sich vor Nachahmungen und verweigere jede schachtel welche nicht die Fabrikmark wie nebenstehend reproduzirt trægt.

Sennesbl. 45, Bingelkr. 15, Glaskrau, Malve, Althee, Minze, Melisse, Isop, je: 5; Wundklee 6; Ringelbl., Kornbl., je: 2 Gr.

Deutsche Arbeit überall voran!

TORPEDO

ALLEN VORAN!

Weil-Werke G.m.b.H. **Rödelheim Frankfurt a.M.**

Verbindungen gesucht, wo nicht vertreten.

Gratis

liefern wir 10 neueste Stücke (Meteor-Platten v. 25 cm Durchmess.) bei Bestellung eines Sprechapparates, für dessen Begleichung

10 Pf.

täglich genügen. Unter gleichen Bedingungen liefern wir Platten ohne Apparate, selbstspielende Musikwerke, Violinen nach alten Meistermodellen, Bratschen, Celli, Mandolinen, Gitarren, Zithern aller Systeme usw. — Automaten aller Art.

Garantie f. beste Qualität.

Billigste Preise.

Katalog 6 gratis u. frei.

Postkarte genügt.

Bial & Freund
Breslau II

Garantie: Bei Nichterfolg Betrag zurück.

Schnurrbart! Streng reell!

Harasin unterstützt den Haar- und Bartwuchs mit **wunderbarem Erfolge.**

Wo kleine Härchen vorhanden sind, entwickelt sich **rasch üppiges** Wachstum, was durch Hunderte von glänzenden Dankschreiben **nachgewiesen** ist.

Aerztlich begutachtete Wirkung.

Prämiiert: Goldene Medaille Marseille. Großer Ehrenpreis Rom.

Preis: Stärke I 2 Mk., Stärke II 3 Mk., Stärke III 4 Mk.

Harasin **ist einzig und unerreicht dastehend,** von **Sachverständigen,** staatlich approbiertem Polizei-Chemiker, Aerzten usw. geprüft, warne deshalb vor wertlosen, mitunter sehr billigen Methoden, die mit großem Geschrei angepriesen werden.

Postversand direkt durch: **Kosmet. Laboratorium „Violetta", Nürnberg 164**

Herr Th. in E. schreibt: Da mein Freund durch Ihr Harasin in 3 Wochen einen flotten Schnurrbart bekommen hat, so ersuche um Zusendung einer Dose Stärke II zu 3 Mk. p. Nachn.

Depots in **Berlin: Max Schwarzlose,** Hoflief. S. M. des Kaisers, Königstraße 45

Hamburg: E. Lübbers, Gr. Bleichen 20.
Leipzig: Dr. Mylius, Markt 12.
Dresden: P. Schwarzlose, Schloßstraße 13.
Frankfurt: Dr. Wasserzug, Theaterplatz 1.
Hannover: Carl Baas, Marktstraße 7.
Stuttgart: Th. Scholl, Thorstraße 23.
Chemnitz: C. Krüger, Poststraße 51.
München: E. Volkhardt, Theresienstraße 55.
Breslau: S. G. Schwarz, Ohlauer Str. 4.
Köln: H. Katterbach, Severinstraße 172.
Magdeburg: Dr. Oehlmann, Kaiserstr. 94.
Essen: Löwen-Apotheke, Markt 3.
Wien VII: E. Pitzker, Mariahilferstr. 86.
Zürich: Wernle & Co., Augustinerg. 17.

DIALON

gesetzl. gesch. Bezeichnung

Bestandteile: Diachylonpflaster 3%, Borsäure 4%, Puder 93%

Unübertroffen als Einstreumittel für kleine Kinder, gegen Wundlaufen, starken Schweiss, Entzündung und Rötung der Haut etc.

Herr Geh. Sanitätsrat Dr. Vömel, Chefarzt an der hiesigen Entbindungs-Anstalt, schreibt: „Engelhard's Diachylon-Wund-Puder ist mir beim Wundsein kleiner Kinder ganz unentbehrlich geworden. In meiner ganzen Klientel sowie in der Städtischen Entbindungs-Anstalt ist derselbe eingeführt. — Bei starkem Transpirieren der Füsse und Wundlaufen bewährt sich der Puder gleichfalls vortrefflich."

Zahlreiche Anerkennungen aus Aerzte- und Privatkreisen.

Fabrik pharmac. Präparate Karl Engelhard, Frankfurt a. M.

Allen Bruchleidenden

Das Bruchband Perfectio ist das beste der Welt.

Dieses Bruchband wirkt auf **Heilung des Bruches** hin.

Dieses Bruchband sitzt äusserst bequem.

sei Dr. Wolfermann's Bruchband „Perfectio" bestens empfohlen; es ist nach Ausspruch erster med. Autoritäten das vorzüglichste. (S. Zentralblatt f. Chirurgie.) Die mild wirkende Gummi-Pelote wird auch von empfindlichen Personen leicht ertragen, sie verschliesst vermöge ihrer Konstruktion die Bruchpforte mit absoluter Sicherheit. Prosp. m. Masszettel sowie ärztl. Gutacht. gr. u. frc.

E. Kraus, Berlin S., Kommandantenstrasse 55. Spezialfabrik für chirurgische Bandagen.

Laxin-Confect

Abführende Fruchtpasten

von höchstem Wohlgeschmack und sicherer milder Wirkung

Originaldose (20 Stück) 1 Mark. Zu haben in allen Apotheken.

Pianos

in vollendetster Ausführung, mit goldenen Medaillen prämiiert, liefern franko zur Probe unter 10 jähriger Garantie gegen bar mit hohem Rabatt oder Raten von 20 Mark ohne Zinsen und ohne Preisaufschlag.

Roth & Junius
Hofpianofabrik Hagen i. W. 14.

Kataloge gratis und franko.

GANIBAL's wunderbares **Enthaarungswasser**

beseitigt in zwei Min. nach einmal. Gebrauche gänzlich mit der Wurzel die stärkst. Haare im Gesicht u. am Körper (Händ., Armen u. Beinen). Keine Reizung der Haut. Erfolg unfehlbar dauernd u. vollkommen unschädl., wohlriechend. **Viele Dankschreiben.** Preis per Fl. für **Gesichtshaare 8 Mk.,** für den Körper **8 Mk., grosse** Flasche für Herren-Körper-**Haare 12 Mk.** Direkt gegen Nachn. d. **R. M. Ganibal,** Chemiker, Leipzig I.

Stotterer!

Das Rätsel ist gelöst! Kostenl. Aufklär. **üb. dauernde** Beseitig. Rückport. H. Muck, **Potsdam 25** (ehemal. schw. Stotterer).

P. P.

Mit Ihrer „Rino-Salbe" bin ich sehr zufrieden. Ich habe schon vieles versucht, aber nichts half, nach Gebrauch Ihrer Rino-Salbe aber ist die Schuppenflechte ganz fort. Ich kann sie daher allen nur empfehlen.

Cöln, 21. 9. 06.

O. Besser.

Diese Rino-Salbe wird mit Erfolg gegen Beinleiden, Flechten und Hautleiden angewandt und ist in Dosen à Mk. 1.15 und Mk. 2.25 in den meisten Apotheken vorrätig; aber nur echt in Originalpackung weiss-grün-rot und Firma Schubert & Co., Weinböhla. Fälschungen weise man zurück.

Ungeheure Macht

erlangen Sie, wenn Sie unser Werk **„Macht der Hypnose"** von Dr. med. Brown lesen. Preis **Mk. 1.60.** Sie können jedermann hypnotisieren, Krankheiten, besonders Kopf- und Zahnschmerz heilen. Sie werden überall Beliebtheit, Freunde und Erfolg erlangen. Sie haben Ihr Lebensglück in den Händen. — Ausführlicher Prospekt gratis. —

Max. Wendel's Verlag Leipzig 38/46.

Emir Faissal mit seinem gezähmten Panther.

Mah-Jongg-Begeisterung in Amerika: Damen der Washingtoner Gesellschaft, die selbst im Seebad nicht auf die Reize des neuen Modespiels verzichten wollen.

Die erste Preisträgerin in der Schönheits-Konkurrenz in Heringsdorf: die Filmschauspielerin Lilian Harvey.

Zum Gedenken.

Hindenburg, Mackensen und Ludendorff bei der Feier zum 10. Jahrestag der Schlacht bei Tannenberg.

Unten: Gedächtnisfeier für die Kriegsopfer: Reichspräsident Ebert bei der Kranzniederlegung.

Die Ozeanfahrt des ZR III.

Das Luftschiff ZR III über dem Hudsonfluß auf der Fahrt über New York.

ZR III ist in Amerika gelandet, nachdem er 79 Stunden in stetem, sicherem Flug das Luftmeer durchkreuzt und das Weltmeer überflogen hat. Mit dieser Leistung ist der Beweis erbracht, daß die deutsche Konstruktion zuverlässig und sicher genug ist, um einen regelmäßigen Verkehr zwischen den Kontinenten auf dem Luftweg herzustellen. Wie bahnbrechend diese Leistung ist, erhellt am besten ein Rückblick auf die früheren Verkehrsmöglichkeiten zwischen Europa und Amerika. Christoph Kolumbus brauchte bei seiner Entdeckungsfahrt volle 71 Tage; für die Strecke, die ZR III von Friedrichshafen bis Lakehurst zurückgelegt hat, würde er weit über 80 Tage, also mehr als ebensoviel Tage gebraucht haben als der Zeppelin Stunden. Aber auch der erste Raddampfer brauchte für die Strecke Liverpool–Savannah 26 Tage. Noch der erste, 1845 gefahrene Schraubendampfer brauchte fast ebensoviel, und erst die Schnelldampfer der letzten Jahrzehnte drückten in ihren Rekordfahrten allmählich die Überfahrtzeit von zehn bis zwölf auf sechs Tage, freilich für die kürzeste Überfahrtstrecke. Der neueste Rekord der „Mauretania", die das „Blaue Band" des Ozeans zur Zeit hält, ist mit rund 5½ Tagen zu Schiff schwerlich mehr zu überbieten. Da kommt nun das Luftschiff, das mit 3¼ Tagen einschließlich der Überquerung großer Festlandteile Europas die Kontinente einander um fast die Hälfte näher rückt. Die Zukunftsmöglichkeiten, die sich daraus für den friedlichen Verkehr der Völker untereinander ergeben, sind unabsehbar, und es ist zu hoffen, daß das Verständnis für diese Kulturleistung die unangebrachten militärischen Erwägungen verdrängt, um in einem Hand-in-Hand-Arbeiten der Völker dem in schwerer Prüfung so glänzend erprobten Verkehrsmittel deutscher Konstruktion überall in der Welt zur höchsten Auswertung zu verhelfen.

Politisierte Jugend.

Schulkinder als Teilnehmer an nationalsozialistischen Veranstaltungen in München.

In Deutschland klagt man unablässig über die politische Unreife und Unbegabung des Volkes, und seit der Errichtung der demokratischen Freiheit sucht man diesen Mängeln durch eine Überfülle von politischer Aufklärung abzuhelfen. Wobei sich in diesem Übermaß wiederum nur – Unreife und Mangel an politischer Psychologie kundgibt. Man begnügt sich nämlich nicht damit, die erwachsenen und politisch bewußten Menschen besser aufzuklären und die reife, geistig schon selbständig werdende Hochschuljugend politisch zu erziehen, man trägt die Politisierung bis hinab in die Kreise der Schulkinder, die man zwar noch immer nicht in den staatsbürgerlichen und Verfassungs-Elementen unterrichtet, aber dafür doppelt eifrig mit Parteipolitik vergiftet, die sie noch absolut nicht zu verstehen und zu verdauen vermögen. Und da es gerade die radikalsten politischen Bewegungen von rechts und links sind, die ihre Agitation vorsätzlich unter die Schulkinder tragen, so wird diese geistig noch ganz wehrlose Jugend in den verschiedenen politischen Jugendorganisationen gerade mit den schlimmsten politischen Exzentrizitäten bekanntgemacht. Die Folge davon ist nicht nur, daß sich heute auch schon die „nationalsozialistischen" und „kommunistischen" Schulbuben bei jeder Gelegenheit in die Haare kriegen und ihre Keilereien unter „politischen" Schlagworten ausfechten; die viel schlimmere Folge davon ist, daß durch solche Agitationen die deutsche Seele schon in ihrem ersten Werden unfähig für ein nationales Einheitsempfinden gemacht wird. Politisierte Jugend, das ist der Wurzelschaden am Wachstum einer politischen Nation.

HUMOR

Zeichnung von Ricardo Brook.

„Sagen Sie, Herr Kapitän: ich bin nicht ängstlich; aber es kann doch was passieren. Haben Sie einen passenden Rettungsring für mich?

„Wie findest du, daß mein neuer Hut mir steht?“

„Großartig!“

„Ach, wirklich? Das freut mich aber außerordentlich.“

„Ja, man kann so gut wie nichts vom Gesicht sehen.“

*

Raffke jun. kommt früher als sonst vom Kolleg heim, weil Professor Büffler erkrankt ist. Beim Eintritt trifft er die Frau Mama, die erstaunt aufblickt.

Frau Raffke fragt: „Warum so früh?“

Raffke jun. (kurz): „Professor Büffler kann nicht lesen.“

Frau Raffke (entrüstet): „Ja, warum lernt denn der Mann das nicht?“

*

„Ich kann nicht verstehen, Minna, warum Sie kündigen. Ich nehme Ihnen doch alles ab und mache die meiste Arbeit selbst.“

„Ja, aber die gnädige Frau macht es nicht so gut, wie ich es gewöhnt bin.“

*

„Das soll ein Kalbskotelett sein, Ober? So ein Kotelett ist eine Beleidigung für jedes Kalb!“

„Entschuldigen Sie, Herr, ich habe Sie nicht beleidigen wollen.“

*

„Hast du gehört, daß sich Krause verheiratet hat?“

„Nein, wirklich? Liebes- oder Vernunftehe?“

„Die Frau hat er aus Vernunft genommen, aber ihr Geld aus Liebe.“

*

Aus dem Schulaufsatz der kleinen Lotte: „Unsere Familie besteht aus drei Stück, Vater, Mutter und ich. Ich bin die Jüngste.“

*

Bilder vom Tage

G. B. Shaw, Verfasser der „Heiligen Johanna“, auf der Kasinoterrasse in Madeira beim Studium des Tango-Tanzes.

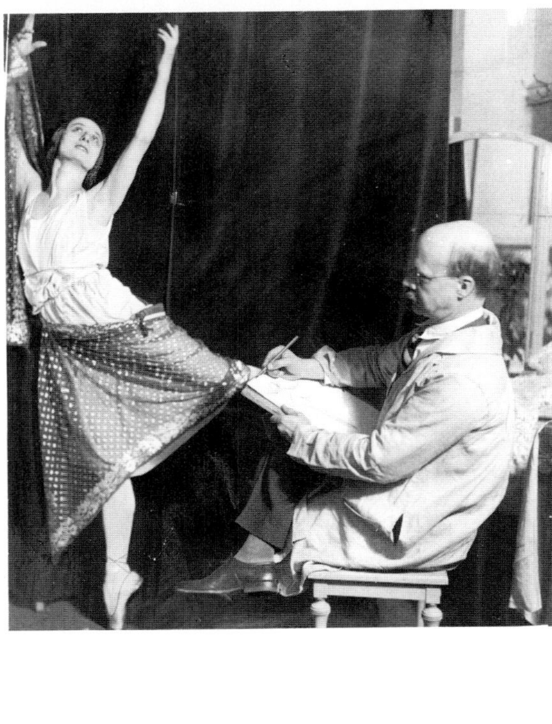

Die Pawlowa als Modell: die große Tänzerin während einer Sitzung bei dem Maler Kinney in New York.

Totenfeier für Friedrich Ebert.

Vor dem Hauptportal des Potsdamer Bahnhofs in Berlin: der aufgebahrte Sarg des Reichspräsidenten Ebert, an dem die Abgeordneten eine Stunde lang vorbeizogen.

An einem Spalier von Hunderttausenden vorüber ging der lange, düstere Zug, der den Sarg des ersten Reichspräsidenten durch die Berliner Straßen zum Potsdamer Bahnhof geleitete. Banner, Fahnen, Kränze, Pilaster mit Trauerfeuern, Flore um Laternen, Tannengrün rings um die Anschlagsäulen säumten den Weg, der von der Wilhelmstraße über die Linden zum Reichstagsgebäude führte und von dort nach einer kurzen Trauerfeier über die Budapester und Königgrätzer Straße zum Potsdamer Bahnhof. Der Trauerzug wurde von Militär eröffnet: Reiterei, Artillerie, Infanterie aus Preußen, Bayern, Württemberg, Baden, und Matrosen – dann folgten Leichen- und Kranzwagen und hinter ihnen außer den Angehörigen die Vertreter aller Gruppen des offiziellen Deutschland. Auf dem Vorplatz des Bahnhofs, dessen Säulen von schwarzen Fahnen und Tüchern verdeckt waren, wurde der Sarg zwischen Obelisken mit Flammenschalen auf einem Katafalk ausgestellt. Bis der Sarg in den Sonderzug getragen wurde, der ihn zur Bestattung auf dem Heidelberger Bergfriedhof nach Süddeutschland führte, defilierte hier die endlose Schar der Menschen – dem toten Reichspräsidenten zum letzten Gruß.

Der Amtsantritt Hindenburgs.

Reichspräsident Paul von Hindenburg am Tag seines Amtsantritts nach der Eidesleistung im Reichstag in Begleitung von Reichskanzler Dr. Luther.

Aus der Theaterwelt.

Dichterkinder: Erika Mann, die Tochter Thomas Manns, Pamela Wedekind, die Tochter Frank Wedekinds, und Klaus Mann (Sohn von Thomas Mann) in dem Drama „Anja und Esther“ von Klaus Mann in den Hamburger „Kammerspielen“. Links Gustaf Gründgens.

Deutsche Heimat-Dichtung: Szene aus Carl Zuckmayers „Der fröhliche Weinberg“, das in Berlin im Theater am Schiffbauerdamm und im Frankfurter Schauspielhaus aufgeführt wurde.

Das Geheimnis der Lebensfrische.

Wege zu Kraft und Schönheit / Ein wahrhafter Kulturfilm.

Es war ein glücklicher Gedanke, die Werbekraft des Films zur Förderung der Körperkultur in Deutschland einzusetzen. Das moderne Leben verbraucht so viel Nervenkraft und setzt den Körper so vielfältigen schädlichen Einwirkungen aus, daß nur systematische Übungen dem städtischen Menschen jene körperliche Spannkraft erhalten können, bei der allein man auf die Dauer geistig frisch und lebensfroh bleibt.

Wir Menschen von 1925 – zwischen Weltkriegs- und Weltfriedens-Konferenzen, im Streit der Parteien, der Ideen, der Volksführer und Demagogen, beim Sechstagerennen erhitzt, im Auto gehetzt, im Flugzeug Zeit und Weg vernichtend –, im Wechsel der Ereignisse vergessen wir nicht nur unsere Seele, sogar unseren Körper. Wir sprechen von Kampf und Sport und haben schreibtischgekrümmte Rücken. Manchmal besinnen wir uns ein wenig, dann kaufen wir Zimmerturnapparate, Muskelstrecker, Gymnastiksystemlehrbücher mit und ohne Grammophonbegleitung, machen das zwei Tage nach Vorschrift, haben am dritten Tag „grad keine Zeit", erinnern uns noch einmal und vergessen es dann endgültig. Was wird aus uns? Zum Glück gehen wir noch ins Kino. Ahnungslos. Und sehen plötzlich mit unseren müden Augen den Akt eines Athleten und gleich daneben – entsetzlich, schrecklich – Brust und Rükken eines Aktenmenschen. Was ist das? Sind das wir? Selten ist ein „Propaganda"-Film im richtigeren Augenblick gekommen als dieser, der für die Hebung unserer Gesundheit wirkt und uns auf die „Wege zu Kraft und Schönheit" weist. – In zwei Stunden rast man durch Jahrtausende menschlicher Körperkultur, klassischer

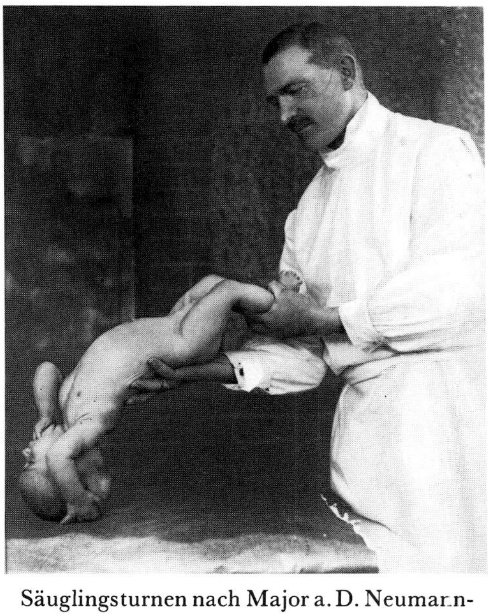

Säuglingsturnen nach Major a. D. Neumann-Neurode, das bereits bei 5 Monate alten Kindern beginnen kann.

Rudolf Kobs, Breslau,
Sieger im großen Deutschen Turnfest 1923
in München.

und modernster. Vom wenige Monate alten Säugling an turnt alles, läßt sich alles massieren, kneten, dehnen, treten, stoßen, zerren, hin- und herwerfen. Solch ein modern trainiertes Baby boxt am Ende schon nach wenigen Übungsstunden seinen erwachsenen Trainer k.o. All die internationalen Schulen der Wigman, des Dalcroze, des Rudolf Bode, der Mensendieck, des Laban usw. flitzen über die Leinwand, zeigen den Extrakt ihrer Lehren in einer Auslese ästhetisch einwandfreier Bilder. Niddy Impekoven, Ellen Petz, die wundervolle Karsavina, ihr Landsmann Peter Wladimiroff, das japanische Geschwisterpaar Jshii, sie und noch viele andere Beherrscher der Tanzkunst (als Förderer der Bewegungs-Schönheit) arbeiten an diesem Kulturdenkmal für den idealen Menschenkörper mit. Zwischen dem Gymnasion des Sokrates und dem Grunewalder Stadion hat man – „man" sind der Verfasser des Manuskripts, der Arzt Dr. Kaufmann und der Regisseur Wilhelm Prager – kaum etwas vergessen, was sich bildlich zeigen und als neues Propagandabeweismaterial verwerten ließe. Niggertanz, Jui-Jitsu, die altgermanische Königswahl (König wird, wer über die meisten Pferde zu springen vermag), Hawaiitanz, Bad einer Römerin, mens sana in corpore sano – der golfspielende Lloyd George, der tennisspielende Balfour, der müllernde Müller, Paddock, Riley, Houben – sie alle tauchen, wild durcheinander und doch nach ihren Sportgattungen raffiniert geordnet, mit ihren Spitzenleistungen auf, verschwinden, um den Nachfolgern Platz zu machen. Das ist kein „Kulturfilm" mehr im landläufigen Sinne, das ist eine Reihe spannender Lustspiel- und Drameneinakter im Blitzzugtempo; das ist eine Revue – auch „an alle": Trainiere deinen Körper! Da die Mitarbeiter dieses Films nicht nur Reformatoren, Bildhauer, Maler, Turner, Ärzte, Archäologen, sondern auch Filmfotografen sind, holen sie sich trotz der Überfülle ihres Stoffes noch einen der besten Bundesgenossen ihrer Demonstrationen herbei: den langsam analysierenden Zeitlupenapparat, der uns in die Geheimnisse der Rekordleistung einführt: wie sich Houben oder Paddock durchs Zielband werfen usw. Alles in allem eine erstaunliche Propagandaleistung, höchst wirksam und für einen der idealsten Zwecke unternommen.

Rhythmische Gymnastik-Übungen der Schule Hedwig Hagemann, Hamburg.

Befreiungsfeiern am Rhein

Befreiungsfeier auf dem Marktplatz in Bonn.

Den Glockenklang und Jubel, mit dem Köln seine Befreiung feierte, hat ganz Deutschland nicht bloß – dank dem Radio – gehört, sondern ganz Deutschland hat auch die Stimmung Kölns geteilt, die in diesem feierlichen Augenblick ohne Bitterkeit war. Ein Volk kann nicht vergessen, was ihm Böses widerfahren ist. Nur der einzelne Mensch vergißt und muß vergessen können; denn wie könnte ein Mensch das Leben ertragen, wenn jedes Leid und jedes Unrecht, das er erlebt, sich unauslöschlich in seine Seele einschriebe und die menschliche Natur nicht vielmehr so geartet wäre, daß die Zeit alle seelischen Wunden heilt und die Erinnerung auch aus den schlimmsten Zeiten das spärliche Gute festhält, das sie uns gebracht haben. Weil aber die Völker nicht ebenso wie der einzelne vergessen können, müssen sie imstande sein zu vergeben. Die Freude an der Befreiung Kölns soll uns nicht dadurch getrübt werden, daß wir uns der schrecklichen Enttäuschung erinnern, die wir vor mehr als einem Jahr erlitten, als es uns zur Gewißheit wurde, daß der Räumungstermin des 10. Januar 1925, der im Vertrag von Versailles festgesetzt war, nicht eingehalten werden würde. Damals hatte Deutschland bereits den Dawes-Vertrag geschlossen, die französische Regierung hatte die Behauptung, daß die Fristen des Friedensvertrags noch nicht zu laufen begonnen hätten, bereits fallengelassen, die Räumung des Ruhrgebiets und des „Sanktionsgebiets" (Düsseldorf) war zugestanden worden, aber Köln blieb unter kleinlichen Vorwänden besetzt. Und erst nach den Vereinbarungen von Locarno sind die Beschlüsse der Botschafterkonferenz zustande gekommen, die Briand mit dem Schreiben vom 16. November 1925 dem deutschen Botschafter in Paris mitgeteilt hat: daß die Kölner Zone im Lauf des Januar, spätestens bis zum 31. Januar geräumt sein würde. Der Termin, der als spätester bezeichnet war, ist tatsächlich genau eingehalten worden: Um die Mitternacht des 31. Januar war die Besetzung auch formell beendet. Die letzte englische Truppe aber ist tags vorher von Köln nach Wiesbaden abgefahren. Man hat überall in den Lichtspielhäusern die Abfahrt vorgeführt gesehen. Das fröhliche Abschiedswinken der englischen Soldaten aus den offenen Fenstern des sich in Bewegung setzenden Zugs läßt erkennen, daß sich die Engländer in Köln seit langem nicht mehr als Feinde gefühlt und benommen hatten. Trotzdem hat die Besetzung als schwerer Druck auf der Kölner Zone gelastet. Und endgültig wird Deutschland erst Frieden haben, sobald vom ganzen Rheinland diese Last genommen wird.

Ein Lichtheft

für alle Hausfrauen und Wohnungsinhaber wird neuerdings dem Publikum zugänglich gemacht. Es ist das schmucke, sehr lehrreiche und gut illustrierte Osram-Lichtheft mit dem Titel „Ratgeber für Wohnungsbeleuchtung". Besonders erfreulich an dieser Druckschrift ist, daß sie auf langatmige und schwerverständliche Darlegungen verzichtet und in wenigen Worten, einfach und sachlich, an Hand von Bildern das sagt, was für jeden wissens- und beachtenswert ist. Man findet guten Rat für die zweckvolle und wirtschaftliche Einrichtung der Beleuchtung der Wohnung.

Das Osram-Lichtheft „Ratgeber für Wohnungsbeleuchtung" ist bei Elektrizitätswerken, Osram-Verkaufsstellen und anderen Elektro-Fachgeschäften zum Preise von 25 Pfennig erhältlich.

Feme!

Ein Roman aus unseren Tagen

Von VICKI BAUM

Mit dem Schicksal eines fanatischen jungen Menschen ist die Tragik jener unbefriedigten, weglosen Jugend unsrer Tage gestaltet, die sich, von den Irrungen und Wirrungen der Zeit erschüttert und aus der Bahn der ruhigen Entwicklung geworfen, in die Geheimbünde zu retten vermeint. Es ist Vicki Baum gelungen, die Wurzeln des Problems mit tiefem psychologischen Einfühlungsvermögen und weiblichem Verstehen aufzudecken. Positiv aufbauend, weist sie darüber hinaus den Weg aus dem Labyrinth und zeigt, wie an den ewigen Heilkräften Natur und Liebe auch das kranke Herz des Fanatikers gesundet.

Ein junger Mensch trat an das Fenster seines Zimmers und blickte auf die Straße hinunter. Der Schatten einer ungewissen Erwartung spannte ihm augenblicklich die Lippen, die gleich wieder erschlafften.

Nichts war draußen zu sehen. Eine graue, staubige Nachmittagsluft hing da, die Häuser liefen gerade und eintönig bis zum Straßenende hinunter. Ein Zug von Laternenpfählen mit abgeschraubten Brennern begleitete sie, verlor sich in Dämmerung und Entfernung, sah aus, als wanderten tote Soldaten davon, stramm und gerade, aber geköpft. Eine Frau mit einem Gemüsekorb schlich vorüber. Ein Briefträger, der nur einen Arm hatte, ging am Haustor vorbei und brachte keinen Brief. Kinder spielten, eines weinte kläglich. Ein Auto kam um die Ecke, die Hupe schrie, es fuhr vorbei, es hielt nicht. Auf einem Balkon straßenabwärts blühten noch ein paar letzte Geranien, das war am Ende alles. Es geschah nichts.

Der junge Mensch wendete sich seufzend vom Fenster fort und in sein Zimmer zurück. Es geschieht eben nichts – dachte er vage. Die ganze zähe Trostlosigkeit, in der er seit Monaten lebte, schien ihm in diesem Gedanken umschlossen. Auch sein Zimmer atmete das gleiche Dumpfe, Unbewegliche. Auf dem alten Sekretär lagen juristische Bücher unter dünnem Staub. Der ovale Spiegel im altmodischen Goldrahmen warf einen blinden Schein gegen den Fußboden. Das Bett war offen und ungeordnet. In kleinen, runden Rähmchen hingen die blassen Fotografien von Geheimrat Burthe, dem Vater, und Oberstleutnant Burthe, dem Großvater. Ein blutdürstiger und lederner Stich stellte die Gräuel der Bartholomäusnacht dar. Auf dem schmalbrüstigen Schrank stand dick verstaubt die Schachtel mit dem alten Zylinder des Geheimrates.

Joachim Burthe bohrte die Hände in die Taschen und grub sich tiefer in seinen Anzug. Er fror. Im Ofen war kein Feuer. Im Tintenfaß war keine Tinte. Im Wasserkrug war kein Wasser.

Und zu all dieser Trübsal ließen die Zwangsmieter – die Proleten nannte der Geheimrat sie mit starker Betonung – jenseits der Zimmerwand ihr Grammophon den Radetzkymarsch spielen.

[Ende des Exzerpts]

Der Junge ist richtig –!

Wenn ick so richtig Platz jenommen habe,
denn steigen alle andern vorne ein –
und einer kloppt noch rasch an Rad und Nabe –
von mir aus konnt nu losjejangen sein.
Ick dräng mir nich. Ick bleibe hübsch jeduldig
und mache Kleen-Amerika:
Wer kein Bülljett hat, bleibt et ehm schuldig ...
Ick für mein Teil: ick fahre Pullman–Kah–!

Ick brauch mir nich um meinen Platz zu streiten.
Ick rauch mir einen, lese still ein jutes Buch ...
Hier machen keene Kinder Unannehmlichkeiten ...
und selten kommt ein Schaffner auf Besuch.
Fahrkarten bütte? Zuschlag zahlen –?
Kuchen.
Die janze Reichsbahn kann mir mah,
wenn sie das durchaus will, besuchen –
bei mir hier
aufn Pullman–Kah–!

Ick fahre imma I. Raucher. Platz am Fenster.
Macht ein Schandarm mal beim Vorbeifahrn Krach,
denn ruf ick runter: Herr Jeheimrat, wenn's dir so nich jefällt, denn lauf doch 'n bißken nach!
Ick fahre jerne so. Ick amüsiere
mir so wie Bolle still und friedlich hier.
Da sahrn se imma: „Blinde Passaschiere ...“
Ick bin ein mächtig heller Passagier –!

Theobald Tiger

Bilder vom Tage

Ein englischer 1000-PS-Sunbeam-Rennwagen, der an den Rennen in Florida teilnehmen und eine Geschwindigkeit von mehr als 300 Kilometer in der Stunde erreichen soll.

Unten: Silvester-Feier mit Lilian Harvey, Camilla Horn, Leni Riefenstahl, Christel Tordy, Olga Tschechowa, Max Hansen, Willy Fritsch und Wilhelm Bendow.

Gaskriegsübungen, Manöver von heute: Der Sächsische Platz in Warschau wurde während der polnischen Herbstmanöver in Rauchwolken gehüllt.

Unten: Der französische Flieger Blériot, der durch seine Überfliegung des Ärmelkanals berühmt wurde, umarmt den Transatlantikflieger Lindbergh.

Hahn & Co, Öle u. Fette en gros, machen einen Ausflug!

Text und Zeichnungen von Paul Simmel

Dampferausflug der Firma Hahn & Co, Öle und Fette en gros, nach Borsmühle

7 Uhr früh Abfahrt ab Torfbrücke mit Musik
9 Uhr Ankunft in Borsmühle, Kaffeetafel, belegte Brote
9–10 Uhr Rasenspiele, Dritten abschlagen, Sackhüpfen, Schinkenklopfen, Sanitätsdienst: Fritz Hartwig
11 Uhr Frühstück (Sülzkotelett mit Salat) – Biermarken bei Herrn Albert Fröhlich – Spaziergang nach dem benachbarten Hessenthal unter Vorantritt der Hausmusik. Für Zurückbleibende Konzert der Bordkapelle
1 Uhr Mittagstisch (Erbsen mit Schweinsohren)
2–3 Uhr Für die Älteren Erholungslager auf der Spielwiese und Ausscheidungskämpfe
5 Uhr Kaffeetafel
5–7 Uhr Sportspiele. Konkurrenzkämpfe. Preise
7–10 Uhr Fidelitas, humoristische Vorträge, Zapfenstreich, Tanz, Fackelzug usw.
10–½11 Uhr Sammeln, Abfahrt 11 Uhr. Bordfeuerwerk

Der Blick um 4 Uhr morgens durch die Vorhänge: Wird's regnen?

„Wenn auch das Geschäftsjahr alles andere, bloß nicht rosig zu nennen ist, so wird doch die Firma am Sonnabend den traditionell gewordenen Ausflug machen", sagte der Chef. Das hieß, daß das große Vergnügungskomitee à tempo zusammenzutreten habe. Das Komitee besteht aus dem Vorstand für alkohollose Getränke, Backwaren, Bockwürste, Süßigkeiten usw., zweitens aus dem Vorstand für Biermarken und warmes Essen und dem Vorstand für Bewegungsspiele, dem auch die Musik untersteht, und ferner dem Verwalter für Lampions, Papiermützen und die wertvollen Sportpreise. Da die verheirateten Angestellten ihre Kinder mitbringen, ist außerdem ein Kinderkommissar zu ernennen. Dieser hat darauf zu achten, daß die Kinder nicht auf den Bootsstegen herumklettern und nicht mehr als acht bis zehn Stückchen Torte pro Kopf bekommen. Als Spaßmacher fungiert wieder der Packer Robert Dalbrig. Er arbeitet an diesem Tage dreimal bunt als Kinder-Clown und hat seine selbstverfaßten Spottgedichte, in denen der Chef reichlich bedacht wird, vorzutragen. Das Tagesprogramm ist inzwischen, fest umrissen, dem Chef vorgelegt worden.

An der Torfbrücke fährt pünktlich der Dampfer vor, im Nu ist er gestürmt und verläßt nach 10 Minuten Wartezeit das Festland unter den Klängen: „Muß i denn, muß i denn ..."

Auf dem Vorderschiff, auf dem die höheren Gehaltsgruppen beisammensitzen, hö-

„Hahn" im Korbe. „Ach, Herr Hahn, tanzen Sie doch mal mit mir!"

re ich alsbald ... „Sehen Sie mal, wenn das Geschäft anders aufgezogen würde, wären ganz andere Erfolge ..." „Konservative Geschäftsprinzipien ... schön, in Ehren, aber man muß doch heutzutage mit den Wölfen". „Sie sehen doch die Konkurrenz mit Riesenschritten ... ach, glauben Sie doch nicht an diesen Bluff ... sehen Sie sich mal die Ware genauer an ... überall wird mit Wasser gekocht ... übrigens haben Sie gehört ... bei Gebrüder Pollack soll ja ... na, man munkelt so allerhand ..."

*

Der Dampfer rauscht an grünen Ufern vorbei, auf dem Mittelschiff sitzen die, die bereits das erste Viertel Bier beim Kragen haben ... „Otto, sage ich dir, sei froh, einmal aus die Tretmühle heraus zu sein ... einmal keene Konto-Auszüge, einmal raus aus dem Radau ... übrigens stinkt es hier

„Mensch, laß den Alten gewinnen, sonst werde ich nicht erster Lagerist!"

sehr nach Maschine, wir sitzen ooch ausgerechnet neben dem Maschinenraum... Mensch, laß doch... komm... prost!"

*

Auf Heck sitzen die Naturschwärmer, sie winken jedem Ruderkahn und Angler zu, haben rote Backen und sind von den Naturschönheiten begeistert. Es sind die Sympathischen, die mit kindlicher Freude alles bestaunen, was die Natur hervorzaubert.

*

Drei Tage vor dem großen Tag und drei Tage nachher sprach die Firma nur vom Ausflug. Die Anulkereien nahmen kein Ende, z. B.

„Kiepke, mit deinen krummen Beinen willste det Derby mitlaufen, Mensch, deine Beene haben sie ja über eene Tonne getrocknet!" oder

„Im vorigen Jahr waren Sie nicht mit, Fräulein Lange, ja richtig, Sie hatten ja Migräne, ach. Sie glauben nicht, wie süß unser Chef im Privatleben sein kann...?"

*

„Wissen Sie, beim Alten ist alles Maske, der spielt nur den Unnahbaren... sein Kern ist prima, prima!"

*

„Na, Pahl, haben Sie Ihren Affen ausgeschlafen? Sie waren ja zum Totlachen, dauernd haben Sie die kleene miese Müllern gekniffen... wann wird denn das Aufgebot bestellt?"

*

Um 1 Uhr nachts erstattete Vorstandsmitglied Kuhlmey vorschriftsmäßig Rapport: „Bei Erreichung des Festlandes 250 Personen, 85 Kinder, 10 Bierleichen an Bord. Zwei Regenschirme, ein Hut und eine Botanisiertrommel als vermißt gemeldet, sonst alles wohl."

Am nächsten Tag: Wieder eisige Reserve.

Dr. Stresemann an der ital. Riviera.

Der deutsche Außenminister als Zuschauer eines Karnevalsfestzuges in einer Gruppe italienischer Studenten, die dem deutschen „alten Herrn" eine Sympathiekundgebung dargebracht hatten.

Sommerfreuden der Berliner Jugend: Der Schulausflug.

13. Novbr. 1927
Nummer 46
36. Jahrgang

Preis des Heftes 20 Pfennig

Berliner Illustrirte Zeitung

Verlag Ullstein Berlin SW 68

Zeitgestalten...

„Was sagen Sie bloß zu Fräulein Mia?"

Eine neue Preisfrage der „Berliner Illustrirten".

3000 M. für die witzigsten Lösungen unserer Preisfrage.

Die Bilanz der Sowjet-

Zum Jubiläum der

Am 7. November sind es zehn Jahre, daß nach blutigen Kämpfen in Petersburg und anderen Städten Rußlands die Regierung der Sowjets aufgerichtet wurde. Wenige Menschen in Europa hätten damals Lenin und seinen Freunden, den neuen Machthabern, so lange Fortdauer ihres Werkes vorausgesagt. In diesen zehn Jahren haben sich ungezählte Hoffnungen und Wünsche an den Sturz der Sowjetherrschaft geknüpft. Wenn diese Regierung, die ein politisches System eigener Art ist und auch kulturell und wirtschaftlich neue Grundlagen geschaffen haben will, auf zehnjährige Vergangenheit zurückblickt, so bildet sie für Freund und Feind einen Faktor, mit dem man sich ernstlich auseinandersetzen muß.

Was hat diese Regierung dem russischen Land und Volk in den zehn Jahren ihres Bestehens gebracht, was hat sie genommen? Sie startete mit einem Torso des einstigen russischen Kolosses, mit dem blutenden Körper des einst so großen Volkes. Ein breiter Gürtel im Westen, durch ganz Europa hindurch, bezeichnet das durch den Krieg verlorene Gebiet. Verloren ging Finnland, verloren ging Polen! Verloren waren die Randstaaten Estland, Lettland und Litauen, die wirtschaftlich auf Rußland angewiesen sind, ebenso wie Rußland sie als Zugang zum Meer brauchte. Und als ewig brennende Wunde wurde auch der Verlust der von Rumänien annektierten Provinz Bessarabien von den Vorgängern übernommen.

Aufstand der Bolschewisten gegen die Kerenski-Regierung im Juli 1917, der mit einer blutigen Niederlage der Petersburger Arbeiter endete.

Herrschaft / Sowjet-Republik

Zehn Jahre russischer Wandlungen

Verlorengegangen ist mit dem alten Reich auch der Name „Rußland" als Reichsidee. Planvoll sprechen die heutigen Machthaber nicht mehr von Rußland als Reich, sondern von der „Sowjetunion", einem Bund der Staaten, die sich nach dem politischen System der Sowjets regieren. Rußland ist in dieser Union ein Teilstaat, freilich der größte, wie Preußen im Deutschen Reich und England in Großbritannien. Die sämtlichen Teilstaaten des Sowjetreiches genießen weitgehende Selbständigkeit auf kulturellem Gebiet, Einrichtungen, die der Eigenliebe gerade der kleineren Völkerschaften schmeicheln und für den Sowjet-Gedanken werben sollen. So sind im Sowjetreich die Republiken der Ukrainer, Kaukasier, Turkmenen usw. formell der „Republik Rußland" gleichgestellt, in der Praxis freilich werden sie doch von Moskau aus regiert. Nützen tut ihnen die Scheinfreiheit auch sonst nicht, denn es gibt ja keine freie politische Betätigung im Innern Rußlands. Die Bevölkerung gliedert sich nicht nach politischen Parteien, sie zerfällt vielmehr in eine ungeheure Masse der willenlos Beherrschten und eine verhältnismäßig kleine Schicht der Herrschenden. Die Beherrschten dürfen nicht einmal einen bestimmten Parteinamen tragen, sie sind schlechtweg die „Parteilosen". Die Herrschenden sind die in einer raffinierten Parteiorganisation zusammengeschlossenen Kommunisten. Man hat die Kommunisten – ihre Zahl gegenüber den Parteilosen ist in Millionen ausgedrückt etwa 1:145 – oft mit einem religiösen Orden verglichen. Der straffe Aufbau, die strenge Disziplin, die Forderungen eines entsagungsvollen Lebens, das den Dienst der Partei über alle persönlichen Verbindungen stellt, haben diese Bezeichnung mindestens für die Zeit gerechtfertigt, wo der Kampf um die politische Macht noch tobte und der Kommunismus auch im Innern noch sehr kriegerisch auftrat. Heute führt er ein etwas milderes Regiment, weil er seine Herrschaft gefestigt glaubt, aber Freiheit hat er dem Volk trotzdem noch nicht gebracht. Der geistige Druck in diesem riesigen Reich ist ungeheuer. Was den Anschauungen der regierenden Kommunistischen Partei, genau gesagt, des kleinen Personenkreises der höchsten Parteibeamten, nicht gemäß ist, wird unterdrückt. In diesem Land gibt es keine Presse, die nicht nach dem Diktat der Machthaber schriebe, gibt es keine öffentliche Stimme, die von der Parlamentstribüne oder im Versammlungssaal einer anderen Meinung Ausdruck geben könnte. Eine weitverzweigte politische Polizei, die man in Europa unter dem inzwischen abgelegten Namen „Tscheka" kennt, mit Methoden und nicht wenigen Beamten, die aus der ehemaligen zaristischen Gendarmerie übernommen wurden, wacht darüber, daß jeder Versuch eines Gegendrucks von unten her sofort erstickt wird.

An Stelle eines Parlaments gibt es einen Kongreß der Sowjets, der Abgeordneten, die von den Städten und Dörfern entsandt werden. Dieser Kongreß tritt alle zwei Jahre für ein paar Tage zusammen. Er schnurrt sein vorausbestimmtes Programm ab, und die Abgeordneten fahren, erbaut von der genossenen Völkerschau und den Reden der Parteihäupter, wieder nach Hause. Kein frei gewähltes Parlament ist der Ausdruck des Volkswillens, sondern es bestimmt souverän der Parteitag der Kommunistischen Partei. Auf ihm finden Redekämpfe statt, an deren Ende die Macht derer entscheidet, die den Apparat der Parteibeamten in der Hand haben.

Es ist also kein einzelner, der, wie früher, als Despot regiert. Aber der Despotismus wird ungeschwächt von einer kleinen Zahl von Männern ausgeübt. Nicht anders, als in Italien von Mussolini und seinen Faschisten, nicht anders, als es im Mittelalter von einem Philipp II. geschah. Der geistige Druck ist der gleiche, die Unfreiheit der Meinung unterscheidet sich in nichts von der faschistischen und mittelalterlich spanischen. Gesinnungsschnüffelei ist in voller Blüte. Und wer nicht sterben will, der liegt im Staube vor den Machthabern wie Asiaten vor ihrem Großherrn.

Machtmittel zur Beherrschung und Knechtung ist ein militärischer Apparat.

Mit seiner Hilfe halten sich die Kommunisten am Ruder wie mit Hilfe ihrer Polizei. War das zaristische Rußland eine ungeheure Militärmacht, so ist auch Sowjetrußland ein militaristischer Staat. Die Kriegstüchtigkeit der Roten Armee ist zwar noch nicht erprobt, aber im Geiste eines Militarismus wird die ganze heranwachsende Jugend gedrillt. Einer der ersten Eindrücke, den der Fremde in Moskau erhält, ist der der mit Trommeln und Fahnen durch die Straßen ziehenden Kinderscharen, der „Pioniere", und in den Klubs des Kommunistischen Jugendbundes wird das Waffenhandwerk so eifrig studiert, wie die Schützenabteilungen und sonstigen militärischen Verbände der Fabriken darauf bedacht sind.

Auf wirtschaftlichem Gebiet hat der Sowjetstaat die größten Anstrengungen gemacht, um einstweilen nur so weit zu kommen wie sein zaristischer Vorgänger. Die Art, in der die Revolution von 1918 durchgeführt wurde, hat zunächst die Zertrümmerung des Bestehenden ergeben. Erst auf diesen Trümmern hat man begonnen, wiederaufzubauen. Und zwar stand für diese Arbeit zunächst nichts anderes zur Verfügung als eben diese Trümmer. Heute arbeiten wohl verschiedene Wirtschaftszweige des Sowjetstaates, aber sie arbeiten nur mit äußerster Anspannung, die größte Gefahr ist die Abnutzung und Erschöpfung der bestehenden Produktionsmittel. Aus dem Innern kann die durch Revolution und Bürgerkrieg verarmte Bevölkerung hinlängliche neue Mittel nicht aufbringen. So bleibt nur die Hilfe des kapitalistischen Auslandes übrig. So, wie die Sowjetregierung seit dem Jahr 1921 im Innern die beschlagnahmten Fabriken zum Teil wieder freigegeben hat und unter dem Schlagwort „Neue ökonomische Politik" dem Erwerbssinn ihrer Bürger wieder etwas Spielraum läßt, so bemüht sie sich auch, in der Form der „Konzessionen" ausländisches Kapital ins Land zu bekommen, d. h. Pachtverträge abzuschließen, die ausländischen Unternehmern Ausbeutungsmöglichkeiten, niemals aber Erwerbung der russischen Naturschätze überlassen sollen.

Aber während in der Industrie der Kommunismus nur leicht gelockert ist, hat man ihn auf dem Land gar nicht erst einzuführen gewagt. Die Bauern Rußlands, die immer seine festesten Stützen waren, sind auch Stützen des Kommunismus geworden, weil er von ihnen keinen Kommunismus verlangte. Die Bauern arbeiten nicht für den Staat, sondern für sich selber, wodurch allein das Wunder der Behauptung

Bolschewistische Proletarierjugend demonstriert am 10. Jahrestag der Revolution.

der Sowjetherrschaft erklärlich ist. Sie hat den Bauern ihre wirtschaftliche Freiheit gelassen, aus dem Gedanken heraus, daß Bauernarbeit, weil sie unkontrollierbar ist, freiwillig geleistet sein will. Welcher Bauer aber würde freiwillig für den russischen Staat sich mühen und plagen? Um so straffer ist die Verstaatlichung der Arbeit auf dem Gebiet des Außenhandels.

Den Handelsverkehr mit dem Ausland vermittelt ein zentralisiertes Handelskommissariat, das private Geschäfte unmöglich macht. Aber ein reibungsloses Zusammenarbeiten in wirtschaftlicher Beziehung mit dem Ausland ist durch diese Monopolisierung des Geschäftes und das schwierige Zusammenarbeiten mit den einzelnen Stellen, wenn man überhaupt bis zu ihnen vorgedrungen ist, so erschwert, daß wirklich lebendige wirtschaftliche Wechselbeziehungen bisher nicht aufkommen konnten und wohl auch nicht eher aufkommen werden, bis sich die Sowjetregierung zu einer Änderung ihrer Bestimmungen bereit findet.

Was bietet der Sowjetstaat nun seinen Bürgern für den Verlust gewisser politischer Freiheiten und eines früher zum Teil aufrechterhaltenen Lebensstandards? Der Sowjetstaat antwortet zunächst, daß unter dem Zarismus ja auch nicht gerade ein freiheitliches Leben geherrscht hat. Und das materielle Los des russischen Volkes war unter dem Zarismus ebenfalls nicht beneidenswert, denn ein prächtiges Leben konnte nur eine kleine Herrenschicht führen, und dieses war mit einer beispiellosen Verelendung der Massen erkauft. Das Entscheidende wäre nun freilich: Geht es den Massen jetzt besser?

Darauf ist zu antworten, daß die Lebenshaltung der Massen gegen früher nicht besser geworden ist. Selbst wenn man von den besonderen Verhältnissen der Moskauer Wohnungsnot absieht, gegen die unsere Enge ein Kinderspiel ist, ist die Lebenshaltung der russischen Bevölkerung so elend wie nie zuvor. Die russischen industriellen Zweige vermögen an qualitativer Herstellung mit den europäischen und amerikanischen Industrien nicht zu konkurrieren. Der russische Arbeiter und Bauer ist daher verpflichtet, eine schlechtere Ware einzukaufen, als sie ihm früher vom Ausland geliefert wurde. Und der Verdienst geht schließlich auf Nahrungsmittel drauf. Um der Bevölkerung eine illusorische Lebensfreude zu gewähren, hat man deshalb das alte zaristische, im Kriege abgeschaffte Branntweinmonopol wiederhergestellt.

Wenn trotzdem in der Bevölkerung, auch wenn sie nicht kommunistisch überzeugt ist, überwiegend der Wunsch besteht, lieber so, wie es jetzt ist, durchzuhalten, als etwa den Zarismus wieder im Land zu haben, so hat das seine Gründe. Es spricht das dem russischen Volk eigene Gerechtigkeitsgefühl stark mit, daß die Sünden der Vergangenheit nicht wiederauferstehen dürfen, es spricht das Billigkeitsgefühl mit, daß das gegenwärtige Regime doch mit der Erbschaft der Vergangenheit belastet war und in den zehn Jahren seines Bestehens nicht alles nachholen konnte, und es spricht auch stark die menschliche Eigentümlichkeit mit, sich über eigenen Schaden zu trösten, wenn es nur auch dem bisher beneideten Mitmenschen ebenso schlecht ergeht. Die russische Masse hat heute das Bewußtsein, daß sie ihren früheren Beherrschern eins gehörig auf den Kopf gegeben hat, sie sieht den reichen Bürger von vor zehn Jahren heute in engsten oder dürftigsten Verhältnissen. Und über den Anblick der traurigen Gegenwart tröstet auch der besonders von der Sowjetregierung sorgsam gehätschelte Gedanke an die Zukunft.

Jubiläums-Festzug in Moskau, mit Spottfiguren der „Feinde des Volkes“.

Was sagen Sie bloß zu Fräulein Mia?

Das Ergebnis unserer Preisfrage in Nr. 46

Unsere Leser erinnern sich unserer Raffke-Preisausschreiben. Wir stellen heute eine Preisfrage ähnlicher Art, die eine neue Zeiterscheinung betrifft. Das Bild auf der Titelseite zeigt eine Zeitgestalt „Fräulein Mia", einen neuen Mädchentyp, der sich in Arbeit, Lebensführung und Erscheinung den Mann zum Vorbild genommen hat.

Unsere Preisfrage lautet: „Was sagen Sie bloß zu Fräulein Mia?"

Die Personen im Hintergrund unterhalten sich über das vorübergehende Fräulein Mia. Einer von ihnen soll die Antwort auf unsere Preisfrage in den Mund gelegt werden, selbstverständlich nichts Unparlamentarisches. Es wird nicht eine Anrede an Frl. Mia, sondern eine Äußerung über sie verlangt.

1. Die Antworten müssen adressiert sein an die Redaktion der „Illustrirten" (Preisfrage), Berlin SW, Kochstraße 22/26, und dürfen außer dem gefundenen witzigen Ausspruch nur den Namen und die Adresse des Einsenders enthalten. Auch höfliche Anreden an die Redaktion, Hochachtungsbeteuerungen usw. sind unnötig.

2. Die Einsendungen müssen spätestens am 25. November in unserem Besitz sein. Das Ergebnis wird in einer der Dezember-Nummern mitgeteilt.

3. Mehr als höchstens 20 Worte darf der Ausspruch nicht enthalten.

4. Für die witzigsten Aussprüche setzen wir drei Preise aus, einen ersten Preis von 500 M., einen zweiten Preis von 300 M., einen dritten Preis von 200 M., ferner 20 Trostpreise zu 100 M.

5. Die Entscheidung der Redaktion, der sich jeder Einsender durch seine Teilnahme unterwirft, ist auf alle Fälle endgültig.

6. An diesem Wettbewerb kann sich jeder mit einer Antwort beteiligen. Wer mehr als eine Antwort schickt, scheidet aus dem Wettbewerb aus.

*

Mit einer Verneigung vor den Lesern stellen wir fest: Unter den gewaltigen Stößen von Einsendungen, die die Preisfrage in unsere Redaktionszimmer gerufen hatte, fand sich eine überraschende Summe von Witz, von Einfällen und guter Laune. Es galt, einer der Personen im Hintergrund des Bildes eine witzige Äußerung über Fräulein Mia in den Mund zu legen. Einige der besten Aussprüche sind von mehreren Lesern eingesandt worden; in diesen Fällen krönten wir die beste Formulierung oder ließen bei gleich guter Formulierung das Los entscheiden.

Den ersten Preis von 500 M. erhielt Ch. Heck, Kassel, Ihringshäuser Str. 69, für folgende Einsendung: „Die ham' sie wohl bei Steinach mit 'n falschen Affen okuliert?!"

Der zweite Preis (300 M.) wurde folgender Einsendung zuerkannt: „Alle Wetter, ein gemachter Mann!" Emmi Schmidt, Zorge (Südharz).

Den dritten Preis (200 M.) erhielt folgende Lösung: „Wir wollen sein ein einzig Volk von – Brüdern!" Fritz Luithle, Ottmarsheim.

Die 20 Trostpreise von je 100 M. sind folgenden Aussprüchen zugesprochen worden:

„Wenn die in der Mitte durchgeschnitten wird, denkste, hier ist ein Doppelmord passiert!" Frau Trude Schölpert, Breslau, Kletschkaustraße 48.

„Nu ham se ooch noch die Jeschlechter fusioniert." Walter Handrick, Nürnberg, Sybelstraße 6.

„Bis der ihr Kind mal die Brust findet, ist es verhungert!" Vincenz Sczuka, Berlin, Stephanstraße 11.

„Heiliger Goethe, welche Metamorphose der Pflanze!" Marianne Behr, Wolfen b. Bitterfeld.

„Sieh da, ein junger Herr mit Gänsefüßchen!" Josef Spek, Heidelberg, Anlage 55.

„Die Kleidung macht noch nicht den Mann: Auf nackte Tatsachen kommt es an!" Lotte Löwenstein, Berlin, Essener Straße 31.

„Was würde der olle Milo zu dieser Venus sagen?" Anonym, Berlin-Schöneberg, Rubensstr. 40.

„Det Meechen sieht aus, wie 'n Mann aussieht, wenn er wie 'n Meechen aussieht." Dr. Paul Lacroix, Düsseldorf, Roßstraße 19.

„Gentlemanlike." Oberarzt Dr. Hermann Vollmer, Charlottenburg, Frankstraße 3.

„Wenn die der Herrgott sieht – der lacht: Hab' ich denn damals drei gemacht?" O. F. Grund, Hamburg, Tresckowstraße 10.

„Die reinste Notwohnung: halb Herrenzimmer und halb Frauenzimmer!" Hans Steenken, Bremen, Löningstraße 36.

Gehn einst zum Standesamt die beiden Leute, fragt der Beamte: „Wo sind denn die Bräute?" Eleonore Bütter-Hoch, Dresden-A., Wintergartenstraße 14.

„Fräulein Mia scheint sich in den Zwitterwochen zu befinden!" Frau Elli Leiding, Bielefeld, Rohrteichstr. 26.

„Selfmademan." Willy Jander, Griesheim, Eichenstraße 5.

„Die kann einen Schlafwagenschaffner in Verlegenheit bringen." Rudolf Cahn, Köln/Rh., Dreiköniginnenstr. 1 b.

„Meechen, Meechen! Dem Storch machste nischt vor!" Major Wilhelm Hofmann, Immenstadt, Baden.

„Eine Hosenträgerfabrik müßte man aufmachen!" Lil Dagover-Witt, Berlin, Arysallee 4.

„Endlich gibt es keinen Unterschied mehr zwischen Mia und mich!" A. Bialer, Berlin W, Helmstedter Str. 8

„Wo die geht, ist immer eine Mia triumphalis." Ernst Schulz, Berlin, Grünstr. 16.

„Vor lauter Sachlichkeit wird sie zur Sächlichkeit." Marie Fernkorn, Frankfurt a. M., Tauentzienstr. 2.

Von witzigen Einsendungen, die keinen Preis erhalten konnten, geben wir die folgenden wieder:

„Wo fasse ich dich, unendliche Natur? Euch Brüste, wo?" Wilhelm Hertsch, Donaueschingen.

„Zu unserer Zeit hörte das Raten: ‚Junge oder Mädchen?' doch wenigstens bei der Geburt auf." Eugen Hamm, Leipzig.

„Ich gäb' was drum, wenn ich nur wüßt', wer dieser Herr gewesen ist!" Heinrich Otto, Siegburg.

„Sag, wer mag das Männlein sein?" Von vielen Lesern eingesandt.

„Junge, Junge, aus dir wird doch noch mal ein Meechen!“ Emil Schmidt, Frankfurt a. M.

„Setz ihr mal 'ne Maus auf den Schlips, wie schnell sie ihre Männlichkeit vergißt.“ Maria Sprink, Düsseldorf.

„Moderne Sirene! So lockend? Nee, zum Heulen!“ Dr. Franke, Berlin-Lichterfelde.

„Man kann nicht ‚Weib‘, man kann nicht ‚Mann‘ sie nennen – an ihren Früchten sollt ihr sie erkennen!“ Hans Grützner, Leipzig.

„Adams Fehlrippe!“ Frau Grete Franckel, Berlin W.

„Wenn die der Klapperstorch sieht, macht er ratlos wieder kehrt und meldet: ‚Unbestellbar‘.“ A. Hilscher, Breslau.

„Sie gibt sich ein ‚Air‘ wie ein ‚Er‘.“ Richard Friedeberg, Berlin W.

„Hat mit 18 sie noch ‚keenen‘, macht sie aus sich selber ‚eenen‘.“ Siebrecht, Krefeld.

Außer den wiedergegebenen Einsendungen sind noch viele andere schlagkräftige Aussprüche bei uns eingegangen. Seltsamerweise hat rund die Hälfte der Bewerber in Versen geantwortet und unter ihnen wieder sehr viele mit Zitaten; Goethe und Schiller haben sich danach offenbar mit Sehergabe über das nicht gerade altfränkische Fräulein Mia geäußert. Es kam eine Fülle von Wortspielen, mit „herrlich“ und „dämlich“, mit „Mia und mich“, mit „Busenfreund“ und „wadenscheinig“, mit den Hosen, die Mia „noch nicht an“ hat u. a. Es fehlte auch nicht an ernsthaften Protesten gegen das unweibliche Fräulein Mia, aber in ihrer übergroßen Mehrheit sind unsere Leser diesem Aufruf zur Mitarbeit mit Humor gefolgt. Wir danken allen, auch denen, denen diesmal kein Preis zugesprochen werden konnte – ihnen wünschen wir bei unserem bald erscheinenden neuen Preisausschreiben mehr Glück.

Für sonnige Tage

Reizende Form des Sommerkleides aus weicher Seide mit ausspringenden Biesen, die dem Rock etwas glockige Weite geben. Hierzu Ullstein-Schnittmuster erhältlich.
Hübsches Doppelvolantkleid. Rückwärts der kleidsame, tief heruntergehende Spitzenkragen. Material: gemusterter Krepp-Georgette. Hierzu Ullstein-Schnittmuster erhältlich.

Jugendlich flottes Hemdseidenkleid in liebenswürdig-sportlicher Verarbeitung. Hierzu Ullstein-Schnittmuster in den großen Kaufhäusern erhältlich.
Die beliebte Form des Complets: Über einem langärmligen zweiteiligen Jumperkleid eine kurze, offene, ärmellose Jacke. Hierzu Ullstein-Schnittmuster erhältlich.

Das Material bestimmt die Kleidform. Sind es die weichfließenden Hemdseiden, die Tussorstoffe, die neuartigen Kreppqualitäten, die englischen Waschseiden, der Krepp Lavable oder das neue, ganz weiche, porös gewebte Leinen, aus denen die Kleider gefertigt werden sollen, dann bevorzugt man die sportlichen Kleider. Den einfachen, hübschen, jugendlichen Stil, der sich in der Einfachheit der Verarbeitung kund gibt, in der geraden, schlanken Linienführung, in den kleinen liebenswürdigen, unauffälligen Zutaten: flott gebundene Schleife, kleines Krägelchen, sportlicher Gürtel, an dem die neuen ornamentalen Schließen und Monogrammschnallen interessant sind.

Sind es die zarten dünnen Seidenkreppstoffe, die gemusterten Georgette-, die feinen vorsichtig gemusterten Chiffonseiden, dann wird man den anderen Kleidstil wählen. Jene anmutigen, sehr weiblichen Kleidchen mit ihren Rüschen und Falbeln, den Spitzenkrägelchen und Besätzen, den zwei- und dreifach übereinandergehenden Volants, alle Kleider, die die Silhouette der Frau weicher, zierlicher und dabei doch anspruchsvoller erscheinen lassen. Diese Modelle bestimmen den neuen Stil der Saison. Sie führen in bewußtem Gegensatz von der uniformierenden, demokratischen Mode wieder zurück zur individualisierenden ichbetonten Erscheinung der Frau.

St. K.

Fridtjof Nansen, der Nordpolforscher und Friedensfreund, in Genf im Gespräch mit einer russischen Journalistin.

Unten: Am Badestrand in Saarow: Camilla Horn, Lilian Harvey, Jenny Jugo und Willy Fritsch.

DIE VERWANDELTE ERDE

Wunder, die unsere Kinder vielleicht erleben werden

VON ANDRÉ MAUROIS

Der wissenschaftliche Widerspruch von heute ist der Gemeinplatz von morgen. Seit einigen Monaten hat es den Anschein, daß die Radio-Television, das heißt die Übertragung eines lebenden Bildes von einem Sender aus, im Laboratorium verwirklicht worden ist. In wenigen Jahren wird man bestimmt mit Hilfe eines Apparates, der drahtlos funktioniert und vielleicht Telephotophon heißen wird, seinen Partner zu gleicher Zeit sehen und sprechen hören. Und „Taschenmodelle" werden die Fortsetzung einer angefangenen Unterhaltung mit einem Freund auch auf einer Reise oder einem Spaziergang ermöglichen. Liebespaare werden sich für 4 Uhr 20 Min. 16 Sek. auf Wellenlänge 452 verabreden.

Diese zweifache, ununterbrochene Gegenwart von Gesicht und Gehör wird das Leben mächtig umgestalten. Das Lügen wird sehr erschwert werden. Die Damen können sich dann am Telefon nicht mehr verleugnen, indem sie die Stimme ihrer Zofe nachahmen. Eine gewisse Zeitlang wird man Gesichtsverbindungen regeln, sie wunschgemäß herstellen oder verweigern können, aber später wird zweifellos ein mit einer Seelenplatte versehenes Objektiv alles vermitteln, was man vom Flugzeug aus in einem Garten oder in einem ganzen Land sehen kann. So wie man schon heute Flugzeuge drahtlos vom Erdboden aus leitet, so wird man auch kleine Apparate erfinden, die ein jeder vom Bett aus oberhalb einer Karte dirigieren kann, während auf einer Leinwand dann die wechselnden Bilder der überflogenen Städte, Straßen, Geschöpfe abrollen.

Ein englischer Physiker droht uns sogar für das kommende Jahrhundert mit einer noch bösartigeren Erfindung: „Es steht fest", behauptet er, „daß der menschliche Gedanke, da er aus Bildern und Worten zusammengesetzt ist, der Emission gewisser Strahlen und Schallwellen entsprechen muß. Diese Strahlen und diese Wellen wird man eines Tages auffangen, es ist nur eine Frage der Zeit. Von da an wird es dank einem Radioskop, das jeder Mensch in der Tasche trägt, möglich sein, die Gedanken seines Partners, so wie sie sich bilden, zu lesen und zu gleicher Zeit mit ihm selbst die von ihm wachgerufenen Bilder zu betrachten. Eine Unterhaltung wird dann große Ähnlichkeit mit einer einsamen, stummen Meditation von heute haben. A wird B einige Minuten lang denken sehen, dann denkt er seine Antwort, und B sieht ihn denken. Das bedeutet notgedrungen erzwungene Natürlichkeit und den Tod aller Heuchelei."

Schwerer wird die vollständige Änderung unserer Methode sein, Energie zu erzeugen. Kohle und Petroleum werden durch „Zentralen" ersetzt, die sich die Temperaturdifferenz zweier übereinandergeschobener Strömungen zunutze machen, und durch den Wind, dessen Kräfte vervollkommnete Akkumulatoren sammeln werden. Durch diese Erfindungen wird sich die Verteilung der Industriegebiete auf dem ganzen Erdball verschieben. Alle Betriebe, die sich um Kohlenzentren gruppieren, müssen langsam in Gegenden mit „konstantem" Wind auswandern, und manche heute öden Wüsten werden

Wunder, die wir vielleicht noch erleben werden: Besichtigung der Welt vom Bett aus durch den Fernseher.

sich zu den bevölkertsten Distrikten der Erde entwickeln. Zu gleicher Zeit ungefähr wird es der Chemie gelungen sein, den größten Teil der Nahrungsmittel auf synthetischem Wege mittels atmosphärischen Stickstoffs herzustellen, so daß die Landwirtschaft überflüssig wird. Das Gesicht der Erde muß sich ändern: Wälder, Gärten treten an Stelle der Felder. Beleuchtung wird kaum noch etwas kosten. Unsere heutigen Lichtquellen sind durchaus primitiv. „Es sind Wärmekörper", sagte Professor Haldane, „und 95% ihrer Strahlen sind unsichtbar. Eine Lampe als Lichtquelle anzuzünden, ist eine Energieverschwendung, die ungefähr damit zu vergleichen wäre, ein Haus in Brand zu stecken, um eine Schnitte Brot zu rösten. Man darf mit aller Sicherheit behaupten, daß das Licht in fünfzig Jahren nur noch den fünfzigsten Teil seines heutigen Preises kosten und die Dunkelheit in allen Städten abgeschafft sein wird."

Es ist abscheulich, aber die Biologen sind noch beunruhigender. Sie sind jetzt überzeugt, daß sie unser Körper- und Gefühlsleben durch ein Übermaß oder ein Fehlen von Sekretionen gewisser Drüsen erklären können. Es besteht die Möglichkeit, Menschen aufbrausend oder schüchtern zu machen, gefühlvoll oder empfindungslos, je nach Wunsch, durch einfache Injektionen dieser Drüsenausscheidungen.

Paradox? Gewiß. Trotzdem erzählte mir ein großer französischer Gelehrter folgendes Experiment: Man setzt jungfräuliche Mäuse mit neugeborenen Mäuschen zusammen; sie spielen, essen, laufen ruhig weiter, ohne sich um die kleinen Mäuschen zu kümmern, sie würden sie sogar ruhig neben sich sterben lassen. Man macht den gleichen Mäusen eine Injektion, die mütterliche Instinkte in ihnen wachrufen soll. Und im Nu sind diese Tiere in bewundernswerte Mütter verwandelt. Sie kümmern sich nur noch um diese Kinder, die ihnen nicht gehören, sie sterben sogar, um sie zu verteidigen. Es wird später einmal Laboratorien geben, in denen Biologen, Romantiker und Gelehrte zusammenarbeiten und z. B. zarte Freundschaftsliebe herstellen. Sollen wir diese großen Veränderungen fürchten? Ich meine, nein. Hätte man den Menschen 1880 genau das Leben beschrieben, das wir heute führen, sie hätten es bestimmt gräßlich gefunden.

Der Filmschauspieler Buster Keaton mit seinen Söhnen Joe und Bob.

IN DER STAATSOPER NACH DEM UMBAU

Reichspräsident von Hindenburg in der großen Mittelloge bei der Neu-Eröffnung der Staatsoper Unter den Linden nach dem Umbau.

Der schwierige, vielumstrittene Umbau des Berliner Opernhauses Unter den Linden ist glücklich vollendet, die alten Freunde des Hauses stellen befriedigt fest, daß die Akustik keinesfalls gelitten hat, eher verbessert ist. Die neue maschinelle Anlage gewährt jetzt auch die Möglichkeit szenischer Effekte, die man sich früher versagen mußte. Wesentlich ist der Vorteil erhöhter Sicherheit für die Besucher des Hauses wie für die darin Tätigen. Und die Schönheit der Proportionen des alten Knobelsdorffschen Baues, die man bedroht glaubte, wurde dabei kaum beeinträchtigt.

Die Welt ist schön

VON

THOMAS MANN

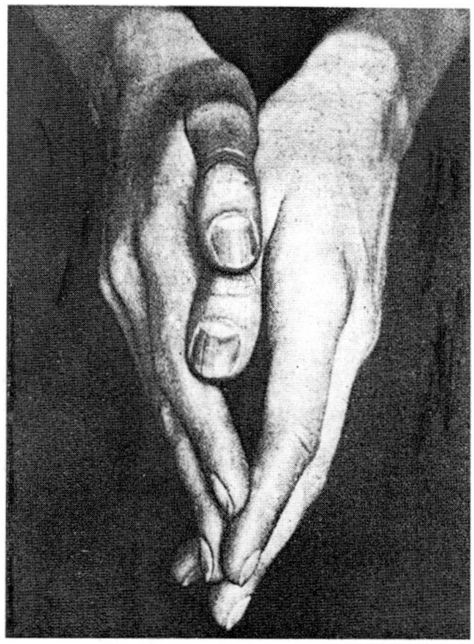

Es sind Fotografien, die zu diesem freudigen Geständnis auffordern, durch das Objektiv gewonnene Fixierungen und Studien, die sich über alle Gebiete der Natur und des Lebens verbreiten, und von denen hier ein paar Proben, Andeutungen eines wahren Schatzes von liebevollen und genauen Geschichten, vorgeführt werden – Lichtbild-Aufnahmen, in denen Fertigkeit und Gefühl eine solche Verbindung eingehen, daß der Versuchung, sie als Werke eines Künstlers, als Kunstwerke anzusprechen, schwerlich zu widerstehen sein wird.

Fotografien – ich kenne die Widerstände humanistischer Prüderie, die sich bei diesem Wort erheben, aber ich teile sie nicht. Ich begreife den würdig kulturkonservativen und antimechanistischen Protest gegen jede ideelle Zulassung des Fotografischen in die Sphäre des Geistig-Künstlerischen, aber ich bin praktisch wenig bereit, ihm beizutreten, ja, ich nehme Gelegenheit, mich in diesem Punkte zu einer fast schon überläuferischen Vorurteilslosigkeit zu bekennen. Technifizierung des Künstlerischen – gewiß, es klingt schlimm, es klingt nach Verfall und Untergang der Seele. Aber wenn nun, indem das Seelische der Technik anheimfällt, die Technik sich beseelt? Wenn nun zum Beispiel doch das Grammophon, eine rohe Wirtshausangelegenheit eben noch, eine Entwicklung genommen hat, die es zu einer unzweifelhaft musikalischen Angelegenheit erhebt, welcher kein Musiker mehr mit Verachtung begegnet? Da ist der Film, dieser Bezwinger, Bezauberer, Beglücker der Massenseele... Ist er Kunst? Ist er es schon zuweilen? Kann er es werden? Man diskutiert darüber, aber ich frage mich wenig danach, wenn ich mich der Faszination des Schauens, den unqualifizierbaren, unklassifizierbaren Reizen dieser modernen Lebenserscheinung überlasse, in der das krud Sensationelle und das Seelenhafte sich auf eine nicht zu kritisierende Weise vermischen. Und die Fotografie? Ihre Fortschritte sind derart, daß es nicht lange mehr helfen wird, daß es in einzelnen Fällen schon heute nicht mehr hilft, vornehm gegen sie zu tun. Die Entwicklung des fotografischen Porträts in der Richtung des Psychologischen, der Charakter- und Typenstudie (von aller Verfeinerung des Artistisch-Technischen zu schweigen) ist augenfällig, und sie zieht Vorteile aus einem Zustand der Malerei, der menschlicher Bildniskunst wenig günstig ist, da er meist zur Wahl zwischen dem Akademischen und dem selbstherrlich Abstrusen zwingt. Es gibt heute viele Fotografen in der Welt, die den Namen des Künstlers schweigend, aber nachdrücklich durch ihre Leistungen in Anspruch nehmen: Da ist Hoppé in London, der auch in Deutschland anfängt, bekannt zu werden, ein Porträtist von außerordentlicher Kultur, dessen Serie „Londoner Typen", höchst umsichtig ausgesucht und glänzend dargestellt, dem Liebhaber des Menschlichen eine Fundgrube lebensvollster physiognomischer Anschauung bietet. Von dem anderen ist hier die Rede. Es ist Albert Renger-Patzsch in Bad Harzburg, ein Meister, ein Sucher und Finder voller Entdeckerlust des Auges, den Erscheinungen mit jener exakten Liebe und energischen Zartheit zugetan, die nur das Künstlerherz kennt.

Entschlußkraft wahrhaftig gehörte dazu, aus der Welt seiner Fixierungen für die Leser dieser Zeitung die wenigen Proben auszuwählen, die zu zeigen möglich ist. Das objektive Interessengebiet dieses Kamera-Virtuosen ist umfassend; das Menschlich-Physiognomische herrscht keineswegs vor darin wie bei dem Engländer, es tritt sogar zurück vor der Neigung zum Dinglich-Stillebenhaften, zur zoologischen und botanischen Studie, zum Architektonischen und Landschaftlichen, und eine Originalität und einfache Kühnheit der Objektwahl und des Blickpunktes bewährt sich überall, die frappiert und entzückt. Wie schade, daß hier für das „Dampfabstellrad einer 1000-PS-Dampf-

Marzipanbrote

maschine“ nicht Raum ist, für die zauberhafte Orchidee am Stengel, die grimme und klare Kaktusstudie, den reizenden jungen Buchenwald, das Trinkgläser- und Kochtopf-Stilleben, für weitere mittelalterliche Veduten aus Lübeck und für blendende Genauigkeit des Maschenwerkes eines Fischernetzes, das eine Frau auf der Schulter trägt! Immerhin wird das Publikum dieser Blätter seine Freude haben an dem alten Stadtbild von oben, der gewagten Perspektive des Kirchenschiff-Gewölbes, den phantastisch schattenhaften Umspannwerk-Isolatoren, dem Marzipan-Lager, dem drolligen Füllen und den schönen, schönen Menschenhänden. Es sind ein paar Bestimmtheiten aus der Fülle – und so ist es ja mit dem Werk dieses auf seine Art passionierten Mannes überhaupt. Das Einzelne, Objektive, aus dem Gewoge der Erscheinungswelt erschaut, isoliert, erhoben, verschärft, bedeutsam gemacht, beseelt – was hat, möchte ich wissen, die Kunst, der Künstler je anderes getan?

Die entsetzliche Katastrophe auf der Automobil-Rennbahn

Der Wagen des Rennfahrers Materassi, der ein Opfer des Unglücks wurde, im Graben.

Ein Unglück, wie es sich bei den Autorennen zu Monza ereignet hat, ist schrecklich nicht bloß durch die Zahl seiner Opfer. Das Schrecklichste ist immer das Unvorhersehbare, ja Unausdenkbare. Wer rechnet damit, daß ein Rennwagen nicht in einer gefährlichen Kurve, sondern in der Geraden aus der Bahn geschleudert werden kann?

Das geschah dem Wagen des Fahrers Materassi bei 185 Kilometer Geschwindigkeit, der Wagen fuhr über ein breites Rasenband und einen Graben hinüber in die Zuschauer und überschlug sich mitten unter ihnen. Das hat 23 Menschenleben gekostet und viele schwere Verletzungen, die Opfer – meistens Männer – waren fast alle blühenden Alters. Der Rennwagen erlitt nur geringe Beschädigung. Die Rennen wurden fortgesetzt!

Zuschauerraum des großen Schauspielhauses in Berlin.
Architekt Prof. H. Poelzig.

Albert Einstein – der Mensch

Zu seinem 50. Geburtstag am 14. März
Von Josef Melnik

Prof. Albert Einstein in seinem Heim.

Der Mann, der in der lautlosen Stille zweier aufgestockter Mansarden, die über seiner eigentlichen Wohnung in einem ruhigen Haus des Bayerischen Viertels liegen, über wissenschaftliche Probleme nachdenkt, gehört zu den populärsten auf dem Erdenrund, obgleich er „nur" eine Theorie aufgestellt hat, eine Theorie, die keine „praktische" Bedeutung hat. Er hat weder wie Edison unzählige technisch-praktische, täglich und stündlich brauchbare Dinge erfunden noch produziert er wie Ford 8000 Autos täglich, die mit ihrem Hupengeheul alle Stille der Welt durchschrillen. Auch sein Reklameetat – in jeder Hinsicht – ist gleich Null. Und doch gehört sein Name zu den ruhmbedecktesten des Erdballs. Ein Japaner aus dem Inneren Japans schickte Albert Einstein zum Geschenk eine Geige, die er selbst nach einem deutschen „Lehrbuch des Geigenbaus" gefertigt hatte und die ganz vorzüglich ist. So weit reicht die Magie des Wortes „Relativitätstheorie", das vom magischen Wesen ihres Schöpfers überhaucht ist. Vielleicht steckt etwas Wahres darin, wenn die meisten Menschen bei Nennung dieses neuen wissenschaftlichen Schlagwortes behaupten, sie wären nicht imstande, die Einsteinsche Theorie zu erklären, aber sie verständen sie „ungefähr". Kaum einer unter Tausenden wüßte auf die Frage zu antworten, wieso das Relativitätsprinzip die Geometrie mit der Physik vereinige, er würde sich aber mit Händen und Füßen dagegen sträuben, wenn man ihm „etwas" Verständnis für die neue Theorie streitig machen wollte. In Wirklichkeit ist mit der Einsteinschen Lehre, wie mit einer jeden genialen wissenschaftlichen Erkenntnis, eine neue Stimmung über die Menschheit gekommen: das Wort „relativ" wird milliardenmal mehr gebraucht als je zuvor. Möglich, daß die Menschheit unserer Tage, von nationalen, wirtschaftlichen, territorialen und sozialen Konflikten und Kämpfen ermüdet und im Unterbewußtsein angeekelt, bei Erwähnung des Namens Einstein und der Relativitätstheorie ihren kosmischen Ursprung empfindet, sich für eine Sekunde auf die menschliche Würde besinnt und daß sie etwas wie Stolz überkommt, wozu der geniale menschliche Gedanke alles fähig ist! Die meisten Menschen, die von der wissenschaftlichen Bedeutung der Relativitätslehre keinen Schimmer haben, denken, sobald sie nur erwähnt wird, an Sterne, an die Unendlichkeit, an die Wandelbarkeit feststehender Begriffe, kurz – an ewige Dinge. In diesem Sinne ist durch die Einsteinsche Theorie die Stimmung der gesamten Menschheit beeinflußt worden. Wer das Glück hat, Albert Einstein persönlich zu kennen und zu beobachten, steht jedesmal vor einem Rätsel: wie ist so viel ursprüngliche Einfachheit, soviel natürliche Menschlichkeit und gerader Sinn bei so viel Popularität und Weltruhm möglich! Man denkt stets an den Nietzscheschen, auf Schopenhauer geprägten Satz: Seht ihn nur an, niemand war er untertan! Sein Wesen strömt eine ganz ungewöhnliche menschliche Würde und Bescheidenheit zugleich aus. Es kommen Sokrates und Spinoza in den Sinn, doch das sind nur Begriffe, unter den Lebenden aber, unter den bedeutendsten und wertvollsten Menschen, denen man begegnet ist, weiß man keinen zu entdecken, der auch nur entfernt an ihn erinnerte. Der Freimut, mit dem er spricht, die Heiterkeit, die immer aus ihm hervorbricht und oft von seinem jungen Lachen begleitet wird, schaffen eine besondere Atmosphäre, in der alles Gekünstelte, Konventionelle von selbst erlischt. Man freut sich in seiner Gegenwart Mensch zu sein und empfindet ihn, bei all dem Pathos der Distanz, als Bruder Mensch. In Einsteins Gegenwart geht einem die Einsicht auf, daß nur der genialen Lauterkeit und der fleckenlosen intellektuellen Rechtschaffenheit sich ungekannte Naturgesetze erschließen.

Die Unterhaltung mit Albert Einstein ist bei der Vielseitigkeit seiner Interessen, Kenntnisse und Erfahrungen, bei seiner leidenschaftlichen Liebe zur Musik und Literatur, bei seiner Empfänglichkeit für alle Vorgänge des öffentlichen Lebens, immer beschwingt und erfrischend. Alles Pedantische verdorrt in seiner Nähe. Man wird in seiner Gesellschaft begabt, wie dies stets mit produktiv-genialen Menschen der Fall ist. Seine Äußerungen sind durchsichtig-klar, seine Einwendungen voller Humor und Schlagfertigkeit. Er, der fast alle Hauptländer der Erde kennt, bemerkte einmal: „An allen Orten der Erde, die ich besucht habe, fand ich stets eine Gruppe von Menschen, die glaubte, die anderen hassen zu müssen. Anscheinend ist das Haßbedürfnis der Menschen ebenso stark wie ihr Liebestrieb.“ Bei einem Gespräch über einen mehrere Jahre zurückliegenden Vorgang warf er ein: „In die meisten Ereignisse sucht man nachträglich einen tiefen Sinn hineinzustecken. In Wirklichkeit geschahen sie hauptsächlich aus Dummheit, wie dies im Leben so oft der Fall ist.“ Jemand äußerte den wenig originellen Gedanken, in der Politik komme man nicht ohne Lüge und Betrug aus, worauf Einstein meinte, Lenin habe als Politiker stets ehrlich sein wollen. Ein anwesender Russe, der Lenin persönlich kannte, warf ein, er habe von Lenin selbst gehört, in der Politik gehe es nicht ohne Lüge und Betrug. „Sehen Sie“, – rief Einstein –, „Lenin sprach eben die Wahrheit“, und brach in sein klares, junges Lachen aus.

Groß und uneingeschränkt – für den Schriftsteller und Charakter, nicht für den Philosophen – ist Einsteins Bewunderung für Schopenhauer, dessen Bild er an der Wand hängen hat. Zu den Dichtern, die er am höchsten schätzt, gehört Tolstoi! Noch vor wenigen Wochen hatte ich Gelegenheit zu sehen, wie er noch ganz unter dem Eindruck der soeben gelesenen Tolstoischen Novelle „Der Tod des Iwan Iljitsch" vibrierte. „Es ist so vieles geheimnisvoll", bemerkte er einige Male zwischendurch. Gerhart Hauptmann schätzt er als den größten Menschengestalter in der deutschen Literatur – neben Kleist, dessen „Zerbrochenen Krug" er besonders liebt. Freud, dessen Theorie – die Psychoanalyse – er, abgesehen von verschiedenen Übertreibungen und Schiefheiten, für bahnbrechend hält, bewundert er auch als einen meisterhaften Stilisten.

Einfach wie sein Wesen ist seine Lebensweise. Er fährt am liebsten, wenn es sich nicht gerade um eine offizielle Einladung handelt, IV. Klasse, die jetzt ja abgeschafft ist. Selbst wie ein besserer Handwerker oder kleiner Beamter angezogen, fühlt er sich unter Leuten aus dem Volk am wohlsten. Seine Mitreisenden halten ihn wohl für einen wandernden Musikanten, wofür auch seine zarten Frauenhände sprechen.

Sein Lieblingssport ist Rudern; er fühlt sich am wohlsten, wenn er am Wasser ist. Das Rudern war auch der Grund seiner letzten ernsten Erkrankung, während derer er intensiv an seiner jetzt bekannt gewordenen Feldtheorie arbeitete. Anfang Juni v. J. um sein Befinden befragt, antwortete er, krank und leidend aussehend, aber zufrieden lächelnd: „Das Kranksein hat doch sein Gutes: man lernt denken. Ich habe erst jetzt zu denken begonnen." An diesem Tag hatte er seine neue Arbeit an seine Assistenten geschickt. Der Begleitbrief begann mit „Halleluja". Es ist weise von der Natur, daß sie ihre Geheimnisse Menschen wie Einstein anvertraut, die die Bescheidenheit der Natur nicht verletzen.

Einstein mit seiner Segeljacht am Wannsee.

Bilder vom Tage

Beisetzung Gustav Stresemanns. Der Leichenzug und die riesige Volksmenge auf dem Platz der Republik.
Frau Stresemann am Grab ihres Mannes, gestützt von ihren Söhnen.

Die Filmschauspielerin Greta Garbo.

Die Weltwirtschaftskrise und ihre Ursachen

Schlangestehen von zahlreichen Arbeitslosen vor der Nahrungsmittel-Ausgabe einer Wohltätigkeits-Organisation in New York.

Eine Wirtschaftskrise hat die Welt befallen. Zehn bis zwölf Millionen Arbeitslose warten in den Industrieländern auf Beschäftigung. Allenthalben werden die Betriebe eingeschränkt oder geschlossen, die Produktion stockt, die Räder der Weltwirtschaft wollen sich nicht mehr drehen.

Pessimisten in allen Ländern glauben, daß es sich um einen Wirtschaftszusammenbruch von unabsehbaren Folgen handelt. Aber zu einer so trüben Auffassung liegt kein Grund vor. Weltwirtschaftskrisen ähnlicher Art hat es immer gegeben, seitdem wir eine hochentwickelte, eng miteinander verknüpfte Industrie- und Finanzwirtschaft haben. Auch in primitiveren Wirtschaftsformen kommt es zu schweren Krisen und Notzeiten, nämlich dann, wenn die Ernte schlecht ausfällt und Mangel an Lebensmitteln eintritt. In der modernen Wirtschaft haben die Krisen einen andern Ursprung. Sie entstehen nicht dadurch, daß zu wenig Erzeugnisse da sind, sondern zu viel, daß vorübergehend eine Überproduktion sich anhäuft, für die es an Absatzmärkten fehlt. Solche Absatzkrisen kehrten vor dem Kriege in regelmäßigen, fast voraussehbaren Zeitabständen wieder. Um die Mitte des vorigen Jahrhunderts rechnete man damit, daß alle zehn Jahre eine Absatzstauung eintrat, später verringerte sich der Turnus auf sieben Jahre und in der letzten Zeit vor dem Kriege sogar auf fünf bis sechs Jahre. In den Jahren 1901 und 1902, dann wieder 1907 gab es schwere wirtschaftliche Rückschläge, die sich von Land zu Land fortpflanzten.

Infolge der gewaltigen wirtschaftlichen Umschichtung, die der Krieg mit sich brachte, hat sich der Kreislauf der Konjunktur verschoben. Durch die Materialvorräte, die am Ende des Krieges, namentlich in Amerika, noch vorhanden waren, kam es in den ersten Jahren nach dem

Kriege in den Siegerländern zu einer schweren Absatzkrise, die Millionen Menschen arbeitslos machte. Das war damals, als Unternehmungen wie Henry Ford vor dem Zusammenbruch standen und sich nur dadurch retteten, daß sie einen radikalen Preisabbau vornahmen, um den Absatz wieder zu beleben. Seit 1922 aber schienen die Weltwirtschaftskrisen überwunden zu sein. Zwar gab es noch in einzelnen Ländern hartnäckige wirtschaftliche Depressionen; so in England, das seit Jahren dauernd ein Heer von anderthalb bis zwei Millionen Arbeitslosen unterhalten muß, und zeitweise auch in Deutschland, das durch die Inflation und durch die Reparationsbelastung besonderen wirtschaftlichen Bedingungen unterlag und deshalb auch eine andere Konjunkturentwicklung durchmachte als die übrige Welt.

Die hoffnungsfreudigen Amerikaner meinten, daß nunmehr das Ende der Krisen überhaupt gekommen sei. Sie lebten in dem frohen Glauben, daß eine wissenschaftlich genaue Beobachtung der Wirtschaftsvorgänge Krisen und Rückschläge vermeidbar mache. Das Rezept schien sehr einfach zu sein. Man brauchte nur durch die Schaffung neuer Bedürfnisse und durch hohe Löhne den Absatz immer wieder anzukurbeln, dann gäbe es keine Überproduktion und keine Stockungen. Prosperity, ständig wachsender Wohlstand ohne Krisen: das war die Parole, die noch bei den letzten amerikanischen Präsidentschaftswahlen die Nation beherrschte und einen der verdienstvollsten Wirtschaftsführer, den früheren Staatssekretär Hoover zum Siege führte. Was gegen die Lehre von der prosperity verstieß und die Menschen skeptisch machen konnte, wurde unterdrückt. Während die Statistik auf allen Gebieten des Lebens in Amerika aufs feinste ausgebildet wurde, verzichtete man merkwürdigerweise auf eine Arbeitslosenstatistik. Vorsichtige Beobachter befürchteten schon damals, daß die Amerikaner sich einer Selbsttäuschung hingaben. Aber der Erfolg sprach acht Jahre lang für die amerikanische Auffassung.

Zollkontrolle bei der Ernte im oberschlesischen Grenzgebiet.

GIGANTEN DES MODERNEN VERKEHRS

Das größte Landflugzeug der Welt, Junkers „D 2000“ überfliegt auf seinem Europa-Flug die Akropolis in Athen.

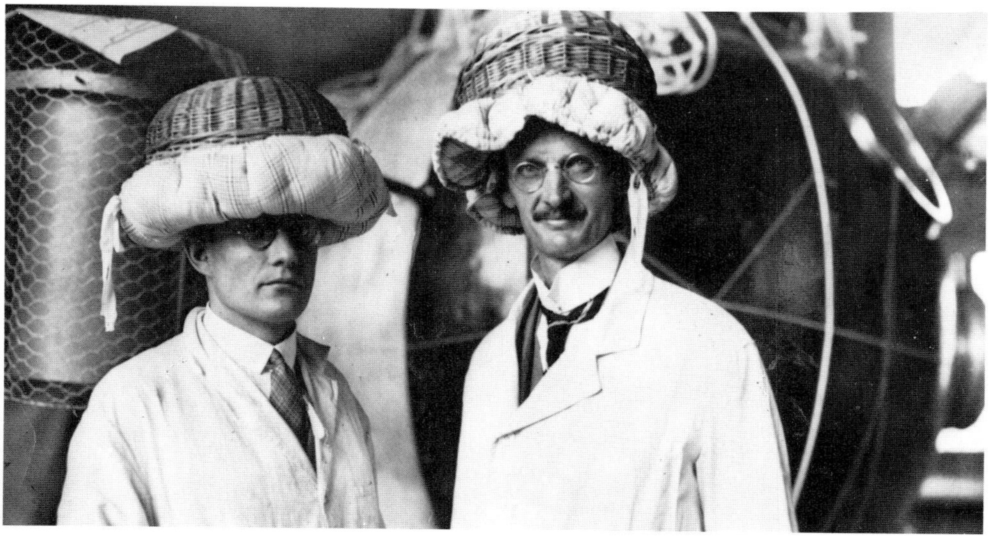

Prof. Piccard und sein Begleiter Ingenieur Ripser mit ihren Schutzhelmen – mit Kissen gepolsterten Körben.

Unten: Flugzeuge über der Stadt New York

Rekruten-Vereidigung bei der Reichswehr

Drei Rekruten aus der Kompanie treten vor und sprechen die Eidesformeln, die vom Major verlesen werden, nach! „Ich schwöre Treue der Reichsverfassung und gelobe . . .“

EINST UND JETZT

Zeichnungen von Theo Scharf

Früher wurden uns die Könige so gezeigt...

...jetzt so! –

Die Staatsmänner so! –

Jetzt so! –

Früher wurden die Generale so gezeigt...

Jetzt so!

Unsere Schauspielerinnen so –

Jetzt so!

Tee mit dem Reichspräsidenten.

Am Tag des Hindenburg-Rennens auf der Rennbahn in Hoppegarten bei Berlin:
Der Reichspräsident als Gast auf der Tribüne des Union-Klubs.
Links vom Reichspräsidenten Frau Konsul Staudt.

Hochbetrieb auf dem Turf... Der Juni ist die Zeit, in der die wichtigsten Entscheidungen des Rennsports fallen. Schlag auf Schlag folgen sich die klassischen Rennen, in England und Frankreich genau so wie bei uns. Das Mutterland des Sports hat seinen Derbytag, das große Volksfest in Epsom, bereits hinter sich. Der König, der am gleichen Tag 66 Jahre alt wurde, hatte es sich natürlich nicht nehmen lassen, dem Kampf um das „blaue Band" beizuwohnen. Das Oberhaupt der deutschen Republik war ein paar Tage zuvor als Renngast in Hoppegarten erschienen, wo das ihm zu Ehren gegründete Hindenburg-Rennen gelaufen wurde. Auch in Frankreich ist es für den Präsidenten der Republik eine traditionelle Ehrenpflicht, den Tag des „Prix du Président" zu besuchen. Im Juni wird nicht nur das englische, sondern auch das österreichische, das französische und das ungarische Derby gelaufen. In Italien ist die sportlich bedeutungsvollste Entscheidung des Jahres bereits im Mai gefallen; als letztes Land nach dem Kalender folgt Deutschland, dessen Derby stets am letzten Sonntag im Juni auf dem Horner Moor bei Hamburg gelaufen wird.

FREMDENINDUSTRIE AUF DEN SCHLACHTFELDERN

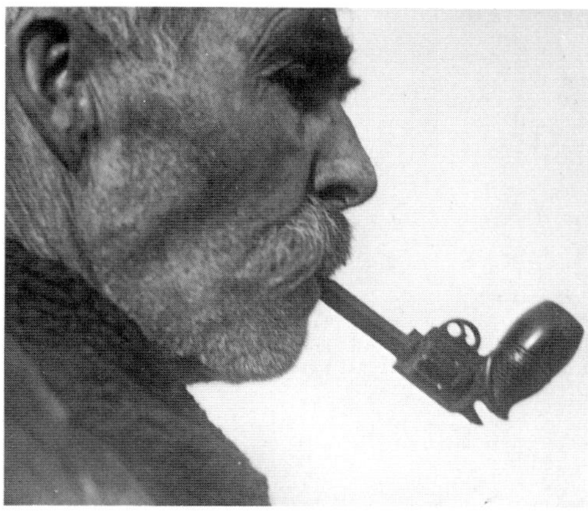

Obere Reihe: Besucherinnen in einem Granat-Trichter bei Douaumont. – Schaufenster einer Kriegsandenken-Handlung. Mittlere Reihe: Pfeifen in Revolverform sind bei den Bauern um Verdun in Gebrauch. – Auf dem Hauptplatz in Ypern. Untere Reihe: In den unterirdischen Gängen von Fort Vaux. – Schilder in verschiedenen Sprachen am Eingang des Forts.

Mit einem wohlorganisierten Auto-Ausflugsdienst, Erfrischungshallen, Andenkengeschäften und Ansichtspostkartenhändlern hat sich rings um die großen Schlachtfelder in Frankreich und zwischen den alten Drahtverhauen selbst eine Fremdenindustrie entwickelt, die mit ihrer rastlos auf Verdienst eingestellten Betriebsamkeit den Besuch der Schlachtfelder zu einer Schauveranstaltung entwürdigt. Doch die Stätten des großen Kampfes werden in ihrer schauerlichen Großartigkeit von dieser menschlichen Kleinlichkeit nicht berührt. Gemarterte Erde, in der noch immer Trichter an Trichter starrt, die ein Grabengewirr zerreißt, Skelette von Grabenrosten, zerdrückte Stolleneingänge, gesplitterte Pfähle. Von Rost angefressene löcherige Stahlhelme, Feldkessel, Reste von Stielhandgranaten, Lederzeug, Patronentaschen. So zwischen Damloup und Tavanne, so auch zwischen Vaux und Douaumont. Hier wuchs einst schöner Hochwald, jetzt nur mehr Gestrüpp, staudiger Jungwuchs, aus dem einige Veteranen, zerschossene Baumkrüppel, hervorragen. Autostraßen gestatten die Rundfahrt von Fort zu Fort. Massen von Beton diese selbst, ihr Gewirr von Gängen und Kasematten von Trichtern durchschlagen, ihr Inneres bloßgelegt. Die einzelnen Forts sind durch tiefe Schluchten voneinander getrennt, Totenschluchten alle, nicht bloß die eine, die diesen Namen trägt. Wenn man auf der Decke eines dieser Forts steht, dann begreift man die Tragödie von Verdun, dann erfaßt einen eine Ahnung von dem, was die Geschichte Weltkrieg 1914–1918 nennt.

Tank auf einer Straße in Ypern.

Ein Krieg, von dem die Welt nichts weiß

General Tschangschenkse, der Kommandant der chinesischen Truppen, im „Feldzug“ gegen Tibet, der um eine Liebesaffäre entbrannt ist.

Seit sechs Monaten wird an der chinesisch-tibetanischen Grenze, im Hochgebirge zwischen dem Himalaja und dem Kuenlun, ein Krieg geführt, von dem keinerlei Nachrichten nach Europa dringen. Die Ursache dieses bisher noch durchaus unentschiedenen Krieges ist seltsam genug. Vor einiger Zeit starb ein tibetanischer Stammesfürst und hinterließ als Erbin eine schöne Tochter. Als Bewerber um ihre Hand trat der Sohn eines Lamas auf. Seine Werbung wurde abgewiesen, und nun drang der rachsüchtige Lamasohn mit seinen Soldaten in das Gebiet der Häuptlingstochter ein. Sie erbat und erhielt von den Behörden der chinesischen Provinz Szetschuan militärische Unterstützung gegen ihren Feind, aber diesem gelang es, die chinesischen Truppen, die nach elftätigem Marsch über schneebedeckte Hochgebirgspässe völlig erschöpft Kantse erreichten, vernichtend zu schlagen. Nach diesem Sieg schlossen die beiden feindlichen tibetanischen Armeen aus Furcht vor einem Rachefeldzug der Chinesen miteinander Frieden, um vereint dem gemeinsamen Feind entgegenzutreten. Tatsächlich hat die unter dem Oberbefehl des Generals Ma Schiu stehende Armee der Chinesen durch die Zermürbungstaktik der im Gebirge heimischen Tibetaner bereits erhebliche Verluste erlitten.

VISIONÄRE

Dichter und Diktator. Maxim Gorki (rechts) im Gespräch vor dem Moskauer Lenin-Mausoleum.
Unten: Dem weltberühmten Erfinder Edison, der sich in Florida aufhält, bereiten junge Damen eine Huldigung.

Der einzige Polizist der Gemeinde Fehrenbach im Thüringer Wald, in der 90 Prozent der werktätigen Bevölkerung arbeitslos sind, gibt bekannt, daß der Fleischpreis von 80 Pfennig auf 50 Pfennig für das Pfund herabgesetzt wurde.

Not durch Überfluß

Schlimmer, als sie jemals an Mangel gelitten hat, leidet heute die Welt an Überfluß. Man nennt es Weltwirtschaftskrise. Man spricht von Überproduktion. Es hat jedenfalls damit angefangen, daß die Erzeugung von Gütern aller Art vervielfacht wurde. Technisierung und Rationalisierung haben dabei die Hauptrollen gespielt. Auf endlosen Flächen werden mittels Traktoren und Mähdrescher ungeheure Weizenmengen geerntet, und durch wissenschaftliche Saatzüchtung ist es gelungen, einen gegen nördliches Klima widerstandsfähigen Weizen anzubauen, – so konnte Kanada seine Weizenproduktion verdreifachen. Die Vereinigten Staaten und Afrika ersticken in ihrem Überfluß an Baumwolle. In Brasilien muß man Kaffee verheizen, in Argentinien werden die Maiskolben verfeuert. Die großen Industriestaaten haben ihre technischen Anlagen in solchem Maß vergrößert und verbessert, daß sie die Welt mit Fabrikaten überschwemmen könnten. Aber inmitten all dieses Überflusses darben die Menschen in den Rohstoff- wie in den Industrieländern. Die Fabrikate sind unabsetzbar, Maschinen werden stillgelegt, die Fabrikation wird durch ungenügende Ausnützung der Fabrikanlagen verteuert. Dadurch wird die Konsumkraft geschwächt auch bei den Millionen, die noch Arbeit haben und die mit dem Ertrag ihrer Arbeit die Millionen von Arbeitslosen erhalten müssen. Die Industrieländer können den Rohstoffländern deren Erzeugnisse nicht abnehmen und infolge Verarmung der Rohstoffländer die eigenen Erzeugnisse nicht dahin verkaufen. Zustände, aus denen dringend ein Ausweg gefunden werden muß.

Der Kaffee wird ins Meer geschüttet. Man will durch diese Verringerung des Vorrats verhüten, daß die Preise unter die Entstehungskosten sinken, was den Zusammenbruch der brasilianischen Wirtschaft zur Folge hätte.

Unsere »Tanks«

Im Weltkrieg bewiesen die von den Ententemächten zuerst verwendeten Tanks eine oft kampfentscheidende Wirkung. Die Ungetüme, die alles niedermähend über Stock und Stein setzen, können Schützengräben und feldmäßige Befestigungen leicht überfahren und sind die gefährlichste Angriffswaffe. Heute haben bereits alle Nationen, außer den durch den Friedensvertrag lahmgelegten Mächten, die Kriegswaffe des Tanks und Panzerwagens eingeführt. Überall gehört das Manövrieren mit den Tanks zum Programm der Truppenmanöver. Das Deutsche Reich, dem durch den Friedensvertrag der Bau von Tanks und Panzerwagen verboten ist, hat Attrappen in den Dienst seiner Truppen einstellen müssen. Unsere „Tanks" sind kleine mit Blech und Pappe umhüllte Automobile. Die Bilderreihe vermittelt einen Einblick in die Rüstung Deutschlands mit Attrappen. Während Deutschland keine Tanks besitzt, ist die französische Armee mit 2500, die russische mit 250, die italienische mit 250, die englische mit 200 in Europa und mit 150 in den Kolonien, die polnische Armee mit 100 Tanks ausgerüstet. Das deutsche Beispiel der Abrüstung hat keine Nachfolge gezeitigt, bisher sind die Rüstungen der Welt trotz aller Konferenzen immer nur größer geworden.

Ein Tank wird zusammengetragen. Ein richtiger Tank wiegt 10 000 Kilo, während die hier von den Reichswehrleuten getragenen Teile insgesamt etwa 80 Pfund wiegen.

Ein herrliches Fliegerbild über Schottlands Hauptstadt Edinburg.

HUMOR

Zeichnung Paul Simmel

Degenschlucker: „Verdammte Zucht ... da haste doch wieder Zwiebeln mit geschnitten?"

„Denk dir, Emmy", berichtet Lucie, „spricht mich doch eben ein wildfremder Herr auf der Straße an und fragt, ob ich mit ihm 'ne Tasse Kaffee trinken will."

„Du hast doch wohl hoffentlich nein gesagt?" fragte Emmy.

„Natürlich", bestätigte Lucie. „Ich hatte ja gerade eben erst Kaffee getrunken ..."

*

Schulze geht mit seinem Freund spazieren.

„Du hast keine Ahnung, was für ein Betrüger der Apotheker K. ist. Er hat mir ein Haarwuchsmittel verkauft, das überhaupt nicht geholfen hat."

In dem Augenblick geht der Apotheker K. vorbei, und Schulze zieht den Hut.

„Nanu, eben hast du auf ihn geschimpft, und jetzt grüßt du ihn so höflich?"

„Ich habe ihn nicht gegrüßt, ich habe nur den Hut abgenommen, damit er sieht, daß sein Mittel nichts geholfen hat."

*

Der Kunstmaler F. sitzt eifrig beim Malen eines Stillebens, als es an der Ateliertür schellt. Es erscheint einer seiner hartnäckigsten Gläubiger.

„Na ja, so ist's richtig!" hält er strafend Umschau. „Mein Geld können Sie mir nicht geben, aber für Bananen, Ananas und Pfirsiche da reicht's!"

*

„Das ist ja eine scheußliche Zensur, Kurt! Natürlich bekommst du nun das Rad nicht, das ich dir versprochen hatte! Sag' mal, was hast du eigentlich in den letzten Monaten getan?"

„Radfahren gelernt, Papa."

Oben: Berlins Straßen in der Woche der Reichspräsidentenwahl.
Eine Häuserwand auf dem Potsdamer Platz.
Unten: Adolf Hitler, der Führer der N.S.D.A.P., auf dem Wege zum Reichspräsidenten.
Reichstagspräsident Göring, Adolf Hitler, Chefredakteur Dr. Rosenberg.

ANGEHÖRIGE

Oben: Die Söhne des früheren deutschen Kronprinzen zu Besuch bei dem demokratischen Präsidentschaftskandidaten Roosevelt in New York. Prinz Louis Ferdinand, Roosevelt, Roosevelts Sohn Franklin, Prinz Friedrich.

Unten: Die erste Aufnahme, die man von Frau Stalin sieht. Frau Nadeschda ist seit zwölf Jahren mit dem Diktator Rußlands verheiratet. Frau Stalin widmet sich der Erziehung ihrer Kinder und betreut den Sohn Stalins aus erster Ehe, einen Studenten. Mit Vorliebe empfängt sie in ihrem gastfreundlichen Haus russische und ausländische Schriftsteller.

Neu entdeckte Silhouetten aus der Goethezeit

Goethes wackere Hausfrau Christiane.

Goethe bindet sich einen frischen Schiller-Kragen um.

Goethe ißt in Frankfurt Würstchen, Eckermann gibt seinen Senf dazu.

Identität

Der Einfall des Kopenhagener Modewarenhauses, Kleidungsstücke durch Einnähen von Bildnissen ihrer Besitzer diebessicher zu machen, ist gut und witzig. Aber er hat auch leider schon zu Unzuträglichkeiten geführt: So sind zweimal, in einem Theater und in einem Weinrestaurant, Damen unter Manteldiebstahls-Verdacht festgenommen worden, weil man ihre Identität mit den in nicht unüblicher Art idealisierten und retuschierten, kurz: „geschmeichelten“ Fotos nicht erkannte. Sonst hat sich die Neuerung bewährt zum Beibehalten.

Das neue Reichskabinett

Sitzend von links nach rechts: Reichsminister ohne Portefeuille und Reichskommissar für Luftverkehr Hermann Göring, Reichskanzler Adolf Hitler, Vizekanzler Franz von Papen. Stehend: Reichsarbeitsminister Seldte, Reichskommissar für Arbeitsbeschaffung Gereke, Reichsfinanzminister Graf Schwerin-Krosigk, Reichsinnenminister Frick, Reichswehrminister Frhr. von Blomberg, Reichswirtschafts- und Landwirtschaftsminister Hugenberg. Hinter Seldte der neue Reichspressechef Funk.

Die grosse Friedensrede des Reichskanzlers im Reichstag

Oben: Eine machtvolle Kundgebung des deutschen politischen Willens für Gleichberechtigung und Frieden, der sich der gesamte Reichstag einmütig anschloß.
Unten: Das Deutschlandlied. Der Ausklang der denkwürdigen Reichstagssitzung vom 17. Mai 1933.

Ein Filmstern stattet sich für Hollywood aus

Lilian Harvey, die Berliner Filmschauspielerin, die nach Hollywood verpflichtet wurde, hat ihre modische „Ausrüstung“ in Berlin besorgt. Hier einige der Kleider und Mäntel, die sie mitnimmt.

Weißes Abendkleid mit Brillantstickerei.

Graue Flanellhosen mit gestreiftem Jackett, grauer Sportmantel mit Feh.

Die silberne Wolke

Ein Roman aus unserer Zeit
Von Katrin Holland

Peter Uthoff fuhr die Taxe IA 3759, einen fast neuen Wagen, der wie viele andere Taxen dem Fuhrunternehmer Max Henning gehörte.

Er war sechsundzwanzig Jahre alt und hatte bis vor ungefähr fünfzehn Monaten bei einem großen Unternehmen als Außeningenieur für Wasser- und Dampfturbinen gearbeitet. Eines Tages ging ziemlich unvermutet die Firma pleite, und er saß auf der Straße. Zuerst versuchte er auf Grund seiner Zeugnisse irgendwo anzukommen, mußte aber einsehen, daß er ebenso wie viele andere keinerlei Aussicht hatte, einen schuldlos verlorenen Posten wieder zu erobern. Ein halbes Jahr rannte er durch Berlin und hinter der Arbeit her, aber sie hatte schnellere Beine, er konnte sie nicht einholen. Immer waren die wenigen ausgeschriebenen Stellungen besetzt, wenn er zur Vorstellung kam, und auf die meisten Bewerbungsschreiben erhielt er überhaupt nie die sehnsüchtig erwartete Antwort. Ohne Danilos Hilfe und den Zuspruch von Polly wäre er wahrscheinlich vollkommen verzweifelt, aber endlich glückte es ihm doch. Herr Max Henning stellte ihn mit dem üblichen Beteiligungssatz von fünfundzwanzig Prozent an der Bruttoeinnahme ein. Max Henning nämlich gefiel sein schönes, offenes Gesicht, und der rechnete ganz richtig, daß das Publikum, mißtrauisch durch allerlei Verbrechen, lieber mit einem so offensichtlich sympathischen, schönen jungen Mann fuhr als mit merkwürdig aussehenden Individuen. So kam es auch, daß Peter Uthoff meist die Nachtschicht fuhr und ganz gut dabei abschnitt.

Polly allerdings war damit ganz und gar nicht einverstanden, sie hielt diesen Beruf für nicht ganz ungefährlich, und jede Zeitungsnotiz, die von einem Überfall auf einen Taxichauffeur berichtete, regte sie wochenlang auf. Lieber wäre es ihr schon gewesen, wenn er etwas anderes, zum Beispiel eine Stelle als Eintänzer, gefunden hätte. Aber sie biß die Zähne zusammen, man hatte ja keine Wahl und mußte für jeden Pfennig dankbar sein. Sie war ein tapferes, kleines, ehrgeiziges Mädchen, eine namenlose junge Schauspielerin, an einer Bühne im Westen Berlins. Sie wohnte in einer ausgebauten Mansarde, direkt über einer großen Garage am Kurfürstendamm, und ließ den Kopf nie hängen, so trostlos auch alles aussah.

„Gold ist sie wert", dachte Peter, während er in seiner Taxe an einer Ecke der Fasanenstraße auf Fahrgäste wartete. Es war eine bitterkalte Winternacht. Sein Hintermann kam zu ihm heran, schlug nach Kutscherart die Arme *(Ende des Exzerpts)*

Für die „Berliner Illustrirte Zeitung“ gezeichnet von Theo Matejko. (s. S. 398)

Köpfe des neuen Berlin

Dr. Heinrich Sahm, Oberbürgermeister der jetzt staatsunmittelbaren Reichshauptstadt.

Dr. Hans Meinshausen, kommissarischer Stadtschulrat.

Dr. Josef Klein, kommissarischer Stadtmedizinalrat.

Staatsrat Arthur Görlitzer, stellvertretender Gauleiter der NSDAP.

Staatskommissar Dr. Julius Lippert, dem die Aufsicht über die staatsunmittelbare Reichshauptstadt anvertraut ist.

Ministerialrat Dr. Diels, Polizei-Vizepräsident von Berlin und General-Inspekteur der politischen Polizei.

Der neue Anzug

Zeichnungen von Paul Simmel

Die Gattin: „... Du immer mit dem ewigen Blau, jedes Stäubchen ist drauf zu sehen. ... nimm doch mal was Helles, was jugendlicher macht ...."
(Siehe auch das letzte Bild!)

Erste Anprobe.

„... ist denn das mein Stoff, den ich ausgesucht habe? Hatten wir nicht einreihig verabredet? Ich wollte Ihnen noch sagen ... links hängt meine Schulter, und die rechte Hüfte ist stärker, ich trage nur Gürtel, bitte zwei Gesäßtaschen ..."

Zweite Anprobe

„... wollen Sie mal hier hineinschauen, dann sehen Sie die tadellose Rückenpartie ..."

Das Schicksal jedes neuen Anzugs:

„Sagen Sie, Herr Ober — gehen Remouladenflecke raus?"

Der große Augenblick.

Die Gattin: „Geh mal'n Stück vor! ... Schrecklich, wie'n Nilpferd siehst du in 'nem hellen Anzug aus!"

Der frühere Kaiser 75 Jahre

Bericht aus Schloß Doorn, Holland.
Eine der größten und politisch meist umstrittenen Persönlichkeiten, Wilhelm II., der vor dem Krieg und während des Krieges Mittelpunkt des Weltgeschehens war, feiert in stiller Abgeschiedenheit in Doorn seinen 75. Geburtstag. Wie über der Häuslichkeit und der Landschaft in Doorn ein friedlicher Schimmer liegt, so hat sich in Deutschland und in der Welt seiner Person gegenüber eine menschlichere und abgeklärtere Auffassung durchgesetzt.

Am Teetisch in der Orangerie in Doorn:
Der frühere Kaiser mit seiner Gemahlin.

Hans Eberhard Maikowski

Zum bevorstehenden Jahrestag seiner Ermordung

Fahnenträger der SA. Hans Eberhard Maikowski im Jahre 1928 mit der Fahne seines Sturms, die er unter Einsatz seines Lebens verteidigt hat.

Hans Eberhard Maikowski war 25 Jahre alt, als er fiel. Aus einer Charlottenburger Bürgerfamilie stammend, fühlte er sich durch die Liebe zur Heimat zum Beruf eines Gartenbauarchitekten hingezogen. Von 1926–1928 arbeitete er als Gärtnerlehrling im Charlottenburger Schloßpark. Eine schwere Verwundung, die er 1927 bei einem Überfall durch Kommunisten davontrug, machte dieser körperlichen Tätigkeit ein Ende, und er teilte mit Millionen das Schicksal eines Erwerbslosen. Seit seinem 16. Lebensjahr bekannte er sich zum nationalsozialistischen Gedanken. Er war der erste Berliner Fahnenträger der SA und verteidigte seine Fahne mit der Zähigkeit eines unbeirrt Gläubigen. Zum Führer des Sturms 33 berufen, pflanzte er die Hakenkreuzfahne mitten im rötesten Charlottenburg auf. Als er in der Notwehr einen Kommunisten erschoß, mußte er durch Deutschland nach Italien fliehen und wurde bei einem Besuch seiner Kameraden verhaftet und in das Gefängnis eingeliefert. Die Amnestie befreite ihn Weihnachten 1932. An dem Tage, an dem er das Endziel seiner Opfer und seiner Treue sah, ereilte ihn sein Schicksal. Das neue Deutschland bettete Hans Eberhard Maikowski zu den großen Toten des Invalidenfriedhofs.

Oben: Der Reichskanzler beim Rundgang nach seiner Eröffnungsrede auf der großen Internationalen Automobilausstellung in Berlin. Rechts Ministerpräsident Göring, links der Chef des Kraftfahrwesens der SA, Obergruppenführer Hühnlein.
Unten: Der Führer trifft den Duce in Venedig. Die beiden Staatsmänner nehmen den Vorbeimarsch der militärischen und faschistischen Verbände ab.

S. Exzellenz der Futurist

Besuch bei F.T. Marinetti, dem Schöpfer und Führer des italienischen Futurismus, der jetzt sein 25jähriges Jubiläum feiert

Im Jahre 1909 begründete der in Ägypten geborene italienische Schriftsteller Marinetti den Futurismus mit einem „Manifest", in dem er forderte: Verschüttet die Kanäle von Venedig und baut auf den Plätzen der Dogenpaläste Fabriken und Wolkenkratzer. Es war Aufschrei und Auflehnung gegen das Erstarren in Tradition, gegen den „Passatismus", das Hängen von der Vergangenheit. Es war ein Bekenntnis

Versammlungs-Plakat der Futuristen. Die Menge ist aus Zwischenrufen gezeichnet.
Rechts: Der italienische Schriftsteller F.T. Marinetti in der Tracht der Königlichen Akademie in Rom, in die ihn Mussolini unter Verleihung des Exzellenz-Titels berief.

zu allem Werdenden, eine Absage an das tote Wissen, eine Verherrlichung des lebendigen Willens. Kraft, Kampf, Technik, Schnelligkeit, das waren Losungsworte, mit denen der Futurismus dem Faschismus voranging. Aber eigentümlich ist dem Futurismus eine spielerisch-groteske, doch aufpeitschende Art, reformatorische Gedanken auf allen Gebieten der Kunst und des Lebens zu vertreten.

Marinetti als Küchen-Revolutionär. Die Speisen sollen durch Farb- und Formzusammenstellung überraschen und so den Genuß beim Essen steigern.

Bilder von der Reichstagssitzung am 13. Juli

Oben: Auf den Regierungsbänken (von links) Reichsminister Dr. Goebbels, Staatssekretär Milch, die Reichsminister Darré, von Eltz-Rübenach, von Blomberg, Dr. Gürtner, Franz Seldte. Dahinter Generalinspekteur Todt.

Unten: Auf den Abgeordnetenbänken (von links) Gruppenführer Litzmann, sein Vater, Staatsrat General Litzmann, Reichsstatthalter Murr (Württemberg), Gruppenführer Prinz August Wilhelm, Reichsstatthalter Hildebrandt (Mecklenburg-Lübeck) und Staatssekretär Reinhardt. ☞ (s. S. 398)

Paul v. Hindenburg

geboren am 2. Oktober 1847
in Posen

gestorben am 2. August 1934
in Neudeck

Leitworte eines großen Lebens:

Maßgebend in meinem Leben und Tun war für mich nicht der Beifall der Welt, sondern die eigene Überzeugung, die Pflicht und das Gewissen.

*

Ich bin todmüde, aber ich werde stehen, bis ich umfalle, solange dieser alte Körper noch zu etwas gut ist, für ein Beispiel.

*

Bis zu meinem letzten Atemzuge wird die Wiedergeburt Deutschlands meine einzige Sorge, der Inhalt meines Bangens und Betens sein.

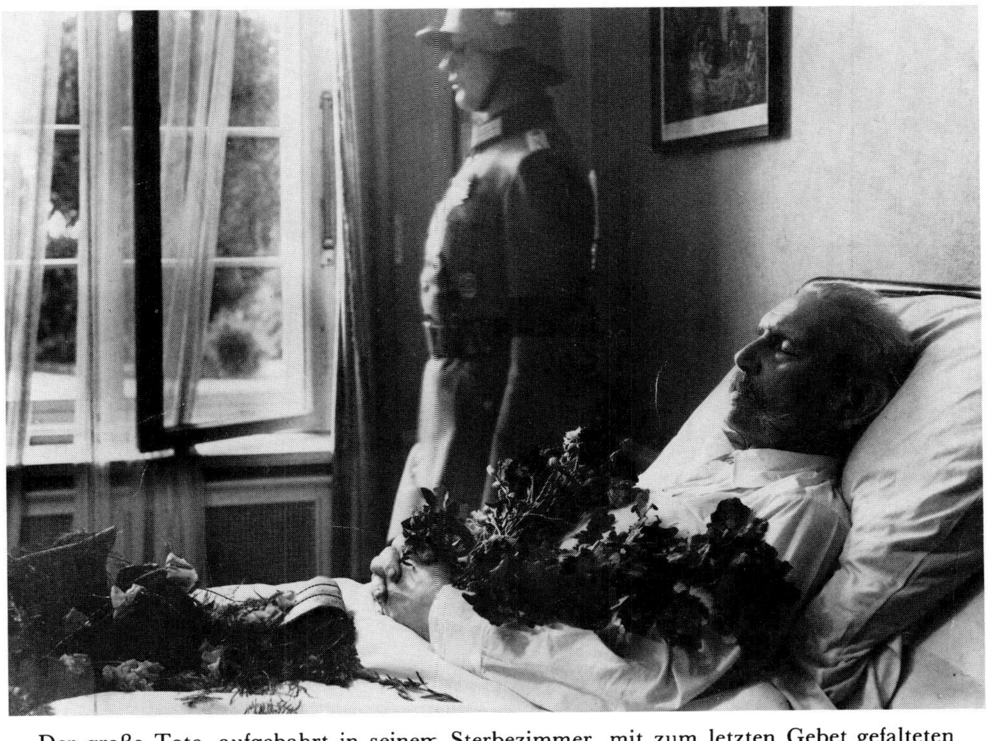

Der große Tote, aufgebahrt in seinem Sterbezimmer, mit zum letzten Gebet gefalteten Händen. Aufgeschlagen lag auf seinem Nachttisch ein Sprüchebuch, in dem mit einem zittrigen Zeichen der Spruch angemerkt war: „Mit der einen Hand führt er sein Schwert, mit der anderen arbeitet er."

Die blonden Mädchen der Nordmark

Eine Fahrt durch Schleswig-Holstein und die kleine Inselwelt der Halligen

Die blonden Mädchen der deutschen Nordmark sind von ausgesprochenem Liebreiz. Ihr Blond geht von Silberweiß bis zum Goldton des reifen Weizens, ihre blauen Augen strahlen in frischer Unbefangenheit und Schelmerei, und die anfängliche Scheu und etwas herbe Zurückhaltung gegenüber dem Landesfremden, der mit ihnen spricht, weicht bald einer fröhlichen Befreundung. Es tut gut, zu sehen, wie fremd ihnen alle Koketterie ist, wie ansteckend und herzlich leicht sie lachen, wie bei der kleinsten Deern schon irgendwo ein Zipfelchen von fraulicher Reife und Zuverlässigkeit durchblickt. Man sitzt bei der jungen Bäuerin nach knappen fünf Minuten des Gesprächs wie ein vertrauter Gast, trinkt die wunderbare süße, freigebig gebotene Nordmarkmilch, hört von großen und kleinen Sorgen und wundert sich über ihre Weltklugheit und die Sicherheit, mit der sie alles Geschehen draußen sieht. Es hängt wohl mit der Einsamkeit der Höfe zusammen, daß ihr Urteil so trefflich ihrer eigenen Welt und fraulichen Anschauungsweise entspringt. Man ist überzeugt, daß jede von der Wichtigkeit ihrer Arbeit erfüllt ist, gleichviel, ob das Leben sie als schlichte Magd in die Wirtschaftsräume eines Bauernhofes stellt oder ob sie als Herrin einem großen Hofwesen vorstehen muß. Was sie tut, das ist getragen von ihrer jungen oder reifen Fraulichkeit, überstrahlt von der Wärme ihres Lächelns. E. v. Garvens

Begegnungen mit den blonden Mädchen der deutschen Nordmark: Junge Melkerin auf einem Eiderstedter Bauernhof.

Linke Seite: Eine Nordmark-Amazone. Eine hochgewachsene, prachtvoll durchtrainierte Leichtathletin, aufgenommen auf dem Sportplatz einer Frauenschule in der Nordmark.

HUMOR

Zeichnung Barlog

„Haben Sie schon einmal mit Elefanten gearbeitet?"
„Nein, bevor ich kurzsichtig wurde,
hatte ich einen Flohzirkus!"

Es stand sehr schlimm um den Angeklagten; da stellte es sich plötzlich heraus, daß er zur Zeit des Diebstahls im Gefängnis gesessen hatte.

„Warum haben Sie das nicht gleich gesagt?" fragte ihn der Richter.

„Weil ich die Geschworenen nicht gegen mich einnehmen wollte!"

*

Als Karlchen von der Geburtstagsfeier zurückkommt, fragt ihn die Mutter:

„Hast du dir auch nicht immer zwei Stück Kuchen geben lassen?"

„Nein, Mutti. Ich habe jedesmal Frau Schmidt um das Rezept für dich gebeten, und da hat sie mir ganz von selbst immer zwei Stück gegeben."

*

Kratt ist ein schwerer Hypochonder. Eines Tages kommt er vorzeitig nach Hause, ganz nach vorn gebeugt wie ein uralter Mann, und läßt sich ächzend in einen Stuhl fallen:

„Sofort einen Arzt! Ich kann nicht mehr grade gehen!"

Der Arzt kommt, untersucht ihn und meint dann:

„Ihr Zustand würde sich wesentlich bessern, wenn Sie sich entschließen könnten, das dritte Westenknopfloch vom obersten Hosenknopf loszuknöpfen."

*

„Männe", sagt die junge Frau zu ihrem Gatten, „wir haben heute das Baby gewogen, und denk dir, es wiegt 47 Pfund!"

„Mit sechs Wochen 47 Pfund! Das ist wohl nicht gut möglich. Womit habt ihr es denn gewogen?"

„Mit der Hängewaage, auf der du immer nach dem Angeln die Fische wiegst."

Der 15. Januar im Haus Wachenfeld

Am Vormittag des 15. Januar, nachdem der Saarbevollmächtigte Josef Bürckel das Abstimmungsergebnis durch Rundfunk über den Frankfurter Sender gemeldet hatte: Der Führer und Reichskanzler spricht von Haus Wachenfeld aus mit dem Gauleiter Bürckel, spricht ihm den Dank der Nation aus und beglückwünscht ihn zu dem überwältigenden Ergebnis.

Die erste Fahrt auf der ersten Autobahn

Der Führer weiht die Teilstrecke Frankfurt–Darmstadt ein

Am Kilometerstein 0,0: Der Wagen des Führers zerreißt das weiße Band, die Reichsautobahn Frankfurt–Darmstadt wird dem Verkehr übergeben. Dem Führer folgt die Kolonne der 4000 Arbeiter, die am Bau der Strecke beteiligt waren.

Zwischenspiel auf einer großen Reise:

Frau Marschall erwartet ihren Gatten

Marschall Tschiangkaischek ist auf dem Flugplatz angekommen und begrüßt seine Gattin.

Der Generalissimus und oberste militärische Befehlshaber der chinesischen Armee, Marschall Tschiangkaischek, benutzt bei seinen zahlreichen Reisen durch alle Gegenden Chinas vorzugsweise das Flugzeug. In seiner Gesellschaft sieht man meist auch seine Gattin, die, in Amerika erzogen, großen Anteil an allen politischen und kulturellen Fragen Chinas nimmt. Die sogenannte „Neue-Leben-Bewegung", die von dem Marschall selbst gelenkt wird, hat bereits eine große Anhängerschaft. Sie sucht die Jugend Chinas für den Gedanken einer nationalen und kulturellen Erneuerung durch Anpassung alter Kultur und Sitte an die neuzeitlichen Verhältnisse zu gewinnen.

Frau Tschiangkaischek pflegt ihren Gatten auf seinen Flügen zu begleiten und benutzt ihre Anwesenheit in allen größeren Städten, um Vorträge im Sinne der politischen Ziele ihres Gatten zu halten.

Katherine Hepburn, die sich in Hollywood mit Talent, Persönlichkeit
und Ausstrahlung rasch durchgesetzt hat.

Die deutsche Flak-artillerie

Aufnahmen unseres Sonderberichterstatters Max Ehlert, der als erster Bildberichterstatter an Übungen einer Flak-Abteilung teilnahm

Das Gesicht des deutschen Soldaten: Der Flakartillerist.

Schon vor fast zehn Jahren hat einmal der belgische Delegierte bei den Verhandlungen der vorbereitenden Abrüstungskommission in Genf, der Senator de Brouquère, davon gesprochen, daß es eine „zynische Grausamkeit“ sei, dem deutschen Volke die Möglichkeit zu nehmen, sich gegen Luftangriffe zu verteidigen. – Die dem deutschen Volke durch Adolf Hitler wiedergeschenkte Wehrfreiheit hat es jetzt ermöglicht, mit aller Energie an den Aufbau einer starken und leistungsfähigen deutschen Luftverteidigungswaffe heranzugehen. Dabei ist, einer starken inneren Logik folgend, die im Aufbau begriffene Flakartillerie der Luftwaffe zugeteilt worden.

Eine neue deutsche Verteidigungswaffe: Das Flak-Geschütz. Dieses Geschütz dient der aktiven Luftverteidigung. Es ist selbstverständlich voll motorisiert. Aber gelegentlich muß auch die Menschenkraft mithelfen, um das Geschütz in Stellung zu bringen.

Vater und Sohn

Eine Bilder-Reihe von E. O. Plauen

Der laufende Koffer

Die deutsche Wehrpflicht

Von Major Foertsch,
Reichswehrministerium

Als am 17. März dieses Jahres die Fahnen und Flaggen, die zu Ehren der Gefallenen des Weltkrieges auf Halbmast gesetzt waren, sich als Symbol des widerstehenden deutschen Volksheeres zu voller Entfaltung erhoben, war wohl nur wenigen bewußt, daß dies am Jahrestag des Aufrufs „An mein Volk" geschah. 1813 hatte der preußische König angesichts der Not des Landes seine Hemmungen überwunden und den Grund zu der neuen Wehrform gelegt, die auch für den Frieden ein Wesensbestandteil des nationalen Lebens in Preußen blieb. Damals galt es, mit der ganzen wehrfähigen Mannschaft die große Not des Vaterlandes durch Krieg zu wenden. Heute gilt es, unter dem Schutz des waffentragenden ganzen Volkes einen Frieden zu sichern, der besser ist als der, den das waffenlose Deutschland in einer Zeit der Wehrlosigkeit erlebte.

Als die Männer um Scharnhorst der ganzen Nation die Waffen gaben, änderte sich das Gesicht des Volkes damit auch im politischen Sinne. Wenn heute der ganzen Nation in der Wehrpflicht das Wehrrecht wiedergegeben wird, das ein Feinddiktat ihr nahm, dann erhält die Wandlung des deutschen Volkes, die mit dem 30. Januar 1933 begann, wehrpolitisch einen Abschluß. Wer die Gedanken der altpreußischen Heeresreformer kennt, weiß, wie sie über ihren militärischen Wirkungskreis hinaussahen und den allgemein erzieherischen Wert ihrer Pläne für die fernere Zukunft immer vor Augen hatten. Wer heute mit offenen Sinnen das deutsche Volk versteht, der weiß, daß wir in der Wiederkehr der alten Wehrform nicht allein die Möglichkeit begrüßen, die fehlende nationale Sicherheit zu schaffen, sondern in der allgemeinen Wehrpflicht die nationale Schule unserer jungen Mannschaft sehen, von welcher der Führer bekannte, daß ihr das deutsche Volk vor dem Großen Kriege „alles" verdankte.

Wenn nun im deutschen Land für alle Wehrfähigen die Tore der Kasernen sich wieder öffnen werden, die bisher nur einer kleinen Zahl von auserlesenen Freiwilligen offen standen, so wird die Masse unserer Jugend wieder den Segen einer Pflicht verspüren, die vom Ganzen der Nation her dem Leben des einzelnen seinen Sinn gibt. Wenn in den kommenden Jahren in jedem Haus und jedem Beruf durch die Dienstpflicht die feste innere Verbindung zur Wehrmacht des nationalsozialistischen Reiches hergestellt sein wird, dann wird die Bindung des einzelnen an diesen nationalsozialistischen Staat noch fester werden als bisher. Denn es gibt keine höhere Pflicht dem Staat gegenüber als die Pflicht zum Waffendienst, und es gibt keine stärkere Bindung an den Staat als die der Opferbereitschaft in der Stunde der Gefahr. Wenn künftig die ganze deutsche Jugend im grauen Ehrenrock des Großen Krieges dem Führer des Volkes und Reiches den Eid der Treue bis zum Tode leisten wird, wird

Deutschland, das Deutschland Adolf Hitlers, unzerstörbar sein.

Wenn in Zukunft die deutsche Jugend wieder durch die Schule der allgemeinen Wehrpflicht geht und auf die lang vergessene Frage: „Wo haben Sie gedient?" wieder eine stolze Antwort klingt, wird ein freieres Geschlecht in Deutschland wachsen als in den trüben Jahren nach Versailles. Denn hier wird eine Pflicht zum Recht, und nur in solchem Recht ist die wahre Freiheit zu finden.

Urgroßvater-Freuden. König Gustav V. von Schweden mit seinem jüngsten Urenkelkind, der kleinen Prinzessin Margaretha, am Tage ihrer Taufe. Die kleine Prinzessin ist die Tochter des Erbprinzen Gustav Adolf und seiner Gemahlin Sibylla, einer geborenen Prinzessin von Coburg.

Der Hochzeitszug verläßt den Dom. Zehn Generale der Luftfahrt bilden Spalier und kreuzen die Degen zu Ehren des Führers und des Brautpaares, des Ministerpräsidenten und Generals Göring und seiner Gattin, Frau Sonnemann. Zwei Pimpfe tragen die weiße Brautschleppe. Rechts und links wehen die Sturmfahnen der SA. Dieser Anblick löst jubelnde Begeisterung bei den Zehntausenden aus, die im Lustgarten versammelt sind.

Hamlet im Staatstheater

Ein Ereignis im Berliner Theaterleben

Nach den großen klassischen Inszenierungen des Berliner Staatstheaters von „Faust“ und „König Lear“ erscheint jetzt als Gipfelpunkt die Darbietung von Shakespeares „Hamlet“ (Regie: Lothar Müthel). Diese vorbildliche Bühne mit dem Schauspieler Gustaf Gründgens an der Spitze war uns den „Hamlet“ schuldig. Wer außer Gründgens wäre heute in Deutschland imstande, das komplizierteste Seelengebilde, das der Dichter geschaffen hat, so erschöpfend darzulegen? Auch besitzt er in Käthe Gold eine erschütternde Ophelia und verfügt über so ausgezeichnete Darsteller und Bühnenbildner, daß die Tragödie zur vollen Wirkung kommt. Eine der schwierigsten Aufgaben, die das Theater kennt, ist hier in großem Stil bewältigt worden.

Eine neue überragende schauspielerische Leistung des Künstlers, ein „Musterbild herrlich erblühter Jugend“, „der Sitte Spiegel und der Bildung Muster“, eine ungemein interessante, fesselnde Gestaltung der Rolle in Wort und Spiel in der neuen Inszenierung der Shakespeareschen Schicksalstragödie im Staatstheater Berlin.

IN DER KÖNIGSGRUFT ZU QUEDLINBURG

Die König-Heinrich-Feier in Quedlinburg: Am 2. Juli, dem 1000. Todestag König Heinrichs I., fand in Quedlinburg eine große Gedenkfeier für den Gründer des Ersten Deutschen Reiches statt.
Reichsführer SS Himmler legt an der Gruft Heinrichs einen Kranz nieder.
Vorher würdigte er als Beauftragter des Führers in einer Ansprache im Dom das Lebenswerk des großen Volkskönigs.

Neue Auto-Gesichter auf der Berliner Autoschau

Unendlich viele, dem Auge des Betrachters unsichtbare Verfeinerungen und Verbesserungen der Maschinerie und der Ausstattung haben den Gebrauchswert des Kraftfahrzeugs, seinen zuverlässigen Lauf, seine sichere Lage auf der Straße, seine Bequemlichkeiten erhöht. Von besonderer Bedeutung sind zwei technische Neuheiten: der Personenwagen-Dieselmotor, der es erlaubt, mit billigem und schwerentflammbarem Schweröl zu fahren, und der künstliche Gummi, von dem bereits erwiesen ist, daß er in mehrfacher Hinsicht besser und dauerhafter ist als der natürliche Gummi. Augenfällig ist das Gesicht des Autos verändert. Wenn auch keine einheitliche Linie festzustellen ist, so zeigt sich doch allgemein die Neigung, den Frontflächen der Wagen weiche Rundungen zu geben und den Luftwiderstand zu verringern.

Ein Wagen der Mittelklasse: Ein Sport-Zweisitzer mit Kompressor (Wanderer-Werke).

UNRUHEN IN PALÄSTINA

Die unter dem Schutz der Balfour-Deklaration erfolgende Einwanderung von Juden in Palästina stößt seit 1920 immer wieder auf den Widerstand der ansässigen Araber-Bevölkerung. In den letzten Wochen nahmen die Unruhen derart zu, daß England Truppenverstärkungen nach Palästina werfen mußte.

Oben: Jüdische Polizei-Verstärkungen bei der Ausbildung.
Unten: Träger des aktiven Widerstandes gegen die Einwanderung der Juden in Palästina ist in erster Linie die national-arabische Jugend-Organisation der Pfadfinder.

Wer zählt die Völker...?

Was unser Sonderberichterstatter Hanns Hubmann auf einem Streifzug im „olympischen Berlin“ entdeckte

Oben: Vier Nationen – vier Charakterköpfe: Im Olympischen Dorf und auf den Kampffeldern in der Olympia-Stadt Berlin treffen sich die Olympiakämpfer aller Erdteile. Im Bild (von links) ein Inder, ein Philippine, ein Peruaner und ein Deutscher.

Rechts: So meistert Hans Woellke den schwierigen Kugelstoß: Woellke stieß mit 16,20 m neuen Olympiarekord und gewann die Goldmedaille.

Die von Gisela Mauermayer bezwungene polnische Meisterin im Diskuswerfen, Jadwiga Wajsowna (Mitte), Arm in Arm mit ihrer Besiegerin und Paula Mollenhauer, die Dritte wurde.

Er gab sein Bestes: Luz Long/Deutschland winkte bei Sprungweite von 7,87 Olympiasieg, und erst der Weltrekordsprung von Jesse Owens verwies Long auf den zweiten Platz.

Jesse Owens steuert dem sicheren Sieg entgegen. Mann-gegen-Mann-Kampf im Feld, aus dem Metcalfe (Zweiter) herausstößt. Osendarp/Holland ringt bereits Wykoff/USA nieder.

Hürdenlauf, wie ihn das Menschenauge nie sehen kann, wie ihn nur die Fernkamera sieht. Ein Bild aus einem 80-m-Hürden-Zwischenlauf für Frauen. Endsiegerin Valla/Italien vor Steuer/Deutschland.

11 Jahre und schon Olympia-Siegerin. Die Dänin Inge Sörensen errang die Bronzemedaille im 200 m Brustschwimmen in einem Feld von Weltklasseschwimmerinnen.

Rechts: Nach 42 km schärfster Anstrengung im Endspurt durch das Zielband: Kitei Son, der 23jährige Japaner. Mit ihm gewann Japan zum ersten Male diese längste Laufstrecke der Olympischen Spiele.

NEUES VOM SPORT

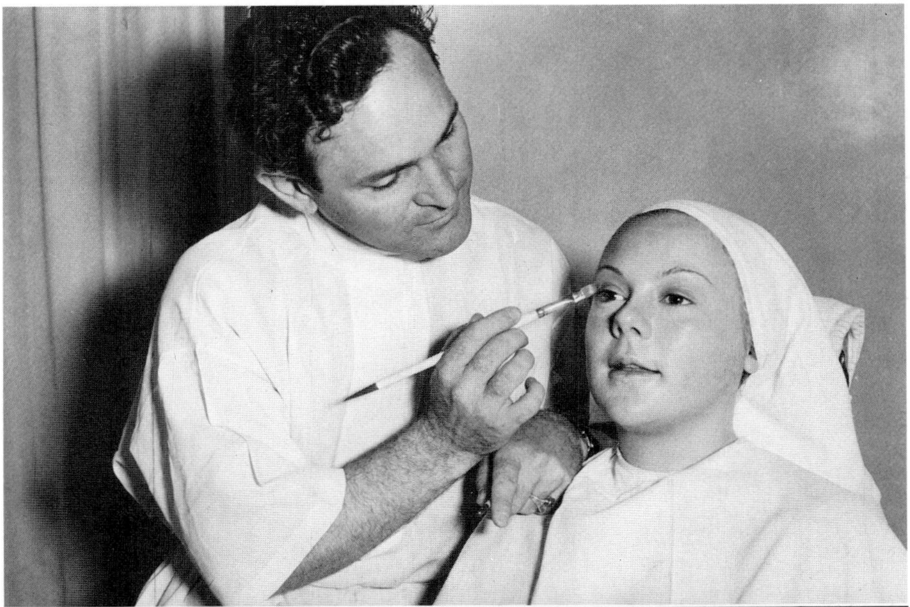

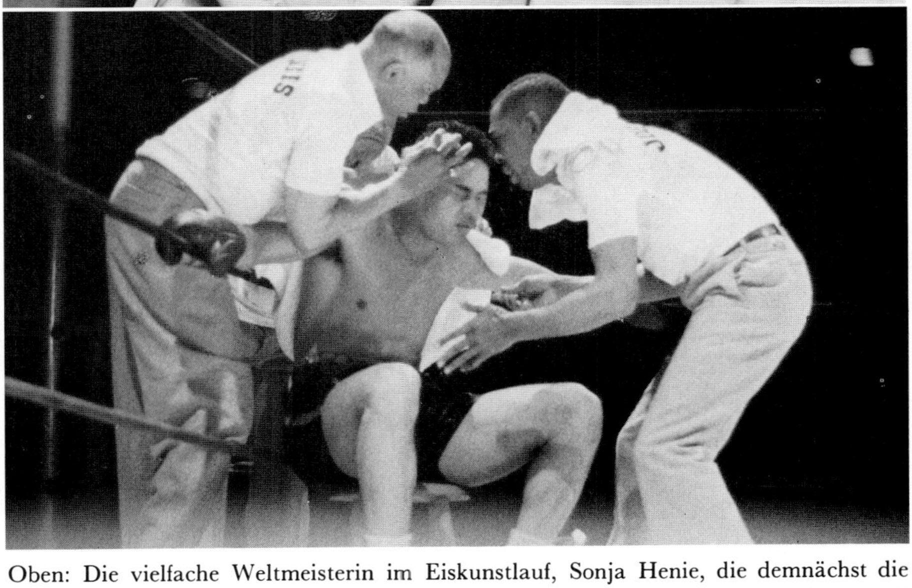

Oben: Die vielfache Weltmeisterin im Eiskunstlauf, Sonja Henie, die demnächst die Aufnahmen für ihren ersten amerikanischen Film „Champagner-Walzer" beginnt, muß ihr weltbekanntes Gesicht nach den Wünschen des Regisseurs verwandeln lassen.

Unten: Die beiden Negersekundanten bemühen sich um den besinnungslosen „braunen Bomber". Mit Eiskompressen auf Herz und Nacken wird Louis bearbeitet. Der haushohe Favorit, wurde nicht einfach in der zwölften Runde k.o. geschlagen, sondern von dem strategisch überlegenen Deutschen, Max Schmeling, systematisch vernichtet.

Not und Elend

Bilder aus der Notzeit der deutschen Jugend: Jugend ohne Glück. So mußten deutsche Kinder wohnen: Die Dachstube eines baufälligen Hauses im Frankenwald war die Unterkunft einer ganzen Familie. Not und Hunger verdüsterten die Jugend von Millionen.
Unten: Elend, das es nicht mehr geben wird. Kinder erbkranker Eltern verdämmern ihr trostloses Leben in Heimen, sich selbst und der Gemeinschaft eine schwere Last.

Die neue deutsche Jugend. In der großen Schule des Dritten Reiches zu Selbstzucht und Verantwortungsfreudigkeit geführt, betreut von Eltern, die wieder Arbeit und ein Heim haben, beschützt von Gesetzen, die ihre Gesundheit an Leib und Seele sichern, blickt die deutsche Jugend mit hellen Augen in eine bessere Zukunft.

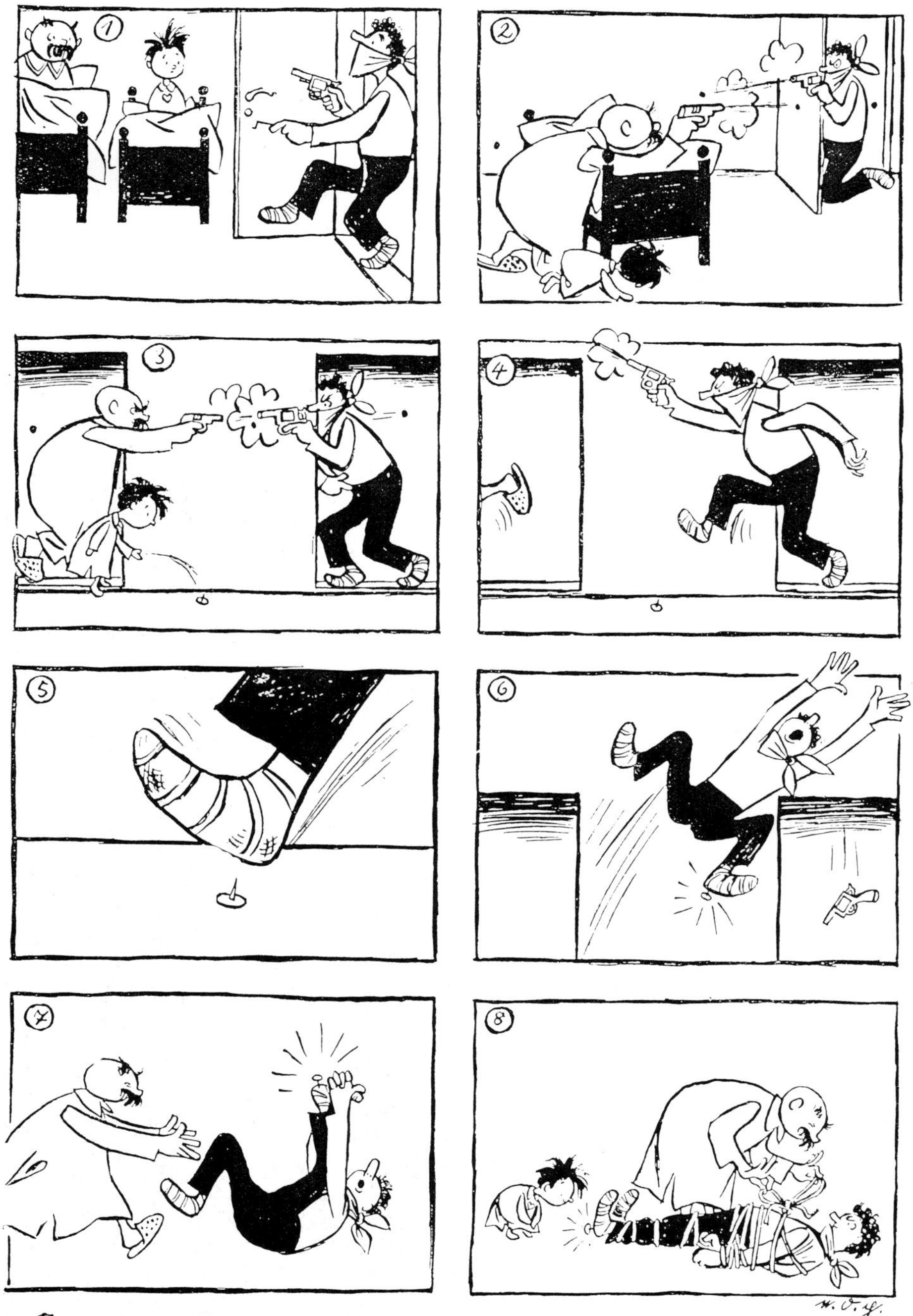

Vater und Sohn / Eine Bilderreihe von E. O. Plauen

Der Einbrecher

Künstlerempfang beim Führer. Von links Else Elster, Leni Marenbach, der Führer und Reichskanzler, Lilian Harvey, Karin Hardt, Dinah Grace, Willy Fritsch, Leni Riefenstahl und die Schwester von Dinah Grace.
Rechts: Ministerpräsident Generaloberst Göring mit Paul Hartmann, Heinz Rühmann und Paul Wegener.

Auf Grenzwacht gegen den Bolschewismus

Oben: Eine seltsame öde, tote Grenze – wie eine Wand zwischen zwei Welten: Die Grenze zwischen der Republik Polen und der Union der sozialistischen Sowjet-Republiken. Diese Grenze hat auf ihrer ganzen Länge von 1412 km nur vier Bahnübergänge. Das Sowjet-Paradies ist auf langer Front mit Stacheldraht eingezäunt.

Unten: Agent oder Flüchtling? Eine Patrouille bringt einen abgerissenen Burschen mit. Ist es ein verelendeter Proletarier, der es vorzog, das Proletarier-Paradies unter Lebensgefahr zu verlassen, oder ein Agent der Komintern?

Herzog und Herzogin von Windsor in den Räumen des Schlosses Candé, wo die kirchliche und Ziviltrauung des früheren Königs Eduard VIII. von England stattfand. Auf Beschluß der königlichen Familie steht der Herzogin nicht der Titel „Königliche Hoheit" zu, sondern die Anrede „Your Grace" = „Euer Gnaden".

Unten: Eine aufregende Augenblicksaufnahme aus dem Pariser Zoo: Ein Löwe setzt zu einem Angriff auf den Wärter an.

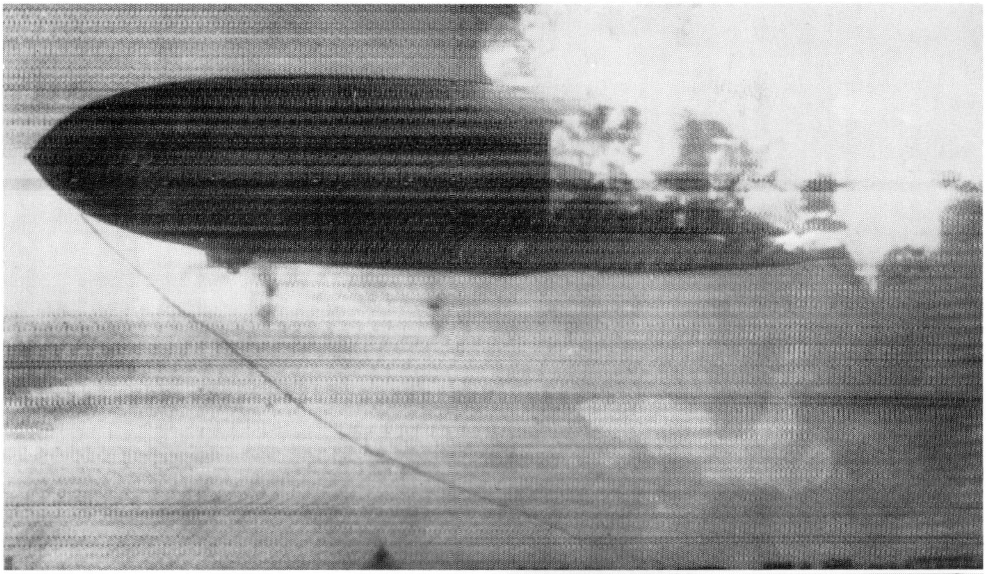

Oben: Ein Funkbild von dem Unglück auf New Yorks Flugfeld Lakehurst: Das Luftschiff LZ „Hindenburg" steht in Flammen. Am Bug deutlich erkennbar eines der schon für die Landung ausgeworfenen Haltetaue.

Unten: So fanden die Truppen der spanischen Nationalregierung die alte baskische Hauptstadt Guernica vor: Als die Bolschewisten sahen, daß sie die Stadt nicht mehr halten konnten, begossen sie die fast unversehrten Häuser mit Benzin und steckten sie in Brand. Die Stadt wurde ausgeplündert und vollständig zerstört. Die Hitze des Feuers versengte auch die Bäume der Anlagen. ☛ (s. S. 398)

Zum 18. Juli:

Richtunggebende Werke für die deutsche Kunst

wie sie im Haus der Deutschen Kunst der Welt gezeigt werden

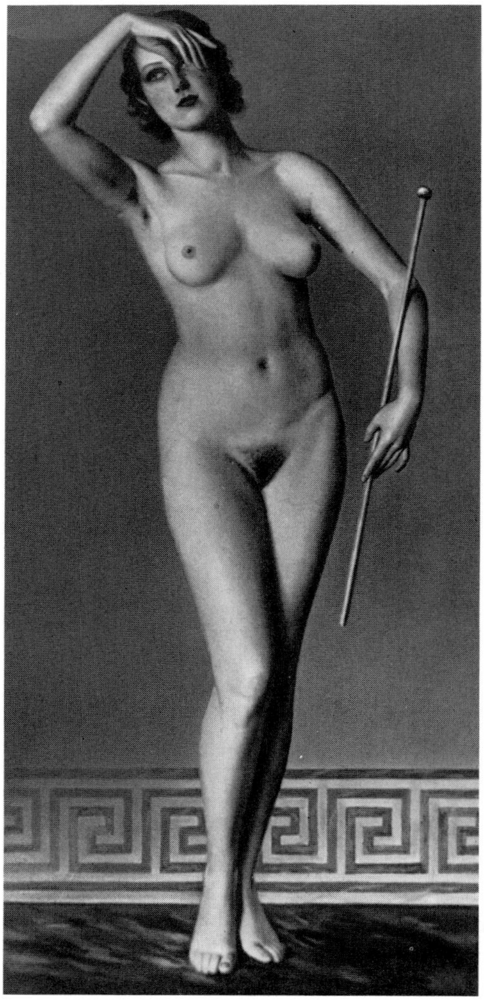

Sauberkeit, Fleiß und Können fordert das Dritte Reich von der deutschen Kunst. Der Führer hat ihr im „Haus der Deutschen Kunst" das schönste Ausstellungsgebäude der Welt geschenkt. Er hat ihr Heimat und Ziel gegeben.

„Terpsichore" von Adolf Ziegler. Das Gemälde des Präsidenten der Reichskammer der bildenden Künste ist eine für den Künstler charakteristische Arbeit, die seinen starken Willen zu klarer Form betont. Ziegler verbindet mit dem Sinn für moderne Malerei die Reinheit der Antike in der Auffassung des menschlichen Körpers.

Rechte Seite, oben: „Erwachen" von Richard Klein, München. Wie in seinen Plaketten, von denen der Führer aus seinem Privatbesitz mehrere Stücke zur Ausstellung in das Haus der Deutschen Kunst kommen ließ, zeigt sich Prof. Klein auch in diesem Gemälde als ein Meister in beherrschter Formgestaltung.
Unten: „Bauerngrüße" von Adolf Wissel, Hannover. Ein Maler des deutschen Menschen, der – im Sinne der alten Meister arbeitend – uns innig vom Geheimnis des deutschen Antlitzes erzählt. Der Reichsbauernführer Walther Darré ist Besitzer mehrerer Bilder des Künstlers.

Rotes MADRID Stadt des Elends

Die Stadt, die von den Bolschewisten zur Festung gemacht wurde.

In den Ruinen zerschossener Häuser spielen Kinder, häufig völlig verwahrlost, Krieg zwischen Rot und Weiß.

Wem gehört Palästina?

„Die Gestalten strengreligiöser Ost-Juden im Kaftan", erzählt Wolfgang Weber, „die den Glanz neuerbauter Wohnblocks ihrer frisch zugewanderten Rassegenossen bewundern, die Engländer, die als Beherrscher auftreten, Züge frommer Pilger aus aller Welt und Araber, die über die Straßen neuer Städte schreiten – das alles gibt ein verwirrendes, aber zutreffendes Bild palästinensischer Problematik."

Zwanzig Jahre lang, seit der Erklärung Englands, die den Juden nur die Errichtung einer nationalen Heimstätte in Palästina versprach, versuchen die jüdischen Einwanderer, von den Zionisten in der ganzen Welt unterstützt, Palästina zu einem reinen Judenstaat zu machen, in dem die Araber nur die Regierten sind.

Den Arabern das Hinterland. England will den Arabern in Palästina zwar über zwei Drittel des Landes zuteilen, eine Geldentschädigung ist vorgesehen, und auf englische Kosten sollen Bewässerungsanlagen in das Wüstengebiet der Araber gebaut werden. Aber auch ein günstigeres Teilungsangebot würden die Araber, deren nationales Bewußtsein England selbst im Weltkrieg weckte, mit der Erklärung zurückweisen, daß das ganze Land ihre Heimat ist.

Den Juden die Küste und den kulturfähigsten Boden. Hier in den Häfen, den Städten, den fruchtbaren Ebenen sitzt die große Zahl der Palästina-Juden, und damit wird die Zuteilung dieses Gebiets begründet. Aber die Araber wenden ein, daß ja die Juden erst in den letzten zwei Jahrzehnten zu Hunderttausenden eingewandert seien und den früheren arabischen Besitzern den Boden abgekauft hätten, auf dem sie vielfach wieder Araber in Lohnarbeit zu beschäftigen suchen.

Höhere Fügung

Es hört ein Mann, so ungefähr,
Von seiner Frau 'ne Schauermär!
Durch die Freundin sehr beleidigt,
Hofft sie, daß er sie verteidigt,
Ja, sie fordert von ihm nüchtern,
Die Person mal einzuschüchtern!
Er schnaubt: Paß auf, ich geb's ihr schon!
Und wendet sich zum Telefon –
Ha! Im Schreiten, kampfbeflügelt,
Sieht er seinen Mut gespiegelt,
Sieht sich stolz, als kühnen Ritter,
Rächend nah'n, gleich Ungewitter!

Die Schritte klingen dumpf und hohl,
Der Frau ist plötzlich gar nicht wohl...
Sie wimmert leise: Halte ein!
Doch drohend knirscht zurück er: Nein!
Er ist ein Mann der ganzen Tat,
Und auch im Flauschrock – von Format!
Aber dann, kaum an dem Hörer,
Wird sein Herz bedeutend schwerer!
All sein Mut ist schon im Weichen,
Da ertönen – Summerzeichen!
Und löwenähnlich tobt er jetzt –
(Na ja – die Nummer ist besetzt!)

Zeichnung von Ch. Girod, Verse von S–.

Ein anmutiges Vorbild für den Gedanken „Glaube und Schönheit" im BDM

Kameradin im BDM ...
... und Tänzerin im Ballett des Deutschen Opernhauses in Berlin. Die kleine Marianne Simson (auf beiden Bildern links) gibt für ihre Person ein besonders reizvolles Beispiel für die Harmonie der beiden Grundbegriffe des neuen Erziehungsideals „Glaube und Schönheit".

Sie kommen!

Unter dem Jubel der Innsbrucker ziehen deutsche Truppen in die Tiroler Hauptstadt ein.

Ein Volk steht auf

Bilddokumente einer Zeitenwende

‚Die Welt aber soll sich überzeugen, daß das deutsche Volk in Österreich in diesen Tagen Stunden seligster Freude und Ergriffenheit erlebt.‘

Adolf Hitler

Vom Bundeskanzler gerufen, vom Volk umjubelt:

In Erwartung des Führers in Linz: Reichsführer SS Heinrich Himmler im Gespräch mit Bundeskanzler Dr. Seyss-Inquart.

Links: Adolf Hitler in seiner Rede zur Wiener Bevölkerung: „Als Führer und Kanzler der deutschen Nation melde ich vor der Geschichte die Heimkehr meiner Heimat in das Deutsche Reich!“

Auf Einladung des Führers

Der englische Premierminister Neville Chamberlain bei seiner Ankunft in München.
Unten: Frankreichs Ministerpräsident Daladier ist eingetroffen. Er schreitet die Front der Ehrenkompanie der SS ab.

Die große Aussprache. Vor der Karte der Tschechoslowakei. Der Führer und der englische Ministerpräsident.

Deutschland – Italien. Der Führer im Gespräch mit Benito Mussolini, Reichsaußenminister von Ribbentrop (links) und der Chef des Oberkommandos der Wehrmacht, General Wilhelm Keitel.

Taufe im Haag. Unter der jubelnden Teilnahme des niederländischen Volkes, das bei dieser Gelegenheit die jüngste Erbin seines Throns zum ersten Mal zu Gesicht bekam, fand in der Groote Kerk im Haag die Taufe der Prinzessin Beatrix der Niederlande statt. Die Kronprinzessin hielt ihr Töchterchen selbst über das Taufbecken. (Unten der Taufpate König Leopold von Belgien)

In der königlichen Loge. Für Prinzessin Margaret Rose von England ist das Geschenk, eine große Konfektschachtel, heute noch wichtiger als die Vorführungen. Doch die ältere Schwester Elizabeth benimmt sich schon wie eine richtige kleine Königin.

Al Capone,
der Chicagoer Verbrecherkönig.

Die Nr. 3563 wird frei!

VON JAN ROLL

Der amerikanische Gangster Al Capone, der seinerzeit zu einer Zuchthausstrafe von elf Jahren verurteilt worden war, soll am 19. Januar in Freiheit gesetzt werden. Nicht nur, daß man ihm drei Jahre seiner Strafe wegen „guter Führung" erläßt, sondern daß man den Verbrecher überhaupt wieder in Freiheit setzt – das ist uns in Deutschland unverständlich.

Da aber dieser Mann überhaupt, die Art und Weise, wie die amerikanische Justiz mit ihm umgeht, seine Erscheinung für bestimmte Verhältnisse in Amerika typisch sind, so sei einiges über ihn erzählt.

Ich fuhr vor einiger Zeit mitten im Winter von New York nach Europa. Es war stürmisch und kalt, wir waren in der Ersten Klasse kaum ein Dutzend Menschen.

Unter den Passagieren fiel mir eine schöne Frau auf, die tizianrote Haare hatte, sich abseits hielt und immer in irgendeiner Ecke der Salons herumsaß. Sie sprach mit niemandem, saß auch beim Essen an einem Tisch für sich allein.

An einem Nachmittag, an dem das Schiff besonders stark schlingerte, saß ich mit einer Dame beim Schachspiel. Da kam die rothaarige Frau auf uns beide zu und fragte, ob wir ihr einen Rat geben könnten.

„Gern", erklärte ich höflich.

Sie müsse, fuhr sie erregt fort, sich sofort tätowieren lassen.

„Nun", erwiderte ich erstaunt, „so furchtbar schaukelt das Schiff doch gar nicht, gnädige Frau!" Dabei wunderte ich mich über ihre etwas gewöhnliche Art zu sprechen. Es war nicht nur amerikanisch gefärbtes Englisch, es war schon richtiger Slang, den ich nur mit Mühe und Not verstand.

Kaum hatte ich geantwortet, da wandte sie sich mit enttäuschter Miene ab und sagte nur noch über die Schulter: „Das ist keine Sache zum Scherzen – das ist blutiger Ernst."

Am Abend erfuhr ich, wie die Geschichte weitergegangen war: Die Dame hatte einen Steward zum Kapitän geschickt und ihn bitten lassen, sie zu empfangen. Als sie im Salon des Kapitäns stand, erklärte sie wieder mit tiefem Ernst, sie müsse sofort tätowiert werden. Der Kapitän erschrak und sah die Frau prüfend an. Sie war sehr elegant angezogen, trug einen Pelzmantel für viele tausend Dollar, aber sie hatte in den Augen ein verdächtiges Flackern. Vor allen Dingen merkte auch er sofort, daß ihr Englisch nicht einwandfrei war.

So zögerte also der Kapitän mit der Antwort. Da faltete die Frau die Hände und erklärte, es handele sich um einen Befehl Gottes: Sie solle ein sichtbares Zeichen der Hoffnung tragen ...

Nun glaubte der Kapitän vollkommen klar zu sehen. Er versprach der Dame, er wolle einmal mit dem Schiffsarzt sprechen. Er sagte das recht zweideutig, aber es war vielleicht ganz gut, daß die Dame den Doppelsinn nicht merkte. So ging sie zufrieden weg.

Als der Schiffsarzt von der Unterredung erfuhr, wurde er böse. Ob der Kapitän wohl glaube, daß er irgend jemanden tätowiere? Wenn die Dame geisteskrank sei, dann sei sie harmlos geisteskrank. Kurz und gut, ihn gehe das alles nichts an. Der Kapitän war im Grunde genommen der Ansicht, daß der Schiffsarzt recht habe, und so beschloß er, die Sache zunächst einmal zu vertagen.

Am nächsten Morgen – das Schiff schlingerte noch mehr – war die Dame schon früh beim Kapitän und verlangte erneut, tätowiert zu werden. Der Herr des Schiffes vertröstete sie wieder, aber als sie vor dem Frühstück abermals erschien und jetzt dem Kapitän eine Szene machte mit der Drohung: „Ich weiß nicht, wozu ich fähig bin, wenn das, was ich will, nicht geschieht!“, da wurde die ganze Sache dem Kapitän doch recht unangenehm. Er war überzeugt, daß er eine Irre vor sich hatte, und er glaubte am besten zu tun, wenn er ihren Wunsch erfülle. So ließ er also seinen Ersten Offizier unter der Mannschaft herumhören, und am Nachmittag rollte ein neuer Akt in dieser Komödie ab.

Im Salon des Kapitäns saßen die Amerikanerin, der Kapitän, der Arzt und der Erste Offizier, dazu ein Bootsmann, ein großer, schwerer Mann. Der Kapitän eröffnete der rothaarigen Dame, daß der Bootsmann bereit sei, sie zu tätowieren.

„Nun“, fragte der Schiffsarzt, „was soll denn tätowiert werden und wohin?“

„Ein Anker muß es sein“, war die Antwort, „ein Anker!“

„Anker“, sagte der Bootsmann, „sind meine Spezialität. Wie groß soll denn der Anker sein, gnädige Frau?“

Sie wies mit beiden Zeigefingern eine Größe von zwanzig Zentimeter.

„Dunnerslag!“ rief der Bootsmann und dachte nach.

„Bootsmann“, machte der Arzt bedenklich, „wohin wollen Sie denn der Dame den Riesenanker tätowieren?“

„Tjä, Herr Doktor“, antwortete der Mann bedächtig und überlegen, „am besten wär's vielleicht auf die Sitzgelegenheit von die gnädige Frau, wenn der Anker so groß sein soll.“

Weil nun alles verlegen schwieg, fragte der Erste Offizier die Dame direkt, auf welchen Körperteil sie die Tätowierung wünsche?

Sie antwortete: „Auf die Schulter.“

Der Bootsmann schüttelte erst den Kopf. Dann aber tätowierte er ihr für zweihundert Dollar einen großartigen Anker auf die Schulter. Er war wirklich großartig, denn ich habe den Anker selbst gesehen, als die Dame zum Dinner in einem großen Abendkleid erschien.

Am Abend danach – wir waren schon kurz vor Boulogne – konnte ich meine Neugier nicht mehr zügeln, ging zu ihr hin und fragte sie, was das Ganze für einen Sinn habe.

Sie war in einer glücklichen Laune und sagte mir auch, daß sie es sei, denn da sie das Gebot befolgt habe, könne ihm nichts mehr geschehen. Dann fing sie an zu erzählen und erklärte mir offen ins Gesicht:

„Ich bin die Braut von Al Capone. Ich fahre nach Paris. Dort hat er Geld, das muß angelegt werden. Er ist jetzt sehr nachdenklich und ist auch unserer Sekte beigetreten. Unser Meister erschien mir nun im Traum und befahl mir, einen Anker auftätowieren zu lassen. Dies Zeichen auf meinem Leibe solle mich immer daran erinnern, daß ich ständig um die Rettung seiner Seele besorgt sein müsse. Es ist ein großes Glück für ihn, daß er unserer Gemeinschaft beigetreten ist."

„Wieso beigetreten?" fragte ich. „Vorläufig sitzt er doch im Zuchthaus!"

„Nun ja", entgegnete sie milde, „aber ich durfte ihn jede Woche besuchen. Interessieren Sie sich für ihn?"

Ich log und sagte: „Ja."

Da flüsterte sie: „Er ist ganz zusammengebrochen, müssen Sie wissen, denn es ist aus mit ihm."

„Natürlich", bestätigte ich, „das Zuchthaus bedeutet einen Schlußstrich –"

„Ach, das Zuchthaus", sagte sie mit einer wegwerfenden Handbewegung. „Nur wenn er einmal entlassen wird – was dann? ‚Al', habe ich gesagt, ‚du mußt jetzt in dir selbst leben, denn du wirst nichts mehr sein, wenn du draußen bist'."

Ich muß gestehen, daß ich sie überrascht angesehen habe. Da begründete sie ihren seltsamen Ausspruch.

„Die Gangster", erklärte sie, „Al Capone an der Spitze, waren einmal große Leute." Und ohne, daß sie es wollte, und ohne sich dessen bewußt zu werden, gab sie mir mit unheimlicher Präzision eine Schilderung der Psychologie gewisser amerikanischer Kreise:

„Der Staat hatte die Freiheit der Menschen beschränkt. Die Gangster setzten sich für die Freiheit ein."

„Das höre ich zum ersten Male", erklärte ich höchst verwundert. „Inwiefern denn?"

„Ach", erwiderte sie, ihrerseits verwundert, „das wissen Sie nicht? Es gab doch einmal eine Prohibition in Amerika. Die Leute durften keinen Alkohol trinken, selbst wenn sie es wollten! Selbst wenn er ihnen bekam! Selbst wenn sie ihn vertragen konnten! Und das war doch Al Capones Geschäft! Deshalb haben sie ihn ja auch verurteilt. Er beschützte die Alkoholschmuggler, er bekam seinen Tribut von allen Geheimkneipen. Er legte einen Zoll auf jede Flasche Whisky, und wenn die Polizei kam, dann schossen Al Capones Leute. Diese Verhältnisse legten den Grundstock zu seinem Millionenvermögen. Und was nun? Jetzt ist die Prohibition vorbei. Jetzt kann jeder, der es will, seinen Whisky trinken und braucht dazu keine Schmuggler und keine Gangster mehr.

Selbstverständlich war das nicht das einzige, was sie taten. Sie waren Helden, viele liebten sie damals. Sie raubten die Banken aus und unterstützten die Armen. Sie bestahlen die Reichen und gaben den Elenden. Und die Filme! Man sah ihre Taten im Kino und auf der Bühne. Man zeigte dem Publikum, daß sie Paläste besaßen, schöne

Frauen, große Automobile. Er hatte einen Nimbus. Und das ist jetzt alles zum Teufel durch die G-Männer. Das sind junge Burschen, entschlossene, mutige Jungen. Der Film hat sich ihrer bemächtigt, das Publikum jubelt über ihre Erfolge.“

Ich mußte daran denken, daß dieser Al Capone ein häßlicher, fetter, unangenehm anzusehender Mensch war.

„Die Polizei ist jetzt so beliebt“, seufzte die Gangsterbraut. „Und dann fangen die Leute an zu glauben, was die Polizei behauptet, daß die Gangster in Wirklichkeit ein schlechtes und böses Gesindel seien. Die Leute wollen auch gar nicht mehr so recht daran glauben, daß Al Capone den Reichen nahm und den Armen gab. Sie fangen an zu lachen, wenn man es ihnen erzählt. Und sie wollten überhaupt nichts mehr von diesen Geschichten aus den ‚Vierteln der roten Lampen‘ wissen, und für die Vorkommnisse in der Unterwelt haben sie keinerlei Interesse mehr. Die jungen Leute heutzutage wollen schwimmen, Tennis spielen, arbeiten, ehrlich ihr Geld verdienen. Sie wollen heitere Sachen im Kino sehen und haben keinen Sinn mehr für Romantik. Und in diese Welt“, fügte sie traurig hinzu, „kommt nun Al, wenn er entlassen wird. Er ist nichts mehr, kein Mensch will etwas von ihm wissen. Es ist aus und vorbei mit ihm.“

„Ja“, entgegnete ich recht einverstanden, „es ist aus und vorbei mit ihm.“

In Boulogne verließ sie das Schiff. Der Bootsmann winkte ihr mit einem großen weißen Taschentuch nach.

Im Geiste sehe ich sie jetzt vor der Gefängnistür stehen, ihren Anker auf der Schulter, und auf ihren Bräutigam warten, auf diesen fetten, bösen Kerl, der, leicht blinzelnd, das Gefängnis bald verlassen wird. Wird er sich lange der Freiheit erfreuen? In den einzelnen Staaten sind Sonderstrafen über ihn verhängt worden, und man darf hoffen, daß er bald wieder hinter Schloß und Riegel sitzt.

Gezeichnet von Barlog

In der Geisterstunde: Die Abenteuer der fünf Schreckensteiner

Kampf ums eigene Bild

Tage, die die Welt erschütterten

Kriegsschauplatz Polen. Deutsche Truppen reißen Grenzpfähle nieder.
Unten: Die ersten deutschen Soldaten in Warschau. Längs einer Ausfallstraße tasten sich die Infanteriespitzen in die Stadt vor.

An einer der Fluchtstraßen der geschlagenen polnischen Armee. Die deutsche Infanterie, die die Polen vor sich hertreibt, wird von der deutschen Luftwaffe unterstützt und belegt die Rückzugsstraßen mit vernichtendem Feuer. Links: Nichts kann die deutschen Soldaten aufhalten. Die Polen haben auf ihrem Rückzug eine Brücke gesprengt. Aber kurze Zeit danach geht der Vormarsch der deutschen Infanterie auf einer von Pionieren behelfsmäßig errichteten Brücke weiter.

Der 28. September

Der deutsch-russische Grenz- und Freundschaftsvertrag besiegelt. Die gemeinsame Front gegen die Kriegshetzer in Westeuropa gebildet. Ein sicheres Fundament für den Dauerfrieden in Osteuropa geschaffen: Die Dokumente vom 28. September werden unterzeichnet. Stehend von rechts: Stalin, Reichsaußenminister von Ribbentrop und der Generalstabschef der russischen Armee Schaposchnikoff, sitzend Außenminister Molotow.

Begrüßung in Dänemark

Eine kleine Szene von der Rast eines motorisierten Verbandes. Die Feldgrauen im Mittelpunkt freudigen Interesses ... ein Beweis für das gute Einvernehmen der deutschen Truppen mit der dänischen Bevölkerung.
Unten: Dicht vor der dänischen Küste. Deutsche Kriegs- und Transportschiffe. In vorbildlicher Zusammenarbeit übernahmen die drei Wehrmachtsteile den Schutz Dänemarks. Die gesamte Aktion nahm den von der Führung vorgesehenen planmäßigen Verlauf.

Im Kampf um die Entscheidung

Die Kriegsschauplätze Holland, Belgien und Frankreich

Die Straßen der Stadt sind leer ... Wo hat sich der Feind festgesetzt? Ein Lastkraftwagen mit Schützen tastet sich langsam vor. Aller Nerven sind aufs äußerste angespannt, die Hand hält das Gewehr schußbereit, die Augen suchen jede Haustür, jedes Fenster, jedes Dach ab ...

Oben: Auf staubigen Straßen Kolonnen. Nachschub für die Front.
Links: Die Eisenbahnbrücke ist gesprengt. Pioniere haben in kürzester Zeit den ersten behelfsmäßigen Übergang auf Floßsäcken hergestellt.
Rechts: General Giraud, der Oberbefehlshaber der 9. französischen Armee, geriet mit seinem Stabe in deutsche Gefangenschaft. Als dieses Bild von ihm aufgenommen wurde, dementierten Franzosen und Engländer unentwegt die für sie unangenehme Nachricht.

Am 25. Juni 1940 um 1 Uhr 35 Minuten ruhten die Waffen —

Jeden Mittag zieht die Wache am Triumphbogen vorbei durch die Champs Elysées zum Place de la Concorde. Am Triumphbogen setzt die Musik aus. Mit dem Achtungsmarsch ehrt die deutsche Wachkompanie das Grab des französischen unbekannten Soldaten.

Der Krieg im Westen hat mit dem glorreichsten Sieg aller Zeiten geendet

Oben: Compiègne. In Anwesenheit des Führers verliest der Chef des Oberkommandos der Wehrmacht, Generaloberst Keitel, die Präambel zu den Waffenstillstandsbedingungen. Links von Adolf Hitler Generalfeldmarschall Göring und Großadmiral Raeder, im Hintergrund Generaloberst von Brauchitsch und der Stellvertreter des Führers, Rudolf Heß; ganz vorn Reichsaußenminister von Ribbentrop, rechts die französischen Delegierten.
Unten: Der Führer am Eiffelturm. Links vom Führer Prof. Giesler, Prof. Speer.
Rechts Prof. Breker.

... 25 m unter dem Ghetto

Sie sortierten gerade ihr geheimes Warenlager: Leder in Säcken, Stoffballen, Schuhe. Erschreckt streckten sie die Arme in die Höhe, jeder trug die weiße Binde mit dem Davidstern, das Zeichen des Juden. Das ganze Ghetto ist von Kellergewölben durchzogen.

Die City von London brennt!

Rund um die St.-Pauls-Kathedrale prasseln die Flammen zum nächtlichen Winterhimmel empor.
Dicke Rauchwolken verhüllen die ungeheuren Zerstörungen, die der Angriff der Luftwaffe auf die City in der Nacht zum 30. Dezember anrichtete. Es war die größte Feuersbrunst, die London seit dem vernichtenden Brand der City im Jahre 1666 erlebte. Von den Bauten, die nicht unter der ungeheuren Wucht der Bomben einstürzten, blieb fast bei allen nur die äußere Schale übrig. Das Weiß der Kuppeln und Türme war am nächsten Morgen geschwärzt von Rauch und Ruß. Tage nach dem Angriff noch mußten Pioniere und Feuerwehrmänner die Mauerreste sprengen und so die Einsturzgefahr bannen. Die City, der Sitz der britischen Hochfinanz, brennt nieder.

Oben: Wo ist wer? Polizisten auf Motorrädern in Reih und Glied, Polizeiautos, deren Trittbretter Detektive besetzt halten, Panzerwagen rechts und links: Dieses Aufgebot an Männern, Pistolen und Maschinengewehren dient dem Schutz eines einzigen Wagens in der Kolonne. In ihm sitzt Mr. Roosevelt, Präsident der Vereinigten Staaten von Nordamerika. Unten: Der King ist überall zu sehen ... wo die deutsche Luftwaffe besonders stark zuschlug: ein Propaganda-Trick, der die Anteilnahme des Königshauses am Schicksal der Londoner Bevölkerung beweisen soll. Auf unserem Bild besucht er mit der Königin einen Frisiersalon des Union-Jack-Klubs viele Stunden nach dem Angriff...

Der Meisterdirigent Wilhelm Furtwängler ...

... meisterlicher Dirigent der Bretter.
Eine überraschende Begegnung auf der berühmten schnellen „Kandahar-Abfahrt" bei St. Anton: Zwischen seinen Auslandskonzerten erholt sich Deutschlands großer Dirigent beim Wintersport. Unser Berichterstatter Lothar Rübelt erzählt: „Plötzlich sah ich eine lange Gestalt im weißen Anorak den Hang herabfegen. Sicher wurden die Skier geführt. Wie der Läufer auf mich zukommt, erkenne ich ihn plötzlich und reiße die Kamera hoch."

Unser Zeichner Soldat F. Erich berichtet von den

Blitzmädels in Paris

Die Heinzelmännchen von Paris!

Die Nachrichtenhelferinnen auf dem Wege zum Schichtwechsel. Früh am Morgen, wenn Paris noch schläft, fahren sie mit der Metro von ihrer Unterkunft zur Dienststelle, denn der Betrieb darf nie stocken!

Wenn der Fernsprecher klingelt! Früher ...

... und seitdem die Blitzmädels die Verbindungen herstellen!

Sonntagnachmittag auf dem Boulevard.

„Weißte was, Walter, wir fragen die Mädels mal, ob wir sie ins Kino einladen dürfen!"

Appell in der Hotelhalle!

Da schlägt jedes Soldatenherz höher, wenn es so eine Richtung sieht!

Bei den Fernschreiberinnen.

„Donnerwetter, Inge hält heute den Rekord mit 550 Meter Spruchband!"

Wiedersehen am Seinestrand.

„Nein, das ist doch Hans! Und zu Hause hat er nie auch nur ein Viertelstündchen auf mich warten können!"

Seltsames Erlebnis eines Landsers am Urlauberzug ...

.. die Blitzmädels fahren genau so gern in Urlaub wie ihre männlichen Kameraden!

VORWÄRTS IN RUSSLAND

Sturmreif geschossen! Bis dicht an die primitiven Tanksperren sind die Wagen herangefahren. Nun stürmt die Infanterie vor und räumt im Kampf Mann gegen Mann die Stellungen.

Stalins Sohn in Deutschland ... Der 33jährige Jakob Dschugaschwili, sowjetischer Artillerie-Offizier, ergab sich südwestlich Witebsk. Er sagte unter anderem aus: „Dank idiotischer Befehle wurden Divisionen direkt ins Feuer geschickt ...“ und „Bisher hat England noch niemandem Hilfe geleistet ...“

Der Sowjet-Botschafter in London, Maisky, mit dem Führer der sowjetischen Militärmission, Generalleutnant Golikov. Der britische Luftfahrtminister Sinclair erklärte, daß England der Sowjetunion „aus geographischen Gründen“ keine Unterstützung bringen könnte.

Dezember 1941: Roosevelt setzt seine Unterschrift unter die Kriegserklärung an die Achsenmächte. Vier Jahre sind seit der Quarantänerede von Chikago vergangen, mit der das Umwerfen des Steuers auf dieses Ziel hin angezeigt wurde.

Wo Krieg ist, taucht Ahasver auf. Der Bolschewist Stalin und der Plutokrat Roosevelt haben sich gefunden. Stalin hat den Juden Litwinow-Finkelstein, den er für eine solche Aufgabe in Reserve gehalten hatte, als Botschafter nach Washington entsandt. Unser Bild: Litwinow-Finkelstein und seine Frau am Kabinenfenster des Flugzeuges nach der Landung in San Francisco. Seine Reiseroute führte ihn über... Manila und Hawaii.

Tat ohnegleichen!

Eine Tat, die von beispielloser Härte zeugt: Das U-Boot des Kapitänleutnants Cremer hat trotz schwerster Beschädigung seine Angriffe vor der USA-Küste erfolgreich fortgesetzt. Das Boot wurde von einem Tanker am Bug gerammt und unter den Tanker gedrückt. Das Sehrohr wurde umgeknickt, das Schanzkleid um den Turm zerbeult und zerfetzt. Trotzdem entschloß sich der Kommandant, die Unternehmung fortzusetzen. Er griff an, bis alle Torpedos verschossen waren. Weitere 35000 BRT feindlichen Schiffsraums lagen auf dem Meeresgrund. Das notdürftig reparierte, tauchbeschränkte Boot brachte er aus den amerikanischen Gewässern zum heimatlichen Hafen zurück. Der Führer zeichnete Kapitänleutnant Erich Cremer für seine Tat mit dem Ritterkreuz aus.

Diese gigantische Burg aus Beton und Stahl ist eine der schwersten Fernkampfbatterien am Kanal. Gewaltige Decken und Wände machen sie gegen jeden Angriff aus der Luft oder von der See her unverletzlich. Auf Befehl des Oberbefehlshabers der Kriegsmarine, Großadmiral Raeder, wurde der Bau als Zeichen der Verbundenheit des Namens Todt mit der Kriegsmarine „Batterie Todt“ getauft.

Der letzte Bericht:

Seine Ehre hieß TREUE!

Die ungewöhnlichen Aufnahmen dieses Berichtes stammen von dem 19jährigen SS-Sturmmann Gottschmann, Kriegsberichter der Waffen-SS. In vorderster Linie traf ihn der Volltreffer eines Granatwerfers. Neben dem Gefallenen fanden Kameraden eine bereits belichtete Filmspule, eine zweite befand sich noch in der in den verschlammten Boden gepreßten Kamera. Die „Berliner Illustrierte Zeitung" zeigt diese letzten geretteten Aufnahmen. Sie vermitteln in ihrer Dramatik einen tiefen Eindruck vom Einsatz der deutschen Kriegsberichter.

Sein letztes Bild: Hilfreich stützen Kameradenhände einen Verwundeten und führen ihn zum Verbandsplatz. Wenige Minuten, nachdem der Kriegsberichter Gottschmann diese Aufnahme machte, löschte der Volltreffer eines bolschewistischen Granatwerfers sein junges Leben aus.

So ungestüm ist das Vorwärtsdrängen der deutschen Kampfgruppe, daß weder Zeit noch Weg bleibt, um die Bolschewisten auf der Brücke nach rückwärts zu transportieren. So müssen sie mit der deutschen Spitze ans ostwärtige Ufer ziehen.

Ein junges Mädchen kommt nach Kiew

Wolfgang Weber schildert den Tag eines deutschen Mädchens in der ukrainischen Hauptstadt

Nachmittags um vier kommt die 19jährige Inge B. mit dem Zug aus Lemberg in Kiew an. Sie ist als Sekretärin an ein industrielles Werk verpflichtet. Auf dem Kiewer Bahnhofsplatz warten Dutzende von ukrainischen Jungen, die mit ihren selbstgebauten Wägelchen das Gepäck der Reisenden gegen geringes Entgelt in die Stadt befördern. Unterwegs erzählt der kleine „Dienstmann" in halsbrecherischem Deutsch, wie die Sowjets vor ihrem Abzug noch die Hauptstraße, durch die sie gerade gehen, in die Luft gesprengt haben...

In vielen Straßen sind die Deutschen am Werk, Läden einzurichten. Von Tag zu Tag kommen Pioniere des Aufbaus in die Ukraine. Für ihre Bedürfnisse muß gesorgt werden. Natürlich sind diese Läden nur ein Anfang, aber immerhin ist man schon so weit, daß man in Kiew das Wichtigste zum Leben kaufen kann.

Schlacht ohnegleichen

DIE SCHLACHT UM STALINGRAD

Nicht um Hausruinen, sondern um Stockwerke geht hier der Kampf – aus den oberen Fenstern ist eben geschossen worden, aufmerksam beobachten die Grenadiere, die Handgranate in der Hand, die Hausfront.

☛ (s. S. 397)

Im Windkanal: Die neue Winteruniform

In einem Orkan von über 35 m Sekunden-Geschwindigkeit: Soldaten in der neuen Überzugs-Uniform für den Ostwinter.

Aus 36 Modellen wählte der Führer diese Uniform, die den Anforderungen an Beweglichkeit, Windfestigkeit, Kälte-Isolierung und Wasserabweisung am idealsten entspricht. Sie ist aus den gesammelten Erfahrungen von Front und Sport entstanden und hat jede denkbare theoretische und praktische Prüfung durchlaufen, auch die Fronterprobung durch eine in Nordkarelien eingesetzte Einheit.

Flug aus dem Kessel

Die Geschichte eines einzigartigen Unternehmens

Von Kriegsberichter Kurt W. Marek

„Es geht schief!“

Der folgende Tag brach an, und der Himmel erstrahlte in tiefer winterlicher Bläue. Der Tag verging uns schnell, wir lebten jetzt erst mit Beginn der Dämmerung. Ich weiß noch, wie guten Mutes wir waren; alle waren guten Mutes, daß das Unternehmen klappen würde. Ich hörte, wie der Major einen Funkspruch aufgab: „Nach bisheriger Lage restlose Räumung im Laufe der nächsten Nacht möglich.“

Kurz vor Einbruch der Dunkelheit fuhren wir wieder hinaus. Kurz nach 17 Uhr landeten bereits die ersten Flugzeuge aus dem Kessel. Auch der General war draußen. Er lächelte ein wenig über unsere fast kindliche Freude, als die Flugzeuge laufend einfielen und immer neue Trupps der Kämpfer aus dem Kessel hereinströmten. Doch bemerkte ich, wie auch ihn zutiefst eine große Freude beherrschte.

„Wir haben schon angefangen, sämtliche Beutewaffen zu zerstören“, berichtete ein Feldwebel. „Es werden doch heute alle Männer herausgeholt?“

„Selbstverständlich!“ sagte der Adjutant mit tiefer Überzeugung. Er schrieb und schrieb an seinen Listen. Dann wandte er sich strahlend an mich: „Über zwei Drittel sind jetzt raus!“ Ich blickte auf die Uhr. Es war 21 Uhr 45.

Er rechnete laut, zählte übermütig an den Fingern ab. „Klar“, sagte er, „wenn wir noch eineinhalb, höchstens drei Stunden fliegen, haben wir alle draußen.“

Der Feldwebel nickte. „Unsere letzten Leute in den Bunkern schießen auf alles, was sie sehen. Sie machen einen Feuerzauber, daß die Sowjets kaum angreifen!“

Wir lachten laut, und alle, die da waren, stimmten in dieses Gelächter ein. Und in dieses Gelächter hinein – es war 22 Uhr 50, und die Liste des Adjutanten umfaßte immer mehr Namen – ertönte von der Tür her ein Ruf. Ein Mann in der Fliegerkombination, ein Flugzeugführer, drängte sich durch die Reihen bis zu uns heran. Er hatte die FT-Haube in der Hand, das Haar klebte ihm auf der Stirn. Und in die plötzlich eingetretene lautlose Stille stieß er hervor: „Ich habe den Platz nicht mehr gefunden!“

Wir waren aufgesprungen, starrten ihn verständnislos an.

„Nebel! Nebel!“ schrie er da. „Der ganze Platz steht unter Nebel!“

In diesem Augenblick klingelte das Telefon. Es war eine Erleichterung, es unterbrach für einen Augenblick den Schrecken, der durch unsere Hirne geflogen war bei der Vorstellung dessen, was nun auf dem Platze nach menschlichem Ermessen geschehen würde. Der Adjutant griff den Hörer. Ich sah sein Erschrecken, als er lauschte. Er legte den Hörer wieder auf. „Der Peiler des Kessels gibt durch *(Ende des Exzerpts)*

Volk, steh auf! Sturm, brich los!

„Ja! Ja! Ja!“ Wie aus einem Munde antwortet die Versammlung, in der alle Schichten des deutschen Volkes vereint sind, auf die entscheidenden zehn Fragen an die Nation immer mit dem flammenden Gelöbnis der unverbrüchlichen Aufopferung bis zum Letzten. (s. S. 380)

Oben: Die Blutzeugen.
Während der großen Rede des Reichsministers Dr. Goebbels im Berliner Sportpalast, die ein Alarmruf für die Rettung der Zivilisation war, füllten die Verwundeten die ersten Reihen der Riesenhalle. Sie verkörperten die Front, an der in einem beispiellosen Heldenkampf der Ansturm der Steppe zerschellt.

Unten: Der Ernst der Stunde und die tiefe Ergriffenheit spiegeln sich auch in den Gesichtern namhafter Schauspieler; unter ihnen (von rechts nach links) Eugen Klöpfer, Theodor Loos und Bernhard Minetti. ☛ (s. S. 397)

Europas Schicksalschlacht in der Steppe

Oben: Eine kleine Kampfgruppe sperrt die Bahnstrecke, an der die Sowjets einen Durchstoß versuchten. Pausenlos erhellen Leuchtkugeln den gefährdeten Sektor.

Mitte: Sowjetische Loks, die nicht zurückgeführt werden konnten, aber auch den Sowjets nicht in die Hände fallen sollten, werden in die Luft gesprengt.

Unten: Die deutschen Soldaten sagten ihnen: „Es kommen doch nun die Brüder eures Volkes oder wenigstens eures Staates. Von ihnen könnt ihr doch nichts Schlechtes erwarten.“ Aber die Bauern lassen bei dem Gedanken an die Bolschewisten nicht das Wort „Bruder“ oder „Befreiung“ gelten.

DER VERNICHTUNG ENTGEGEN

Oben: Funkbild: In der Dämmerung des „Tages D".
Im Vorfeld der französischen Küste werden die Invasoren von den ungezählten Spielarten des „deutschen Todes" empfangen.
Unten: Umladung von Panzern der 4. amerikanischen Division von einem Spezial-Tankschiff an Bord eines Leichters. Der Leichter wurde von der deutschen Küstenartillerie gefaßt und vernichtet. Nur der Film eines USA-Korrespondenten, der am 6. Juni um Mitternacht einer erschöpften Brieftaube abgenommen wurde, brachte es zum „Marsch auf Berlin".

Wie ein Schreckensvogel der Sage

... lauert V 1 vor dem Start zu ihrer Vergeltungsfahrt gegen die Insel. Diese schlagkräftige Waffe ist die erste deutsche Antwort auf den Bombenterror der Angloamerikaner.

Stärker als Zuvor

Nach dem verbrecherischen Anschlag des 20. Juli: Der Führer, den die Vorsehung dem deutschen Volke erhielt, im Gespräch mit Reichsführer SS, Reichsminister des Innern Heinrich Himmler, der zum Befehlshaber des Heimatheeres ernannt wurde. Dahinter der Duce und Reichsmarschall Göring.

Ostpreußens Jugend

Mit geschultertem Spaten und nur von dem einen Gedanken beseelt, die Heimat zu schützen, marschieren in einer Volkserhebung ohnegleichen, in einem hinreißenden Aufbruch auch die Jungen: Zug um Zug, Kolonne um Kolonne, über die Grenze nach Osten.

Mit fanatischer Entschlossenheit und in einer einzigartigen improvisierten Kraftanstrengung, für die unsere Geschichte kaum ein Beispiel kennt, hat die ostpreußische Bevölkerung mit restloser Hingabe Tag um Tag, Woche um Woche, in die Tiefe gestaffelt, mit Ablösung und Schichtwechsel eine gewaltige Erdbewegung vollbracht. Ein Gemeinschaftswille, der für alle Deutschen ein leuchtendes Beispiel darstellt.

Das Volk steht auf!

Millionen Hände greifen zu den Waffen. Jung und alt hat auf die Verkündigung des Volkssturms wie ein Mann geantwortet. Heilig ist die Heimat. Fanatisch ist der Wille, sie bis zum Letzten zu verteidigen. Er schweißt alle zusammen, den Sechzigjährigen und den Sechzehnjährigen, den Kriegserfahrenen und den Jungmann. Die Stunde der höchsten Bewährung ist gekommen.

Else von Möllendorf als „Liebesgöttin" in dem Tobis-Film „Peter Voß, der Millionendieb". Zwei Speere stehen an ihrer Seite; sie bedarf ihrer nicht, um sie gleich dem Pfeile Amors in die Herzen der Liebenden zu senken. Sie ist da, und mit ihr die Liebe der Südsee.

1 Million für Wachsamkeit

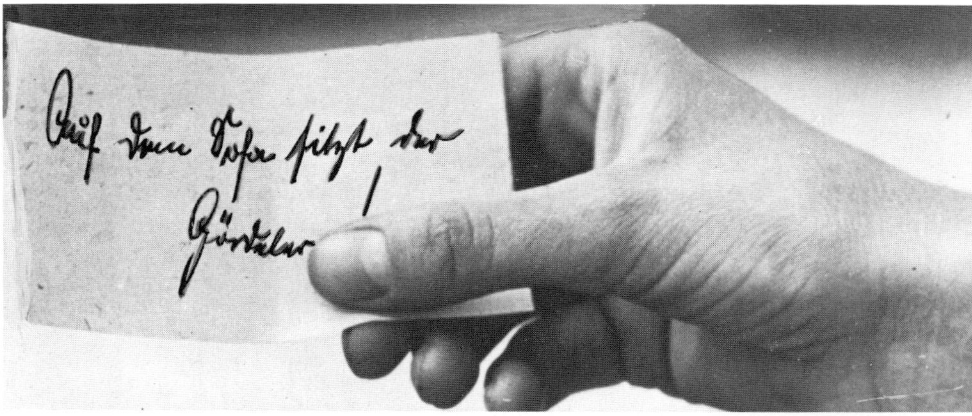

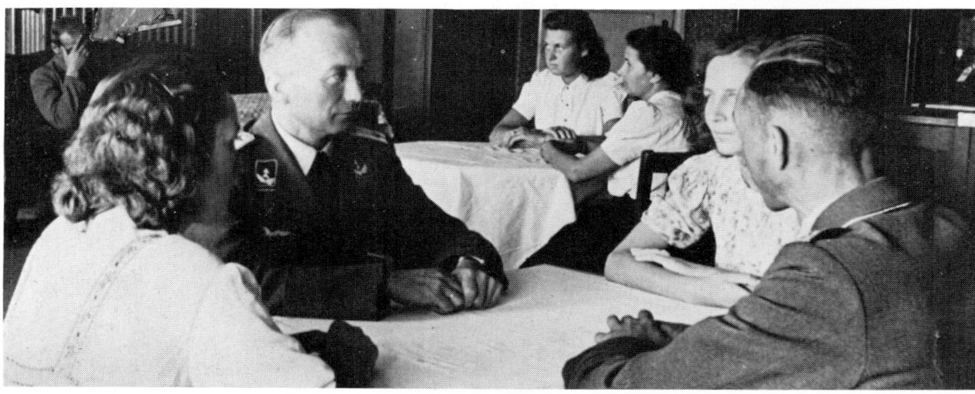

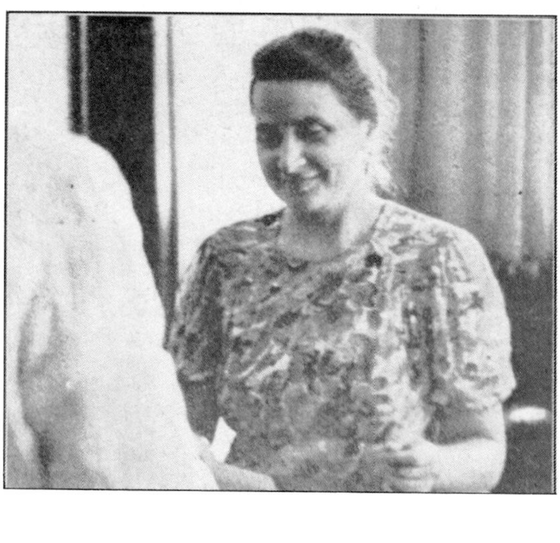

Rekonstruktion der Szene vom 12. August: Um 7 Uhr morgens tauchte in einem Gasthaus, in dem die Mitarbeiter einer Dienststelle der Luftwaffe gerade beim Frühstück saßen, ein Mann auf. Er setzte sich auf das Sofa im Hintergrund. Die Stabshelferin erkannte in ihm, der dauernd sein Gesicht zu verdecken suchte, sofort Goerdeler ...

Am Schalter einer Bank erschien in diesen Tagen eine Frau, die einen Reichsbankscheck vorlegte und um die Errichtung eines Kontos bat. Es war die Stabshelferin der Luftwaffe, die durch ihre Aufmerksamkeit die Verhaftung des am Attentat gegen den Führer beteiligten ehemaligen Leipziger Oberbürgermeisters Goerdeler ermöglicht hatte. ☞ (s. S. 398)

DRESDEN

Eine Stadt klagt an!

Am 17. 2. wurde im alliierten Hauptquartier kategorisch die Meldung dementiert, daß die alliierten Luftwaffenchefs beschlossen hätten, bewußt Terror-Bombenangriffe gegen die deutschen Bevölkerungsmittelpunkte durchzuführen. Es wird erklärt, daß in der alliierten Luft- oder Landtaktik keine Veränderung eingetreten sei. Sie bestehe darin, die deutschen Streitkräfte zu vernichten. Der Angriff auf Dresden sei ebenfalls ausschließlich aus strategischen Gründen durchgeführt worden.

Der Vorstoß im Westen

Unsere Grenadiere sind in ein von den US-Amerikanern besetztes Dorf in überraschendem Angriff eingedrungen. Nun kommt die Besatzung mit erhobenen Händen aus ihren Schlupfwinkeln hervor und tritt den Weg ins Sammellager an.

Unten: Aus Roosevelts „Schmelztiegel".
Unter den Amerikanern, die von der Wucht des deutschen Angriffs überwältigt wurden, befinden sich zahlreiche Neger.
Rechts: Immer stärker werden die Kolonnen der Gefangenen, die unseren Truppen entgegenströmen.

DAS UNVERLIERBARE

ROMAN von MARIA VON KIRCHBACH

Ohne auf die Putzfrau zu achten, die in seinem Schlafzimmer hantierte, rannte er aus der Wohnung und die gewundene Steintreppe hinab. Unten empfing ihn der Glanz eines lichten Tages. Ein leichter Wind brachte Frische in den schon heiß werdenden Vormittag. Sein Zeitungsverkäufer begrüßte ihn. Luis nahm ein Blatt aus dem Stande. Während er die Schlagzeilen überflog, lief er die Via Canova entlang und bog auf die Piazza dell'Independenza ein, wo die Galerie Branzoletti ihre Ausstellungsräume hatte. Er war früh dran. Die Galerie hatte eben geöffnet. In den Räumen gab es noch kaum Besucher. Ein älterer Mann stand mit einem Katalog vor einem Ölbild, das einen raffiniert gemalten Akt mit giftgrünen und violetten Glanzlichtern zeigte, und schüttelte den Kopf. Dann näherte er sich Luis, den er für einen Angestellten der Galerie halten mochte, und sagte: „Ich möchte das Bild kaufen. Welcher Preis?"

„Ich werde Ihnen den Geschäftsführer suchen, mein Herr. Aber soviel ich weiß, ist das Bild nicht zu haben."

„Für mich schon", antwortete der Mann und ließ seine steinfarbenen Augen, die denen eines Berggeiers glichen, hochmütig über Luis hingleiten.

„Wie es beliebt", antwortete Luis amüsiert. „Ich werde also ..." Hier wandte er sich um und rannte davon. Denn in der Tür stand Olivia.

„Guten Morgen", sagte sie und gab ihm die Hand.

„Guten Morgen", sagte Luis. Sie lächelten einander an.

„Ich bin allein", sagte Olivia und sah zur Seite. „Meine Freundin hatte keine Lust."

„Gut", sagte Luis, und ohne darüber nachzudenken, schob er seinen Arm unter den ihren. „Ich will Ihnen alles Bemerkenswerte zeigen. Diese Radierungen von Guardagna, zum Beispiel ..." Er zog sie mit sich fort und begann, ihr die Feinheiten von Guardagnas Technik zu erklären.

„Aber Sie hören ja gar nicht zu?" rief er nach einer Weile.

„Doch", sagte Olivia und fühlte, daß sie errötete. Denn in der Tat hatte sie nur Luis angeschaut. „Aber eigentlich bin ich doch hergekommen, um Ihre Sachen anzusehen."

„Im nächsten Raum", sagte Luis. Auf einmal versiegte seine Rede, und er ging stumm neben ihr her. Der Saal, in den sie traten, war ausschließlich Plastiken gewidmet. Luis blieb an der Tür stehen und sagte: „Gehen Sie also, schauen Sie." Olivia blickte ihn an, und da er nicht die Absicht zu haben schien, ihr zu folgen, ging sie weiter in den Raum, um sich blickend. Ein Halbakt aus schwärzlichrotem Ton fesselte ihre Aufmerksamkeit, ein stierhaft aussehender Mann mit auf dem Rücken gefesselten Händen. Der vorgestreckte, glatt geschorene Kopf, das von Wut und Schmerz verzerrte Gesicht, die bis zum Bersten gespannten Muskeln erweckten zugleich den Eindruck *(Ende des Exzerpts)*

Im selben Graben vor der Stadt: Vater und Sohn

Ein Beispiel für viele aus der Festungsstadt: Vater und Sohn, aus Memel stammend, aus demselben Betrieb (Reichsbahn), der Vater Rangieraufseher, der 16jährige Sohn Jungarbeiter, haben sich freiwillig bei der Wehrmacht gemeldet. Sie haben alles verloren, ihre Familienangehörigen, ihre Wohnung, Hab und Gut, und haben sich eingereiht in die Front der Königsberger Kämpfer. Am gleichen Tage wurden sie beide mit dem Eisernen Kreuz ausgezeichnet: Nach kurzer militärischer Ausbildung nahmen sie an einem Großangriff nordwestlich Königsberg teil und befreiten Metgethen.

An der Oderfront

Der Führer während einer Besprechung beim Stab eines Armeekorps.

An der schlesischen Front

Reichsminister Dr. Goebbels schreitet die Front der Lauban-Kämpfer ab.
Appell auf dem Marktplatz.

7000 aus der Feuerzone geborgen

Flüchtlinge werden im Hafen von Kolberg von Einheiten der Kriegsmarine an Bord genommen. Schwere Brandwolken aus der brennenden Stadt wälzen sich über die Reede.

Nummer 17 29. April 1945

54. Jahrgang Preis 20 Pfennig

Berliner Illustrierte Zeitung

An der Oder: Die Führer-Grenadier-Division im Kampf

Die Panzer- und Sturmgeschütze sind aufgefahren!

Noch bleiben die Männer der Führer-Grenadier-Division in ihren Schützenlöchern. Sie haben die Aufgabe, die Feuerdeckung auszunutzen und zum Angriff auf sowjetische Stellungen vorzudringen.

PK.-Aufnahme: Kriegsberichter Elle (Wb)

Titelseite der letzten Ausgabe der „Berliner Illustri(e)rten Zeitung“

Hinweise

Seite 14
Der Panama-Kanal: gebaut im ersten Jahrzehnt des 20. Jahrhunderts. Der Panama-Skandal: Die vom Suezkanal-Erbauer Lesseps betreute Panama-Kanal-Gesellschaft verkrachte spektakulär im Jahre 1889. Französische Nationalisten beschuldigten Abgeordnete anderer Parteien, darunter Clémenceau, sie hätten sich mit Gratis-Aktien dazu bestechen lassen, die Panama-Anleihe zu genehmigen.

Seite 27
Alfred Dreyfus, jüdischer Franzose und Hauptmann im Generalstab, wurde von ultrarechten Militärs des Landesverrats an die Deutschen beschuldigt, angeklagt und zu lebenslänglicher Deportation verurteilt: zu Unrecht. Der innerfranzösische Kampf um Dreyfus' Freilassung und Rehabilitierung dauerte zwölf Jahre lang.

Seite 49
Der Burenkrieg (1899–1902) entzündete sich an der Entsendung britischer Truppen in die südafrikanischen Republiken Transvaal und Oranje-Freistaat. Großbritannien annektierte, brauchte aber drei Jahre, um den burischen Widerstand zu brechen.

Seite 54
Die „Lex Heinze", genannt nach einem Berliner Zuhälter, sollte zur Verschärfung der Strafvorschriften über Kuppelei, Zuhälterwesen und die Verbreitung unzüchtiger Schriften dienen. Zentrum und Konservative hatten in den Entwurf aber auch Beschränkungen der künstlerischen Freiheit eingebaut. Die Proteste der deutschen Intelligenz gegen diese Zusätze hatten Erfolg.

Seite 61
Die chinesische Geheimgesellschaft der Boxer wollte 1899 alle Fremden aus dem Land vertreiben. Sie wurde darin von der chinesischen Armee unterstützt. Nach ersten Kämpfen und dem Mord an dem deutschen Gesandten von Ketteler schickten Japan, die europäischen Mächte und die USA Truppen für eine Strafexpedition. Das deutsche Kontingent und Graf Waldersee als Oberkommandierender trafen ein, als die Hauptkämpfe schon beendet waren. China gab nach und zahlte 1901 ein Sühnegeld.

Seite 99
Serbien, das sich Anfang des 19. Jahrhunderts von der Türkenherrschaft befreite, bekam 1878 auf dem Berliner Kongreß seine Selbständigkeit und wurde 1882 Königreich. 1903 beseitigte ein Militärputsch den König Alexander. Sein Nachfolger, König Peter, stammte aus einer Fürstenfamilie, die 1804 den Kampf gegen die Türken begonnen hatte.

Seite 100
Der russisch-japanische Krieg (1904–05) wurde ohne Kriegserklärung von den Japanern begonnen, war beim russischen Volk außerordentlich unpopulär, wurde von den Russen schlampig geführt und gründlich verloren. Es ging nach der russischen Expansion um die Vorherrschaft in Asien.

Seite 106
Norwegen war im 12. Jahrhundert selbständiges Königreich, danach aber entweder mit Dänemark oder mit Schweden verbunden. Erst 1905 trennte es sich endgültig von Schweden. Zum König wurde Prinz

Karl von Dänemark gewählt, der sich nach Vorgängern im 12. Jahrhundert Haakon VII. nannte. Das Reich war einer der Garanten für Norwegens Selbständigkeit.

Seite 113
Persische Herrscher der Neuzeit hatten stets Schwierigkeiten mit ausländischem Einfluß, einer für Reformen nicht ausgereiften Bevölkerung und den Priestern Mohammeds. Sie regierten als Despoten, und der charmante Muhammed Ali war da keine Ausnahme. 1909 suchte er bei einem Aufstand Asyl in der russischen Botschaft und verließ ein Land, das sich die Briten und Russen in Einflußsphären aufgeteilt hatten.

Seite 121
Philipp zu Eulenburg und Hertefeld, vom kaiserlichen Freund und Vertrauten gefürstet, mußte sich vom Hof zurückziehen, als er in die Veröffentlichungen des „Zukunft"-Herausgebers Maximilian Harden geriet. Er wurde nicht des Vorwurfs der Homosexualität wegen angeklagt, aber man strengte ein Meineidsverfahren gegen ihn an. Der Prozeß wurde 1909 vertagt, ein Urteil nie gesprochen.

Seite 123
Das Erdbeben von Messina im Jahre 1908 gehört zusammen mit dem Beben von 1783 in der gleichen Gegend zu den größten europäischen Katastrophen dieser Art: In beiden Fällen zählte man um die 80000 Todesopfer.

Seite 133
Dieses Bild war eine Fotomontage, und der Aprilscherz hat den abgebildeten Personen nicht geschadet. Aber 1919 erschien in der „Berliner Illustrirten" ein ähnliches echtes Foto, machte Aufsehen und schadete den abgebildeten Personen: siehe S. 209

Seite 145
Der Luxusdampfer „Titanic" galt als unsinkbar. Er sank nach dem Zusammenstoß mit einem Eisberg vor Neufundland. 1513 von 2224 Personen starben.

Seite 153
In beiden Balkankriegen (1912–13) ging es darum, daß Montenegro, Serbien und Griechenland zusammen mit Bulgarien den Türken Mazedonien abnehmen und unter sich verteilen wollten. In der zweiten Etappe griff Bulgarien seine Verbündeten ohne Erfolg an. Mazedonien wurde verteilt, unter dem Protektorat der Großmächte entstand Albanien als selbständiger Staat.

Seite 219
Max Hölz, kommunistischer Agitator, war 1920 führend an den Gewalttaten im Vogtland beteiligt, 1921 am Aufstand im mitteldeutschen Industriegebiet. Er wurde 1921 zu einer lebenslänglichen Zuchthausstrafe verurteilt, aber 1928 amnestiert.

Seite 215
Den Preis gewann der Kunstgelehrte Will Grohmann. Er ließ Kriegsgewinnler Raffke vor dem Kolosseum sagen: „Baut nich, wenn ihr keen Geld habt!"

Seite 225
Nach der Oberschlesien-Abstimmung im Jahr 1921 (60 % entschieden sich für den Verbleib beim Deutschen Reich) wurde das Gebiet 1922 von einer Völkerbundskommission zwischen Deutschland und Polen aufgeteilt. Im deutschen Teil lösten Truppen der Reichswehr die Aufsichtskontingente der Entente ab.

Seite 304
Vision vom Untergang: Das zerschossene und geborstene Brandenburger Tor, 1933 gesehen und festgehalten von Theo Matejko, Zeichner der Ullstein-Zeitschriften, vornehmlich der „Berliner Illustrirten". Die Zeichnung blieb unveröffentlicht, das Original verschollen. Lediglich ein Foto hat Nazizeit und Kriegswirren überstanden.

Seite 312
Was verschwiegen ist: Die Männer auf den Bildern dieser Reichstagssitzung nahmen Hitlers Rechtfertigungsversuch nach der „Reichsmordwoche" entgegen – nach den Tagen, in denen nicht nur zahlreiche SA-Führer umgebracht worden waren, wegen wirklicher oder angeblicher Rebellion, sondern auch innenpolitische Gegner, vor allem der gemäßigten Rechten.

Seite 341
Ein seltenes Beispiel für die nationalsozialistisch-offizielle Deutung der Zerstörung in Guernica. Das Bombardement durch die „Legion Condor" ist schon deswegen verschwiegen, weil die Beteiligung deutscher Kampfflieger am Spanienkrieg während dieses Krieges nirgendwo in der deutschen Presse erwähnt wurde.

Seite 377 und 380
In den Spalten der „Illustrirten" kamen Niederlagen während des Zweiten Weltkriegs nicht vor. Das Stalingrad-Foto erschien, als nach Hitlers Worten die Eroberung der Stadt bevorstand. Danach gab es weder Fotos noch Erwähnungen der Katastrophe. Der Leser des Wochenblatts wurde auch mit Hinweisen auf den Wehrmachtsbericht nicht behelligt. Nur indirekt wurde ihm Material angeboten: Die Sportpalast-Kundgebung war eine unmittelbare Folge der Niederlage von Stalingrad. Auch die Fülle der in den nächsten zwei Jahren noch folgenden Kriegsbilder, überwiegend Zeugnisse von Niederlage und Rückzug, wurde so angeboten, daß der Betrachter nur mit Nachdenken und eigenen Schlußfolgerungen darauf kommen konnte, was jedes Bild bedeutete. Auf den folgenden Seiten dieses Bandes finden sich dafür Beispiele.

Seite 388
Carl Friedrich Goerdeler, 1930 bis 1937 Oberbürgermeister von Leipzig, war einer der geistigen Führer im Widerstandskreis des 20. Juli. Er sollte Kanzler einer neuen deutschen Regierung werden. Nach dem Scheitern von Attentat und Aufstand wurde er auf die hier dargestellte Art verhaftet. Er wurde in Plötzensee hingerichtet.

Anmerkungen

Die Bildunterschriften in der vorliegenden Auswahl sind durchweg jene des Originals. Einige Bildunterschriften nach 1933, etwa die unter dem Foto des zerstörten Guernica, sagten nicht die Wahrheit; andere verschleierten die Wahrheit zum mindesten. Sie sind trotzdem wörtlich übernommen worden. Der Leser wird sie ohne Mühe erkennen.

Die in diesem Band veröffentlichten Fotos stammen vom Ullstein Bilderdienst, Berlin. In den meisten Fällen ließ sich dort das Original zum veröffentlichten Bild beschaffen. Einige Fotos, auf die der Herausgeber nicht verzichten wollte, mußten allerdings unmittelbar von den Archivstücken der B. I. reproduziert werden. Die Originale der in dem Band widergegebenen Zeichnungen sind im Besitz der Sammlung Axel Springer/Ullstein in Berlin.

Der Abdruck des Beitrages „Die Welt ist schön“ von Thomas Mann auf Seite 272–274 erfolgt mit freundlicher Genehmigung der S. Fischer Verlag GmbH, Frankfurt am Main.

Für einige Textbeiträge konnte der Verlag die jetzigen Inhaber der Rechte nicht ermitteln. Da ihre Veröffentlichung wichtig schien, wurden diese Texte dennoch in die vorliegende Auswahl aufgenommen. Dafür bittet der Verlag um Verständnis. Berechtigte Ansprüche werden selbstverständlich abgegolten.

Herausgeber Christian Ferber

Nachdruck aus den Original-Bänden
„Berliner Illustrirte Zeitung“ von 1892 bis 1945
Redaktion Jochen Meyer
Gesamtgestaltung Andreas Brylka
Lithografien Gries GmbH, Ahrensburg
Satz und Druck Süddeutsche Verlagsanstalt, Ludwigsburg
Bindearbeiten Lüderitz & Bauer, Berlin

Verlag Ullstein GmbH Frankfurt/M · Berlin · Wien

Printed in Germany

ISBN 3-550-06586-8

Berliner Illustrierte Zeitung

Vom Guckbüchslein des Mittelalters zum Elektronen-Übermikroskop von 1944 — ein Siegeszug europäischer Optik.

Um 1600 erfanden Holländer das Mikroskop. Deutsche Forscher führten es zu höchster Vollendung, bis die Natur des Lichtes jedem weiteren Vordringen Halt gebot. Die deutsche Elektronik setzte diese Entwicklung fort. In der Sonne der deutschen Wissenschaft reifte auf dem Boden deutscher Elektrotechnik das Elektronenmikroskop.

AEG

Das Elektronen-Übermikroskop sieht 100 mal feinere Dinge als das beste Lichtmikroskop. Wenn aber schon das Lichtmikroskop etwa durch die Entdeckung des Tuberkelbazillus großen Segen gestiftet hat, wieviel mehr wird die Welt einst dem deutschen Übermikroskop zu verdanken haben, das begonnen hat, in der Medizin, Bakteriologie, Physik, Chemie, Metallkunde, Werkstoffkunde, Zoologie und Botanik das Wissen der Menschheit um die Natur zu erweitern und zu vertiefen.

ALLGEMEINE ELEKTRICITÄTS-GESELLSCHAFT

Millionen fleißiger Frauenhände

arbeiten für die Erhaltung einer lebenswerten Zukunft. Um körperliche Arbeiten, ungewohnte Anstrengungen ohne Gefährdung der Gesundheit zu bewältigen, ist eine zweckentsprechende Kleidung von Wichtigkeit. „Warner's Erzeugnisse" werden deshalb auch jetzt noch angefertigt, weil sie durch eine glückliche Verbindung von Schnitt, Form und Materialzusammenstellung die schaffende Frau für Beruf und Familie gesund erhalten und es ihr gleichzeitig ermöglichen, gut auszusehen.

Warner's Legant

Wenn es gilt, durch Teilnahme an schärfsten Zerreißprüfungen — Rennen und Geländefahrten — Pionierarbeit für die Entwicklung des Motorrades zu leisten, da steht AUTO UNION-DKW immer an der Spitze!

Eine beispiellose Serie von Siegen ist der zunächst sichtbare Erfolg! Mit jeder neuen Erfahrung, jeder Verbesserung, mit der restlosen Beherrschung letzter konstruktiver Fragen aber dem Serienfabrikat von morgen und darüber hinaus der ganzen Kraftfahrt zu dienen, ist jedoch die große und eigentliche Aufgabe dieses rücksichtslosen Einsatzes. In Erkenntnis der großen Vorzüge des Zweitaktmotors hat sich das Werk DKW ausschließlich dieser Motorenart verschrieben und den DKW-Motor in jahrelangen Versuchsreihen zu einer Vollendung entwickelt, wie er in einfachem Aufbau, geringem Pflegebedarf und steter Betriebsbereitschaft von keiner Motorenbauart übertroffen wird. Darin liegt nicht zuletzt das Geheimnis des Aufstieges des Werkes DKW zur seit Jahren größten Motorradfabrik der Welt.

Was rastloser deutscher Forschergeist und Fleiß geschaffen haben, kommt auch hier, wie auf vielen anderen Gebieten, allen Völkern zugute. Auch heute, während Deutschland schwer kämpft, geht die Versuchsarbeit weiter! Unermüdlich arbeiten unsere Konstrukteure daran, die Motoren immer leistungsfähiger und die Fahrzeuge noch zuverlässiger zu machen. Nach dem Kriege aber werden DKW-Rennmaschinen der AUTO UNION zu neuem Wettkampf um die Weltgeltung deutscher Technik antreten und ihren Siegeslauf fortsetzen.

AUTO UNION

Schrittmacher der Motorisierung

Verminderte Leistungen

sind nur allzuoft die Folge kranker Zähne. Wer kranke Zähne hat, kaut schlecht; wer schlecht kaut, verdaut nicht gut. Wenn der Ernährungs-Kreislauf gestört ist, wird die Arbeitskraft verringert.

Die Erhaltung der Zahngesundheit ist von entscheidender Bedeutung für die Gesundheit des ganzen Körpers. Die Wissenschaft hat die engen Zusammenhänge zwischen Zahn- und allgemeinen Erkrankungen erkannt.

Seit über 10 Jahren betreibt die Chlorodont-Fabrik eine zahngesundheitliche Aufklärung in weitesten Kreisen. Beachten Sie bitte die weiteren Veröffentlichungen in dieser Zeitschrift.

Chlorodont

weist den Weg zur richtigen Zahnpflege.

Anzeigenseite aus dem letzten Erscheinungsjahr der „Illustrierten", 1945.